Las 50 grandes masacres
de la historia

TEMPUS

Las 50 grandes masacres de la historia

Jesús Hernández

TEMPUS

© Jesús Hernández, 2009

Primera edición: octubre de 2009

© de esta edición: Libros del Atril, S.L.
Marquès de l'Argentera, 17. Pral. 1.ª
08003 Barcelona
www.tempuseditorial.com

Impreso por Brosmac, S. L.
Carretera Villaviciosa - Móstoles, km 1
Villaviciosa de Odón (Madrid)

ISBN: 978-84-92567-18-8
Depósito legal: M. 29.008-2009

Índice

Para Imma

«El hombre es un lobo para el hombre.»

Thomas Hobbes (1588-1679)

Introducción
La masacre en la historia

*E*s difícil dilucidar cuál es el motivo por el que un lector decide acercarse a estas páginas. Probablemente, ante un título como éste, se haya activado esa malsana curiosidad, tan extendida como inconfesable, por conocer los detalles de las grandes tragedias. Si ése es el aliciente que el lector espera encontrar, avanzo en el mismo umbral de mi obra que seguramente este libro le decepcionará.

En las páginas que siguen no he intentado ofrecer una narración vívida de esos terribles acontecimientos que han salpicado tan frecuentemente la historia del Hombre. Aunque está claro que esas dramáticas escenas de miembros cercenados, charcos de sangre, filos de espadas refulgentes e inocentes víctimas implorando piedad a sus enfurecidos asesinos constituyen una eficaz herramienta para acelerar el pulso a los lectores en las novelas históricas, el propósito de este libro es muy diferente.

A través de los cincuenta hechos históricos que aquí se relatan, el lector podrá obtener un panorama de lo que ha significado la masacre a lo largo de la historia. Sin embargo, esta obra no pretende ser un estudio exhaustivo de este fenómeno, sino una simple aproximación de carácter divulgativo. Pero ya esa simple aproximación nos permite extraer algunas interesantes conclusiones que no dejarán a nadie indiferente.

De todos modos, en primer lugar es necesario concretar el concepto de masacre. Aunque ese término es sinónimo de matanza y ésta puede ser definida como «mortandad de personas en un hecho de armas», las que centran nuestro interés en este volumen son las referidas a un asesinato masivo de personas inocentes, en un corto espacio de tiempo, fruto de una acción brutal y contundente, ya sea ésta espontánea o premeditada.

En estas páginas se recogen hechos de este tipo que se han producido durante el devenir histórico. No obstante, hay excepciones tanto en uno como en otro sentido. He incluido episodios que no deberían integrar un estudio de estas características, ya sea porque su veracidad histórica es más que discutida —como la Matanza de los Inocentes promulgada por el rey Herodes— o por su valor más anécdótico que histórico —como la Matanza de San Valentín, ordenada por el mafioso Al Capone—, pero que considero que su ausencia desvirtuaría el conjunto del trabajo debido a su arraigo en el imaginario popular. También he dedicado los correspondientes capítulos a hechos que no se corresponderían exactamente con el concepto de masacre aquí objeto de estudio, pues son hechos de armas en el que el asesinato masivo se comete sobre combatientes, pero igualmente he considerado que su ausencia podría adulterar el conjunto.

Por otro lado, he obviado algunos episodios que, por su naturaleza, sí merecerían figurar en este trabajo, como los atentados terroristas de Nueva York (2001), Madrid (2004) o Londres (2005). Considerando que son hechos bien conocidos por los lectores por el enorme eco que tuvieron en los medios de comunicación y que cualquier referencia en estas páginas sería reiterativa, he preferido dedicar ese espacio a otros atentados terroristas menos conocidos, pero con los que comparten muchos puntos en común.

En este capítulo de advertencias es necesario también referir la dificultad que entraña la elección de unos hechos por encima de otros. Este dilema es todavía más comprometido cuando los crímenes a escoger corresponden a un determinado conflicto, como el de Irlanda del Norte o el árabe-israelí; la simple elección de unos hechos sobre otros puede presuponer un posicionamiento del autor. En estos casos, he intentado únicamente ofrecer una selección basada en criterios de posible interés para el lector.

Las cincuenta masacres aquí reunidas son, por tanto, un conjunto heterogéneo pero representativo de este triste y abominable fenómeno, que nos puede servir para conocerlo y entenderlo. El asesinato de personas inocentes, en muchas ocasiones mujeres, niños o ancianos, es un hecho que repugna en grado máximo a cualquier persona y es probable que éste sea el motivo por el que los historiadores no se hayan acercado a él para estudiarlo con la frialdad del entomólogo.

Desde la lejanía, uno puede pensar que esa acción monstruosa se ha visto siempre castigada de un modo u otro. Según el irracional *wishful thinking* que nos hace creer en la existencia de una justicia divina o simplemente poética, los perpetradores de esas matanzas, tarde o temprano, deben verse a cara a cara con el crimen cometido y pagar por su brutal fechoría. Sin embargo, basta leer estas páginas para sorprenderse de que esto ha sucedido en sólo una minoría de casos. De hecho, el que los instigadores o los autores de una masacre acaben purgando su culpabilidad es, lamentablemente, una excepción histórica. Podríamos decir que, paradójicamente, cuanto mayor es el número de personas asesinadas, menores son las probabilidades de que los criminales comparezcan algún día ante la justicia.

Pero la decepción que puede provocar el constatar esa amarga verdad puede ser aún mayor y más inquietante si se tiene en cuenta que, en no pocos casos, la masacre se ha convertido en una exitosa herramienta para conseguir unos determinados objetivos personales o políticos. Como el lector descubrirá más adelante, no es extraño que los instigadores de una matanza acaben recibiendo el reconocimiento público y los máximos honores, incluido el Premio Nobel de la Paz.

Aunque la lectura de esta obra dejará indudablemente un poso amargo al comprobar la extensión de la impunidad, también existen señales para la esperanza. Son cada vez más los organismos internacionales, los gobiernos, los jueces o los periodistas que trabajan a diario para impedir que los culpables de estos crímenes puedan eludir sus responsabilidades penales. Aunque el éxito de estas campañas es desigual, debido sobre todo a las presiones políticas, hay que creer que el futuro camina en ese sentido, y que cada vez será más difícil que los autores de estos asesinatos masivos puedan creer que nunca pagarán por sus crímenes.

Jericó, 1500 a.C.
Las trompetas de Yavhé

*J*ericó es la ciudad habitada más antigua de la historia. Los hallazgos arqueológicos de esta urbe situada a orillas del río Jordán, distante 27 kilómetros de Jerusalén, demuestran que se edificó desde hace más de diez mil años.

Si consideramos que Jericó fue el primer lugar en el que la humanidad se organizó en una trama urbana, podemos decir también que fue en esta ciudad en donde se produjo la primera masacre de la historia.

Siguiendo los textos bíblicos, el origen de ese hecho hay que buscarlo en el Éxodo; la huida de Egipto del pueblo judío, con Moisés a la cabeza, con la promesa de Yahvé de que alcanzarían la tierra prometida. Josué era el lugarteniente de Moisés, quedando al mando de su pueblo cuando éste subió al monte Sinaí a recibir de Yahvé los Diez Mandamientos. Al morir Moisés, Yahvé renovó a Josué la promesa de la tierra de Canaán, encargando a éste la conquista de esa región, en la que se levantaba la ciudad de Jericó. En esos momentos, según la Biblia, la tierra prometida de la que manaba leche y miel estaba ocupada por cananeos, hititas, jivitas, perizitas, guirgasitas, amorreos y jebuseos. Todos ellos debían ser expulsados o perecer para que el pueblo elegido pudiera instalarse en ella.

Josué, al frente de los israelitas, llegó al río Jordán, que bajaba crecido y no era posible atravesar. En la otra orilla se extendía la tierra prometida. Yahvé dijo a Josué que los sacerdotes marchasen delante, con el Arca de la Alianza, que contenía las Tablas de la Ley, junto a otros objetos sagrados para los judíos. Cuando los pies de los sacerdotes tocaron el agua del Jordán, las aguas se separaron, como había sucedido años atrás en el Mar Rojo, y los hebreos pudieron atravesar el río. Una vez en la otra orilla, se dirigieron hacia Jericó con la intención de conquistarla, a costa de sus habitantes, los cananeos.

Cuando los israelitas llegaron a las puertas de Jericó, se encontraron éstas cerradas a cal y canto, pues los cananeos ya sabían de sus intenciones poco amistosas. Entonces, Yahvé transmitió a Josué la táctica que debía seguir para poder apoderarse de la ciudad: «Mira, yo pongo en tus manos a Jericó y a su rey. Vosotros, valientes guerreros, todos los hombres de guerra, rodearéis la ciudad, dando una vuelta alrededor. Así harás durante seis días. Siete sacerdotes llevarán las siete trompetas de cuerno de carnero —los *shofarim*— delante del arca. El séptimo día daréis la vuelta a la ciudad siete veces y los sacerdotes tocarán las trompetas. Cuando el cuerno de carnero suene, todo el pueblo prorrumpirá en un gran clamoreo y el muro de la ciudad se vendrá abajo. Y el pueblo se lanzará al asalto cada uno por frente a sí» (Jos 6 :2-5).

Josué trasladó a su pueblo las órdenes impartidas por Yahvé, y así lo hicieron. Durante seis días, dieron una vuelta a la ciudad; Josué recordó al pueblo que había que marchar en completo silencio. El séptimo día, los israelitas dieron siete vueltas a Jericó y, cuando las completaron, los sacerdotes tocaron las trompetas. En ese momento, Josué dijo: «¡Lanzad el grito de guerra, porque Yahvé os ha entregado la ciudad!» (Jos 6: 16).

Josué arengó a su pueblo trasladándole el deseo de Yavhé de que la ciudad le fuera «consagrada como anatema». Ese eufemístico término, *jérem* en hebreo, significaba que se debía dar muerte a los hombres y a los animales, y que los objetos preciosos debían ser entregados al santuario. Es decir, los guerreros debían exterminar a toda la población y entregar el botín íntegro a los sacerdotes.

Según el texto bíblico, al sonido de las trompetas y el clamor de los israelitas, los muros de la ciudad se vinieron abajo. La gente escaló por las piedras e irrumpió en Jericó. Fue entonces cuando se procedió a la matanza: «Consagraron al anatema todo lo que había en la ciudad, hombres y mujeres, jóvenes y viejos, bueyes, ovejas y asnos, a filo de espada» (Jos 6: 21).

Tan sólo unos pocos habitantes de Jericó se salvaron de la masacre: la prostituta Rajab, junto a su padre, sus hermanos y toda su familia. Rajab había escondido a unos espías israelitas que habían sido enviados por Josué para explorar la ciudad y facilitar así el asalto.

Después de asesinar a los cananeos, y poner el oro, la plata y los objetos de bronce y hierro a buen recaudo, los israelitas prendieron fuego a Jericó.

La conquista de Ay

Pero no sólo los habitantes de Jericó serían masacrados por los israelitas. La misma escena se repetiría más tarde en la ciudad de Ay, situada en un paraje en ruinas que hoy recibe el nombre de Et-Tell.

Obedeciendo órdenes de Yahvé, Josué envió por la noche treinta mil guerreros para que se apostasen a espaldas de la ciudad. Cuando llegó el día, los israelitas avanzaron de frente hacia la ciudad pero, en cuanto reaccionaron los defensores, los israelitas simularon huir hacia el desierto, lo que hizo que, no sólo los guerreros, sino buena parte de los habitantes de Ay, salieran en su persecución.

En cuanto Ay quedó desguarnecida, los treinta mil guerreros entraron en la ciudad indefensa y la incendiaron. La visión de la humareda hizo que los hombres de Ay abandonasen la persecución y regresasen a toda prisa. En ese momento, los israelitas que simulaban huir se volvieron contra sus perseguidores, a la vez que los treinta mil guerreros salían de la ciudad incendiada para trabar combate con los de Ay.

El texto bíblico no deja lugar a duda del carácter exterminador que tuvo el encuentro: «Cuando Israel acabó de matar a todos los habitantes de Ay en el campo y en el desierto, hasta donde habían salido en su persecución, y todos ellos cayeron a filo de espada hasta no quedar uno, todo Israel volvió a Ay y pasó a su población a filo de espada. El total de los que cayeron aquel día, hombres y mujeres, fue 12.000, todos los habitantes de Ay» (Jos 8: 24-25).

Al rey de Ay lo apresaron vivo, pero tampoco hubo piedad con él: «Al rey de Ay lo colgó de un árbol hasta la tarde; y a la puesta del sol ordenó Josué que bajaran el cadáver del árbol. Lo echaron luego a la entrada de la puerta de la ciudad y amontonaron sobre él un gran montón de piedras, que existe todavía hoy» (Jos 8: 29).

A continuación, Josué conquistó las ciudades de Maquedá, Libná, Laquis, Eglón, Hebrón y Debir. En todas ellas, al igual que en Jericó o Ay, la totalidad de sus habitantes fue pasada a cuchillo: «Todo lo que tenía vida lo exterminó, como Jehová, Dios de Israel, se lo había mandado» (Jos 10:40). Después de que los israelitas venciesen al rey de Jasor, Yabín, se completó la conquista de la tierra prometida.

El relato de esas sucesivas matanzas, contenido en la Biblia, no tiene una base histórica cierta. Algunos investigadores bíblicos, utilizando las genealogías, fijan la fecha del Éxodo en el decimosexto o el decimoquinto siglo a.C.; sin embargo, los asentamientos más tempranos conocidos de los israelitas no aparecen hasta alrededor del 1230 a.C., después de que los muros de Jericó fueran destruidos. Pero, no obstante, el relato de las Escrituras es significativo, pues denota que el exterminar a toda la población de una ciudad era ya entonces una práctica habitual.

El escenario

Jericó es hoy una ciudad de poco menos de 15.000 habitantes, bajo la administración de la Autoridad Palestina desde los acuerdos de Oslo de 1994, después de permanecer bajo control de Israel desde 1967, cuando fue ocupada durante la Guerra de los Seis Días.

La actual Jericó, convertida en un centro turístico frecuentado por los residentes árabes de Jerusalén, está emplazada en un lugar distinto de la ciudad antigua, que fue arrasada por los romanos bajo el gobierno de Vespasiano, durante su campaña contra los judíos en el 66 d.C.

En las cercanías de la ciudad moderna se encuentran las ruinas de la antigua Jericó. De gran valor arqueológico, esos vestigios presentan una doble muralla muy sinuosa, con un muro exterior de más dos metros de espesor y unos nueve metros de altura, un espacio vacío de alrededor de cuatro metros y medio de longitud y un muro interior de cuatro metros.

Estas murallas, excavadas por arqueólogos alemanes entre 1907 y 1909, se identificarían en la década de los cincuenta como las fortificaciones del primer Jericó, las que supuestamente fueron derribadas por las famosas trompetas.

Belén, 4 a.C.
La Matanza de los Inocentes

*U*na de las matanzas más célebres de la historia es la conocida como Matanza de los Inocentes, instigada por Herodes I el Grande (73 a.C.-4 a.C.), rey de Judea. Este episodio es conmemorado por la Iglesia católica el 28 de diciembre.

Herodes, nacido en Ascalón —al sur de la actual Tel Aviv— en el año 73 a.C., fue un gran líder político y militar. En el año 47 a.C. fue nombrado procurador de Judea por Julio César. Herodes se ganó la confianza de los romanos, obteniendo su apoyo para derrocar a la estirpe judía de los asmoneos. En el año 40 a.C., consiguió de Marco Antonio el título de rey de Judea.

Nunca contó con el favor popular; los propios judíos no lo consideraban como uno de los suyos, debido a su origen idumeo.[1] Además, su pensamiento y educación eran claramente griegos, por lo cual era considerado en cierto modo un rey extranjero. Intentó mejorar sin éxito su imagen ante el pueblo judío con una ambiciosa política de mejoras, entre las que destacó la reconstrucción del Templo de Jerusalén, como principal hito en su propósito de hacer de Jerusalén una capital digna de su grandeza. Además, acometió otras grandes obras públicas, como la construcción de la fortaleza de Masada o la fundación

---

1. Los idumeos o edomitas eran los descendientes de Esaú. Según la Biblia hebrea, Esaú era el hijo mayor del patriarca Isaac y de su prima Rebeca. Era, por tanto, hermano de Jacob, antepasado legendario de los israelitas. Los idumeos procedían de la llamada tierra de Edom, ubicada en la actual frontera meridional entre Israel y Jordania.

de la ciudad de Cesarea, una ciudad portuaria de carácter occidental bautizada así en honor a Julio César.

Herodes, un rey cruel

Herodes el Grande fue un gobernante eficaz que impulsó el comercio y la economía, y que se esforzó por garantizar el bienestar de su pueblo. Por ejemplo, en el año 25 a.C., en una época en la que escaseó el alimento, se deshizo de gran parte de la riqueza de sus palacios para comprar trigo a Egipto y repartirlo entre los necesitados.

Sin embargo, su amistad con los romanos y el hecho de haber llegado al trono mediante la ejecución de un rey asmoneo lo hacían impopular a ojos de la mayoría de sus súbditos. A incrementar su simpatía no ayudaba precisamente el que Herodes fuera un monarca de reconocida crueldad. Decidido a afianzar su reino, persiguió a la aristocracia que no le rendía pleitesía, matando a casi todos sus distinguidos integrantes y confiscando sus valiosos y abundantes bienes. Nombró a los sumos sacerdotes a su antojo y formó con mercenarios su propia guardia pretoriana para protegerse de cualquier conspiración. Sus agentes le mantenían al corriente de las murmuraciones y los sospechosos acababan en las salas de tortura de los sótanos de su palacio.

Herodes no dudó en degollar al abuelo y al hermano de una de sus diez esposas, Mariamne, al pertenecer a la familia rival derrocada. También a ella la mandaría ejecutar en 29 a.C., así como a su suegra. Tres de sus hijos serían igualmente ejecutados, atendiendo a rumores que los hacían partícipes de una conspiración.

Se cuenta que, viendo cercana la hora de su muerte, y temiendo que su funeral fuese motivo de júbilo para sus súbditos, Herodes mandó encarcelar a varias personas que contaban con el aprecio de la población y ordenó que fueran ejecutadas inmediatamente después de su fallecimiento, para asegurarse así el duelo y las lágrimas de todo el pueblo.

Pero la crueldad de Herodes el Grande pasaría a la posteridad por un suceso que supuestamente tuvo lugar durante su reinado: la matanza de todos los niños menores de dos años nacidos en Belén, ordenada por él.

Los Magos de Oriente

El Evangelio de San Mateo narra el interés de Herodes por conocer el lugar en el que había nacido el mesías (Mt 2, 1-8): «Nacido Jesús en Belén de Judea, en tiempo del rey Herodes, unos magos que venían de oriente se presentaron en Jerusalén, diciendo: "¿Dónde está el Rey de los judíos que ha nacido? Pues vimos su estrella en el Oriente y hemos venido a adorarle". En oyéndolo, el rey Herodes se sobresaltó y con él toda Jerusalén. Convocó a todos los sumos sacerdotes y escribas del pueblo, y por ellos se estuvo informando del lugar donde había de nacer el Cristo. Ellos le dijeron: "En Belén de Judea, porque así está escrito por medio del profeta:

Y tú, Belén, tierra de Judá,
No eres, no, la menor entre los principales clanes de Judá;
Porque de ti saldrá un caudillo
Que apacentará a mi pueblo, Israel".

Entonces Herodes llamó aparte a los magos y por sus datos precisó el tiempo de la aparición de la estrella. Después, enviándolos a Belén, les dijo: "Id e indagad cuidadosamente sobre ese niño; y cuando lo encontréis, comunicádmelo, para ir yo también a adorarle"».

Como es bien conocido, los Magos de Oriente fueron conducidos por la estrella hasta el lugar en el que había nacido, en Belén, y allí adoraron al niño y le ofrecieron sus presentes. Pero, avisados en sueños que no volvieran donde Herodes, se retiraron a su país por otro camino.

Según el Evangelio de San Mateo, el Ángel del Señor se apareció en sueños a José y le dijo que tomase consigo al niño y a su madre y que huyese a Egipto, porque Herodes iba a buscar al niño para matarle. José se levantó, tomó de noche a su familia y se retiró a Egipto, de donde no regresaría hasta la muerte de Herodes.

San Mateo pasa a relatar el enojo de Herodes y su orden de asesinar a los niños nacidos en Belén (Mt 2, 16-18):

«Entonces Herodes, al ver que había sido burlado por los magos, se enfureció terriblemente y envió a matar a todos los niños de Belén y de toda su comarca, de dos años para abajo, según el tiempo que había precisado por los magos. Entonces se cumplió el oráculo del profeta Jeremías:

Un clamor se ha oído en Ramá,
Mucho llanto y lamento:
Es Raquel que llora a sus hijos,
Y no quiere consolarse,
Porque ya no existen».

Tras su plasmación en el Evangelio de San Mateo, la Matanza de los Inocentes ordenada por Herodes el Grande pasaría a formar parte de la tradición cristiana. Sin embargo, no existe ninguna evidencia de que ese dramático episodio sucediese en realidad; de hecho, tan sólo ese texto sagrado lo atestigua y ni siquiera aparece en los otros tres evangelios.

¿Mito o realidad?

El historiador Flavio Josefo (37-101), en su *Historia de Judea*, no hace referencia a ninguna matanza de niños. De todos modos, también es posible que la matanza de los niños no haya sido relatada por Flavio Josefo porque, dado el reducido número de niños asesinados, posiblemente pasó desapercibida o careció de importancia.

Aunque en la Edad Media los escritores cristianos especulaban con que el número de bebés asesinados osciló entre 3.000 y 15.000, el pueblo de Belén no contaba en aquella época con más de 800 habitantes, según el censo ordenado entonces por el gobernador romano Quirino. Así pues, cada año no habría más de veinte nacimientos, y teniendo en cuenta que la mitad morían antes de cumplir los dos años de edad, la matanza habría alcanzado a apenas una decena de niños. Aun considerando la precisión del texto de San Mateo de que el sangriento decreto de Herodes alcanzó también a la comarca de Belén, la cifra total siempre habría sido de dos dígitos, en lugar de tres, lo que vendría a explicar la escasa resonancia del episodio.

Un hecho que vendría a respaldar la más que probable naturaleza mítica de la Matanza de los Inocentes es que la Iglesia católica recuerda ese acontecimiento el 28 de diciembre aunque, de acuerdo con los Evangelios, la matanza debería haber sucedido después de la visita de los Reyes Magos al rey Herodes, uno o dos días después del 6 de enero, el día que acudieron a adorar al niño.

El origen de la historia de la matanza podría estar en la pretensión del evangelista San Mateo de unir simbólicamente las figuras de Jesús y Moisés, venerado éste último por los judíos como el profeta más importante. Según las tradiciones rabínicas, el niño Moisés había sido puesto en las aguas del Nilo en una canasta porque el faraón estaba haciendo matar a todos los hijos varones de los esclavos israelitas. Probablemente, la Matanza de los Inocentes fue la extrapolación de este episodio a la vida de Jesús. De esta manera, Mateo expresó que Jesús había llegado para instaurar la Nueva Alianza, superando la antigua alianza de Yahvé con Moisés, y mostrando así que Jesús era el mesías que los judíos esperaban.

El escenario

A unos doce kilómetros al sur de Jerusalén, en un monte con forma de cono truncado, que se eleva a 758 metros sobre el nivel del mar, se encontraba Herodión, el palacio-fortaleza construido por el rey Herodes. Tenía una impresionante vista que cubría el Desierto de Judea y las Montañas de Moab al este, y los Montes de Judea hacia el oeste.

Herodión fue construido en el lugar en que Herodes derrotó a sus enemigos hasmoneos y partos en el año 40 a.C. Para conmemorar el evento, el rey construyó allí una fortaleza y un palacio, que llevaron su nombre. Construyó además, en la planicie que se extiende a la falda del monte, un centro administrativo para la región, que no había sido establecido previamente. Aquí construyó también una tumba real para sí mismo.

Herodión fue conquistado y destruido por los romanos en el año 71 d.C.

El emplazamiento de Herodión no fue identificado hasta el siglo XIX. Las ruinas del palacio-fortaleza en la cima del monte han sido excavadas por varias expediciones desde la década de los sesenta del pasado siglo. A medida que progresan las excavaciones, se llevan a cabo amplias restauraciones en los edificios de Herodión. Actualmente es posible caminar por un cómodo sendero hasta la parte superior de la fortaleza y contemplar tanto los restos de este complejo arqueológico como unas impresionantes vistas de la región.

Teutoburgo, 9 d.C.
Las legiones romanas, aniquiladas

*L*a legión romana era la fuerza militar más poderosa de la Antigüedad. Nada ni nadie podía hacerles frente. Los legionarios, bien entrenados, conocían de memoria todos los movimientos a realizar, que ejecutaban en cualquier momento de la batalla tras una señal convenida. El soldado romano era además extraordinariamente resistente; cargado con todo el equipo, un legionario era capaz de caminar cerca de cuarenta kilómetros en cinco horas. La disciplina, basada en crueles castigos —se podía llegar a diezmar una legión en caso de cobardía—, convertía a la legión en una máquina de guerra invencible.

En los primeros años de nuestra era, a los romanos no se les pasaba por la cabeza que sus legiones pudieran ser derrotadas alguna vez. Y lo que no podían imaginar, ni en sus peores pesadillas, era que pudieran ser aniquiladas en un remoto bosque, a manos de una tribu de bárbaros. Pero eso es exactamente lo que ocurriría.

Arminio, caudillo germano

Alrededor del año 10 a.C., los pueblos germánicos ocupaban las zonas fronterizas del Imperio romano, al este del Rin y al norte del Danubio, y se veían obligados a pagar un tributo al emperador Augusto (63 a.C-14 d.C.). Estos pagos en forma de oro y plata comenzaron a originar un cierto malestar entre los germanos, por lo que Augusto decidió enviar a uno de sus generales, Publio Quintilio Varo, para que mantuviera la paz en la región. Así, Varo fue nombrado jefe del ejército romano en Germania, al mando de cinco legiones.

Varo había sido gobernador de Siria y estaba casado con una sobrina-nieta de Augusto. Los lazos familiares y el hecho de que en Siria no se hubiera producido ningún levantamiento contra Roma llevaron a Augusto a depositar en él toda su confianza.

Pero un combativo germano llamado Arminio, líder de la tribu de los queruscos, se encargaría de demostrar que la belicosa Germania no era como la acomodaticia Siria, y aceptó el desafío de Roma. Arminio conocía perfectamente a sus adversarios, ya que él mismo tenía la ciudadanía romana. De hecho, su propio hermano se había integrado de tal forma en la sociedad romana que, renegando de sus orígenes, había adoptado el nombre de Flavio y combatía por las armas al pueblo germano.

El futuro cabecilla teutón, indignado por la insaciable codicia romana, se propuso derrotar a las tropas de Varo, creando un movimiento de resistencia secreto hasta formar un auténtico ejército, integrado en buena parte por guerreros germanos que habían formado, en uno u otro momento, parte de las legiones romanas, por lo que, además de conocer perfectamente al enemigo, contaban con una excelente formación militar.

Emboscada mortal

En el otoño del año 9 d.C., Arminio ya estaba preparado para retar al Imperio. Él era consciente de que un enfrentamiento a campo abierto, en el que las legiones romanas pudieran desplegar sus tácticas acostumbradas, de implacable eficacia, era un auténtico suicidio. La única oportunidad era conseguir que el choque se librase en un terreno propicio para las armas germanas. Para ello, mediante estudiadas añagazas, Arminio logró atraer a tres de las cinco legiones hacia un lugar que él conocía muy bien, el bosque de Teutoburgo.[2]

Las fuerzas comandadas por Varo, que sumaban unos 20.000 hombres sin contar los familiares de los soldados, se adentraron en el bosque en busca de los rebeldes germanos. La suerte se alió con Arminio, al producirse un fuerte aguacero que dejó el camino impracticable. El fango dejó inmovilizados a los legionarios romanos, lo que fue aprovechado por los guerreros de Arminio para atacar.

Una lluvia de dardos de hierro cayó de repente sobre los romanos. Las legiones intentaron adoptar la formación de *testudo* —tortuga— para entablar combate, pero los germanos se retiraron de inmediato. Los legionarios iniciaron un nuevo avance, pero al poco rato volvían a ser atacados. Para ellos, los guerreros germanos eran como inaprensibles fantasmas que desaparecían con la misma rapidez con la que aparecían.

Los germanos empleaban todo tipo de estratagemas para acrecentar la sensación de inseguridad en el ánimo de los romanos. Por ejemplo, en los días previos habían cortado los troncos de los árboles a los lados del camino al que los germanos habían atraído a los romanos, aunque de tal manera que aún se sostenían en pie. Cuando la columna estaba pasando por el camino, los troncos eran empujados y caían sobre los asustados legionarios, provocando el consiguiente desorden en sus filas.

Al caer la oscuridad, los romanos se atrincheraron en el interior del bosque y allí pasaron la noche. A la mañana siguiente reemprendieron el camino, pero tuvieron que abandonar los carros con los víveres, al quedar atascados en el barro. Los hombres de Arminio arrojaron lanzas contra los romanos sin que éstos, desconcertados, pudieran responder. Volvieron a atrincherarse, pero los germanos atacaban cada vez que intentaban reemprender la marcha.

El equipamiento pesado de las legiones era muy apropiado

---

2. El bosque de Teutoburgo (*Teutoburger Wald*) está situado entre los ríos Ems y Weser. El área en la que Arminio tendió la emboscada se halla a una decena de kilómetros de la actual ciudad de Osnabrück, a 180 kilómetros al noroeste de Colonia.

para los enfrentamientos en terrenos despejados, pero en el intricado bosque de Teutoburgo era más un impedimento que una ventaja. En cambio, los germanos, ligeramente armados, tenían una movilidad mayor que les permitía ejecutar esa táctica de guerrilla, la más apropiada para ese terreno.

La lluvia y el barro siguieron aliándose contra las legiones de Varo. Al ser imposible el avance, éste ordenó regresar por el mismo camino. Iniciada la contramarcha, el acoso de los hombres de Arminio no se detuvo. El cansancio y la desmoralización llevaron a algunos pequeños grupos de legionarios a desgajarse de la columna principal y tratar de ponerse a salvo por su cuenta. El jefe de la caballería romana, Numonio, también fue de los que perdió la calma y huyó a la cabeza de su regimiento con la esperanza de alcanzar el Rin y dejar atrás aquel infierno verde, pero tanto él como su destacamento fueron alcanzados y masacrados.

Arminio vio llegado el momento de propinar el golpe de gracia a los hombres de Varo. Los germanos atacaron entonces a la columna romana desde todos los ángulos, sin que los legionarios lograsen coordinar una respuesta. Algunos lograron formar pequeñas islas de resistencia que mantendrían a raya a los germanos durante dos días, pero también acabaron siendo aplastadas.

Varo resultó herido por una lanza y prefirió suicidarse antes que caer en manos de Arminio. Algunos miembros de su Estado Mayor seguirían su ejemplo. Según explica la tradición, Varo ordenó a su esclavo: «¡Mátame ahora mismo!». Los germanos quemaron el cadáver de Varo, le cortaron la cabeza y se la enviaron a Augusto en Roma, donde sería enterrada con honores en el panteón familiar.

Muchos romanos murieron ahogados en las ciénagas que rodeaban el bosque. Pero se puede afirmar que los que murieron fueron los más afortunados. Los romanos que fueron capturados con vida sufrieron un final horrible, siendo cruelmente sacrificados o quemados vivos. Los grupos dispersos por la región fueron literalmente cazados y exterminados a lo largo de las jornadas siguientes.

El joven oficial Casio Querea, que pasaría a la posteridad por matar al emperador Calígula, dirigió la huida de un grupo de legionarios, quienes escaparon de la trampa mortal en la que

Arminio había convertido el bosque de Teutoburgo, amparados en la oscuridad de la noche. Aparte de ellos, algunos legionarios más, abandonando sus armas y escudos para correr más deprisa, consiguieron salir con vida del bosque. Gracias a los escasos supervivientes, serían conocidos en Roma los pormenores del desastre.

Una derrota traumática

Es difícil establecer el número de vidas romanas que perecieron a manos de los guerreros de Arminio. Si tenemos en cuenta que las legiones estaban compuestas por unos cinco mil o seis mil hombres, y que éstas iban acompañadas de un número variable, pero enorme, de tropas auxiliares y civiles (esclavos personales, las familias de los oficiales, comerciantes de todo tipo y hasta prostitutas), se calcula que los muertos pudieron ascender a más de treinta mil. La masacre de Teutoburgo fue, por lo tanto, una de las derrotas militares más rotundas de toda la Historia.

Las legiones habían dejado de ser invencibles. La voz se expandió por todo el Imperio y a todos sus rincones llegó la noticia de que los guerreros germanos habían aniquilado a las tres legiones de Varo.

El emperador Augusto cayó en una profunda depresión al conocer la derrota de sus tropas en Germania. Durante varios meses no acudió a ningún acto público y se dejó crecer el cabello y la barba. Augusto padecía arrebatos de desesperación en los que repetía una y otra vez, dándose golpes en la cabeza, la frase que iría ligada para siempre con la masacre del bosque de Teutoburgo: «Quintilio Varo, ¡devuélveme mis legiones!».

Pese a que la batalla fue realmente importante, pues marcó al Imperio romano su límite en Germania, en realidad esa derrota no tuvo mayores consecuencias. Los romanos quedaron en posesión de una estrecha franja de terreno, como cabeza de puente, en la orilla oriental del Rin, lo que les permitiría, de vez en cuando, llevar a cabo incursiones en terreno germano.

El prestigio militar de Roma y sus legiones no se vio mermado, pero la masacre sí supuso un doloroso trauma, hasta tal punto que los números de las legiones derrotadas (XVII, XVIII y XIX) jamás fueron vueltos a utilizar en toda la historia militar del Imperio romano.

El escenario

El lugar exacto en el que se libró la batalla de Teutoburgo permaneció desconocido durante mucho tiempo. En 1875 se construyó en la parte sur del bosque de Teutoburgo —el escenario que se creía más probable— una impresionante estatua de 17 metros de altura, sobre un pedestal de 30 metros, representando a Arminio. Este monumento es conocido popularmente como el *Hermannsdenkmal* (*Hermann* es la versión alemana de Arminio).

Pero en 1987, un arqueólogo aficionado británico halló en el borde norte del bosque de Teutoburgo 162 denarios romanos y tres bolas de plomo del tipo usado en las hondas del ejército romano, lo que parecía indicar que allí había tenido lugar la batalla. La posterior investigación a cargo de los arqueólogos profesionales confirmó que aquél había sido el escenario del choque, un paraje situado al norte de la colina Kalkriese, entre los pueblos de Engter y Venne.

En el lugar de la emboscada se construyó un museo que alberga buena parte de los descubrimientos hechos en las excavaciones, así como representaciones de la batalla y dioramas que dan al visitante una idea fidedigna de cómo discurrió la batalla.

Tesalónica, 390
Sangre en el circo

*L*as relaciones entre Iglesia y Estado siempre han estado sujetas a tensiones de diversa índole. En el curso de esta relación no siempre fluida, destacan algunas fechas importantes, que han ido marcando este tortuoso camino. Una de ellas fue el año 313, cuando, a través del Edicto de Milán, el emperador romano Constantino I (272-337) decretó la libertad de culto para los cristianos y el fin del paganismo como religión oficial del Imperio. Los cristianos pasaron, de ser perseguidos, a obtener ciertos privilegios y a permitírseles la construcción de grandes templos.

Con el Edicto de Milán se iniciaba una nueva época para la Iglesia; a partir de ese momento, su influencia en las esferas del poder aumentaría. Sin embargo, existía, al menos en teoría, libertad de culto.

El Edicto de Tesalónica

Pero en el año 380, con la promulgación del Edicto de Tesalónica, se iría un paso más allá, bajo el impulso del emperador Teodosio (347-395). El cristianismo pasaría a ser la religión oficial y única del Imperio, quedando estipulado en estos inequívocos términos:

«Queremos que todos los pueblos que son gobernados por la administración de nuestra clemencia profesen la religión que el divino apóstol Pedro dio a los romanos (...). Esto es, según la doctrina apostólica y la doctrina evangélica creemos en la divinidad única del Padre, del Hijo y del Espíritu Santo bajo el concepto de igual majestad y de la piadosa Trinidad. Ordenamos que tengan el nombre de cristianos católicos quienes sigan esta norma, mientras que los demás los juzgamos dementes y locos sobre los que pesará la infamia de la herejía. Sus lugares de reunión no recibirán el nombre de iglesias y serán objeto, primero de la venganza divina, y después serán castigados por nuestra propia iniciativa, que adoptaremos siguiendo la voluntad celestial».

Mediante este edicto, la libertad de culto era suprimida y cualquier otra práctica religiosa era susceptible de ser perseguida. A partir de entonces, una religión monoteísta, acompañada de unas determinadas normas morales, sustituía a un secular conglomerado religioso formado por dioses, deidades y lares domésticos, muchos de ellos de origen prerromano.

Pese a la oficialización del culto cristiano, las tensiones entre el poder político y el religioso aumentaron. Como máxima autoridad del Imperio, Teodosio incluyó al sacerdocio en el funcionariado del mismo, lo que en la práctica lo situaba bajo su autoridad, una autoridad que no era reconocida por los propios sacerdotes. A la vez, Teodosio jugaba con dos barajas, ya que hacía lo posible por proteger a los ahora semiclandestinos paganos de la persecución y el acoso de los cristianos, que exigían del emperador que pusiese fin a sus prácticas religiosas.

Esa resistencia de Teodosio a doblegarse ante la Iglesia venía dada por la débil penetración del culto cristiano entre las clases populares y los estamentos militares. Por esa época, contrariamente a lo que se suele creer, el cristianismo gozaba de una implantación mucho mayor entre las clases dominantes. Teodosio no quería granjearse la enemistad del pueblo llano, que continuaba celebrando ritos paganos, por lo que se esforzó en guardar un equilibrio que siempre resultaría precario.

Pero esa tensión entre el emperador y la Iglesia debía aflorar tarde o temprano. Lo haría con ocasión de una masacre sucedida precisamente en la ciudad que había alumbrado el edicto que oficializaba el culto cristiano: Tesalónica.

Un auriga muy popular

El gobernador de la ciudad griega de Tesalónica metió en la cárcel a un auriga del circo, muy querido de la multitud. Las circunstancias de la detención no son bien conocidas. Según la versión más extendida, se cree que el *magister militum* (un rango equivalente al de Capitán General) de la prefectura, un tal Boterico, había recibido atenciones no deseadas por parte del famoso auriga. La respuesta de Boterico fue proceder a su arresto, aplicando la ley contra los actos homosexuales que Teodosio había promulgado ese mismo año. Existen otras versiones en las que el objeto de amistad del auriga era un sirviente de Boterico, aunque también circula otra explicación, para algunos menos incómoda, en la que el objeto de atención era una sirvienta.

Sea como fuere, el auriga dio con sus huesos en la cárcel, pero el pueblo no estaba dispuesto a renunciar a las exhibiciones que ofrecía cada vez que se celebraban carreras en el circo. Así pues, los fanáticos seguidores del auriga se amotinaron, asaltando los edificios públicos. En la algarada, el gobernador fue asesinado por las turbas enardecidas, así como el propio Boterico y algunos magistrados. El auriga fue liberado, es de suponer que abrumado por el aprecio mostrado por sus seguidores más radicales.

Teodosio, que se encontraba en Milán, tuvo noticia de lo que estaba ocurriendo en Tesalónica. El emperador se dejó arrebatar por la ira: «Ya que toda la población es cómplice del crimen, que toda ella sufra el castigo». Para Teodosio, la totalidad de la población era culpable de asesinato y, por tanto, era merecedora de ser condenada a muerte. El emperador sugirió que, para facilitar la aplicación de esta justicia expeditiva, los pretorianos atacasen a la multitud cuando estuviera concentrada en el circo.

Aunque Teodosio revocaría posteriormente la orden, el aviso llegaría demasiado tarde a la guarnición de la ciudad. Cuando los tesalonicenses se hallaban en el circo para asistir a la reaparición del auriga, los pretorianos cerraron todas las salidas del recinto. Comenzó entonces una degollina brutal, en la que los soldados asesinaron metódicamente a todos los espectadores.

El obispo de Tesalónica, Teodoreto, describió así la hecatombe: «Como en la cosecha de las espigas, fueron todos segados a la vez». La carnicería se prolongó a lo largo de cuatro horas, sin ninguna distinción de edad, sexo o grado de implicación en la revuelta.

La arena del circo quedó regada con la sangre de entre 7.000 y 15.000 inocentes. Aunque es probable que las crónicas exagerasen el número de víctimas, el alcance de la masacre fue, en cualquier caso, muy elevado.

El arrepentimiento del emperador

La noticia de la matanza no tardó en llegar a Milán. Ambrosio, el obispo de esa ciudad, quedó escandalizado por lo ocurrido en Tesalónica. El obispo exigió el arrepentimiento del emperador y le excomulgó hasta que lo hiciera.

Teodosio no calibró de forma adecuada la amenaza del obispo, por lo que se presentó a las puertas de la basílica de Milán como si nada hubiera sucedido. Pero Ambrosio le cortó el paso, diciéndole con severidad: «Deteneos, emperador. ¿Cómo osaríais pisar este santuario? ¿Cómo podríais tocar con vuestras manos el cuerpo de Cristo? ¿Cómo podríais acercar a vuestros labios su sangre, cuando por una palabra proferida en un momento de ira habéis hecho perder la vida a tantos inocentes?».

El emperador, mostrándose arrepentido, argumentó: «Conozco mi culpa y mucho espero de la misericordia divina. David esperó mucho por ella —añadió—, pues aunque fue adúltero y homicida, jamás padeció la confusión de haber esperado en vano».

El obispo respondió: «Lo imitaste en el pecado; imítalo también en la penitencia». Puesto que su crimen había sido público, su penitencia debía también ser pública. De lo contrario, se vería privado de los sacramentos y no podría volver a entrar nunca más en una iglesia.

Teodosio se resistió a realizar ese acto público de contrición. Esperaba que Ambrosio fuera benevolente, pero el obispo se mostró inflexible. Finalmente, ocho meses después de la matanza de Tesalónica, Teodosio aceptó humillarse ante el poder religioso; el día de Navidad del año 390, el emperador se presentó a Ambrosio, sin las insignias del poder, como un pecador público. Lloró y pidió la absolución de su delito, antes de poder ocupar un lugar entre los fieles. Sus palabras fueron: «Vengo a solicitar el remedio que puede curar mi alma». El obispo le pidió únicamente que allí mismo firmase un decreto por el que se disponía que ninguna pena de muerte pudiese ejecutarse hasta treinta días después de promulgada, a lo que el emperador accedió.

Aunque la autoridad imperial no quedó en entredicho con este episodio, la realidad es que el ascendiente político de la Iglesia quedó fuera ya de toda duda. Ambrosio selló la nueva situación con esta sentencia: «El emperador está en la Iglesia, no por encima de la Iglesia».

Como penitencia y compensación, Teodosio decretó dos años después la prohibición de los sacrificios paganos. Al amparo de esta nueva prohibición se inició una fuerte represión contra la población pagana, que alcanzó su culminación en la segunda destrucción de la biblioteca de Alejandría y del gran templo de Serapis. El cristianismo se convertía así, como inesperada consecuencia de una masacre, en la única religión que podía ejercerse en las fronteras del Imperio romano.

El escenario

Tesalónica es la actual Salónica, la segunda ciudad de Grecia, con una población de unos 800.000 habitantes. Aunque Salónica es un importante centro industrial, su riqueza artística y arqueológica fue reconocida como Patrimonio de la Humanidad por la UNESCO en 1988.

Al este del palacio de Galerius se extendía el lugar en donde tuvo lugar la masacre del año 360: el circo. Éste tenía una longitud aproximada de 500 metros. Aunque su emplazamiento ha sido localizado por los arqueólogos, sólo una pequeña parte ha podido ser excavada, ya que sobre el terreno se levantan varios edificios modernos que impiden su afloramiento.

Jerusalén, 1099
La furia de los cruzados

*E*l 7 de junio del año 1099, los cruzados llegaron a las puertas de Jerusalén. Ese momento había sido largamente anhelado, por lo que muchos de aquellos hombres, bregados en sangrientas batallas, cayeron de rodillas, sollozantes y envueltos en lágrimas.

La llegada a Jerusalén anticipaba el momento culminante de un largo camino que había comenzado tres años antes. Jerusalén era un símbolo para los tres grandes credos monoteístas. Era la capital histórica del judaísmo, el escenario de la Pasión y Muerte de Jesús y el lugar desde el que Mahoma ascendió a los cielos, según refiere el Corán. Ahora, ante sus ojos, tenían la extraordinaria visión de la Ciudad Santa. Si habían sido capaces de llegar hasta allí, nada podría evitar ya que la ganasen para el cristianismo.

La peregrinación a la Ciudad Santa

Ya en el siglo IV existía entre los cristianos la peregrinación a Jerusalén, a donde acudían a postrarse ante la gruta del Santo Sepulcro o el lugar del monte del Calvario en el que se hallaba la Santa Cruz. Pero en el año 638 fue conquistada por los árabes, quienes en un primer momento impidieron el acceso de los cristianos a la Ciudad Santa. Sin embargo, los musulmanes acabaron no sólo permitiendo, sino estimulando, las peregrinaciones cristianas a Jerusalén, al calor de los ingresos proporcionados por los visitantes, alcanzando su momento de máxima afluencia a mediados del siglo XI.

Pero sería precisamente entonces, con las rutas peregrinas en su apogeo, cuando éstas se vieron súbitamente truncadas. Hacia 1070, los turcos selyúcidas ocuparon la mayor parte de la península de Anatolia, cortando así la ruta terrestre a Tierra Santa, además de amenazar el Imperio romano de Oriente. A partir de entonces, el peregrinaje hasta Jerusalén pasó a convertirse en una empresa muy arriesgada. Los cristianos pasaron a preguntarse cómo era posible que los Santos Lugares estuvieran en manos de los infieles, y que fueran ellos los que tuvieran el poder de decidir si podían acudir en peregrinación o no.

«Dios lo quiere»

Ese sentimiento de frustración sería hábilmente recogido por el papa Urbano II (1042-1099). En 1095, al final del Concilio de Clermont, el sumo pontífice exhortó a la cristiandad a acudir en socorro del emperador bizantino en su tarea de contener la invasión musulmana. Urbano II, en su histórico discurso, refirió la persecución que estaban sufriendo los cristianos de Oriente, el acoso a los peregrinos que se atrevían a emprender esa peligrosa ruta, y la profanación de los Santos Lugares.

Las palabras de Urbano II levantaron una ola de entusiasmo que recorrió el continente europeo. El grito de *Deus lo volt* («Dios lo quiere») resonó por todas partes. Decenas de miles de personas se dispusieron a tomar las armas para sumarse a la llamada del papa. Entre ellos había nobles y caballeros, pero también campesinos pobres y desheredados, que confiaron en las palabras de predicadores populares como Pedro el Ermitaño. Todos querían participar en la que debía ser la gran peregrinación a Jerusalén; algunos aseguraban que a su término llegaría el Fin del Mundo y el Juicio Universal.

La cruzada popular comenzó con las más santas intenciones pero, conforme avanzaba hacia el este, los peores instintos fueron aflorando. Su paso por pueblos y aldeas era el equivalente a una nube de langostas; saqueos, masacres, violaciones... Finalmente, estas hordas serían aniquiladas por los turcos en la península de Anatolia en 1096.

El asedio de Jerusalén

Mientras tanto, cuatro contingentes de cruzados llegaban a Constantinopla, pero en este caso sí se trataba de ejércitos organizados y bien preparados. Juntos, sumando unos 20.000 hombres de los que unos 7.000 iban a caballo, emprendieron el camino de Jerusalén. El primer enfrentamiento se produjo en Nicea, en junio de 1097, en donde los cristianos se impusieron a las fuerzas musulmanas. La ciudad de Antioquía fue conquistada tras un exitoso asedio en junio de 1098. Pero los cruzados, en lugar de proseguir su camino hacia Jerusalén, se enzarzaron en disputas internas, permaneciendo en ese área durante el resto del año. No sería hasta el verano siguiente cuando los ejércitos cristianos se presentaron ante las murallas de la Ciudad Santa, después de haber capturado Belén.

El ejército cruzado inició el asedio de la ciudad, aunque en ese momento las fuerzas cristianas se habían reducido a unos 13.500 hombres, de los que 1.500 eran caballeros. Paradójicamente, el asedio iba a resultar más duro para los propios cruzados que para los habitantes de Jerusalén, puesto que en los alrededores de la ciudad no había lugares en los que aprovisionarse de agua y comida, mientras que los sitiados disponían de suficientes reservas para resistir el cerco.

El primer asalto directo a las murallas se acometió el 13 de junio, pero fracasó debido a la carencia de máquinas de asedio. El tiempo corría en contra de los cruzados, ya que cada día crecía el número de hombres y animales que morían de sed y de inanición. Por tanto, la captura de la Ciudad Santa se presentaba ya como una cuestión de supervivencia. Afortunadamente, una flotilla de naves cristianas llegó al puerto de Jaffa con provisiones, y los cruzados pudieron recuperar algo de las fuerzas perdidas.

El asalto definitivo

Con ánimos renovados, los cristianos comenzaron a acumular madera traída desde los bosques de Samaria con el fin de construir las indispensables máquinas de asedio. Para ese mismo cometido se desmantelaron las naves cristianas. A finales del mes de junio, les llegó la noticia de que un ejército musulmán estaba marchando desde el norte de Egipto para romper el cerco. Los cruzados no podían esperar más; Jerusalén debía ser tomada sin más dilación.

La noche del 14 de julio, las torres de asedio fueron empujadas hacia las murallas de la ciudad, entre la sorpresa y la preocupación de los defensores. Al llegar la luz del día, los jefes cristianos ordenaron el ansiado asalto a Jerusalén. El violento ataque acabó doblegando la resistencia de los guerreros musulmanes y los cruzados entraron en la Ciudad Santa dispuestos a desquitarse de todas las privaciones y sinsabores que habían tenido que padecer en su largo y peligroso camino. La matanza que tendría lugar a continuación se prolongaría durante la tarde, la noche y la mañana del día siguiente.

Sed de sangre

La descripción más espeluznante de la masacre de Jerusalén la dejaría a la posteridad uno de los hombres que participó en aquella escabechina, el canónigo Raimundo de Aguilers:

«Maravillosos espectáculos alegraban nuestra vista. Algunos de nosotros, los más piadosos, cortaron las cabezas de los musulmanes; otros los hicieron blancos de sus flechas; otros fueron más lejos y los arrastraron a las hogueras. En las calles y plazas de Jerusalén no se veían más que montones de cabezas, manos y pies. Se derramó tanta sangre en la mezquita edificada sobre el templo de Salomón, que los cadáveres flotaban en ella y en muchos lugares la sangre nos llegaba hasta la rodilla».

Todos los musulmanes de la ciudad fueron asesinados, incluyendo mujeres, niños y ancianos. La única excepción fue la de los soldados que defendían la llamada Torre de David, quienes lograron el compromiso con uno de los jefes cruzados de quedar en libertad a cambio de su rendición.

La ira de los cruzados se cebó también en la comunidad judía que residía en Jerusalén; aunque corrieron a refugiarse en la sinagoga mayor para resistir hasta que los ánimos de los invasores se calmasen, esto no les sirvió de nada, ya que los cruzados incendiaron el edficio con ellos en su interior. Las crónicas musulmanas dicen que los cruzados rodearon el edificio en llamas mientras cantaban «Cristo, ¡Te Adoramos!».

El arranque de violencia indiscriminada alcanzaría incluso a los pocos cristianos que vivían en la ciudad. Los cruzados respetaron la vida a algunos de los habitantes, para que llevasen a cabo la penosa tarea de despejar las calles de cadáveres. Los musulmanes vivos arrastraron a los muertos hasta las salidas de las murallas y los colocaron en grandes piras, prendiéndoles fuego. Según un cronista, «las piras funerarias se alzaban como pirámides, y nadie sabe su número salvo el mismo Dios».

Una vez que la sed de sangre quedó satisfecha, los jefes cruzados marcharon en solemne procesión hasta el Santo Sepulcro, para agradecer a Dios la victoria conseguida.

Cuando esos terribles acontecimientos fueron conocidos en Europa, buena parte de la cristiandad se quedó horrorizada ante los crímenes que se habían cometido en nombre de Dios. Muchos sacerdotes condenaron la masacre desde sus púlpitos.

Pero el espanto fue todavía mayor entre judíos y musulmanes; el resentimiento hacia los cristianos quedaría sólidamente instalado en ellos.

El escenario

La llamada «Torre de David» ha sobrevivido hasta la actualidad y está incorporada a las fortificaciones de la parte este de la ciudadela, en la parte occidental de la Ciudad Vieja de Jerusalén. Esta emblemática construcción de veinte metros de altura fue construida por el rey Herodes, aunque ha perdurado el nombre por el que la conocían erróneamente los peregrinos cristianos del período bizantino.

El contorno de la ciudadela que conocemos en la actualidad, construida por el sultán otomano Solimán el Magnífico, es el que encontraron los cruzados cuando llegaron a Jerusalén.

El primer estudio arqueológico de la ciudadela y las excavaciones iniciales se llevaron a cabo en la década de los treinta.

Los trabajos prosiguieron en 1968, preparando el lugar para su apertura a los visitantes.

Hoy día, la ciudadela acoge el Museo de Historia de Jerusalén. En sus diversas torres se encuentran exposiciones que ilustran los 5.000 años de historia de la Ciudad Santa.

Constantinopla, 1204
La orgullosa Bizancio, sometida

*E*n el año 1199, el papa Inocencio II (?-1143) decidió convocar una nueva Cruzada para aliviar la situación de los estados cruzados, sometidos a una continua presión por parte de los musulmanes, deseosos de expulsarlos de aquellos territorios. Esta Cuarta Cruzada iba a ir dirigida contra Egipto, considerado el punto más débil del enemigo musulmán.

Al no ser ya posible la ruta terrestre, los cruzados debían tomar la ruta marítima, por lo que se concentraron en Venecia para embarcar desde allí a Tierra Santa. Pero organizar una cruzada no resultaba precisamente barato, por lo que los venecianos, maestros en el mercadeo, consiguieron que los otros participantes colaborasen en los gastos de transporte.

Como en ese momento no disponían de fondos, el Dux de Venecia, Enrico Dandolo, aceptó como efecto de pago la ayuda militar para recuperar la ciudad de Zara (la actual Zadar, en Croacia), que entonces estaba en poder de los húngaros. Esta antigua plaza veneciana se había puesto bajo la protección del rey de Hungría tras rebelarse en 1186; los venecianos estaban dispuestos a recuperarla por la fuerza, pese a que se trataba de una ciudad cristiana y que el papa había prohibido cualquier ataque entre cristianos.

Objetivo: Constantinopla

Tras un sangriento asedio, los cruzados se apoderaron de Zara, lo que les supondría ser excomulgados por el papa.

Pero el castigo papal no importó lo más mínimo a los cruzados.

Fue entonces cuando apareció en escena un usurpador bizantino, Alejo IV Angelo, hermano menor del basileus[3] del momento, Alejo III Angelo. Su intención era reponer en el trono de Bizancio a su padre, Isaac II. A cambio de la ayuda de los cruzados, Alejo IV se comprometía a pagarles 200.000 marcos de plata y participar en la Cruzada con 10.000 hombres, además de mantener a perpetuidad un regimiento de quinientos caballeros en el Santo Sepulcro.

El Dux de Venecia y el jefe de la expedición, Bonifacio de Monferrato, acogieron con agrado esa propuesta, por la que se podía rentabilizar de manera extraordinaria la campaña. Ante ellos se les abría una oportunidad única para entrar como conquistadores en la legendaria capital del Imperio bizantino, una campaña que, sin duda, iba a resultar mucho más provechosa para satisfacer las necesidades terrenales que una incierta misión en tierras egipcias. Aunque algunos destacados caballeros cruzados, como Simón de Montfort, se negaron a adulterar de este modo la noble misión encomendada por el papa, finalmente la codicia se impuso a la fe; la Cruzada se dirigiría contra Constantinopla.

La flota cruzada navegó rumbo al Bósforo. Al vislumbrar en la lejanía las murallas de la majestuosa ciudad, el 23 de junio de 1203, los cruzados no pudieron ignorar el hecho de que en dos mil años nadie había conseguido conquistarla, pese a que había sufrido una veintena de grandes asedios.

El asedio de Constantinopla

Pero ellos habían llegado allí para cambiar la historia. El 7 de julio de 1203, después de confesarse, los cruzados iniciaron el asedio a Constantinopla. La flota veneciana los condujo

---

3. *Basileus* es el término griego para «rey» que en principio hacía referencia a cualquier rey del mundo greco-parlante del Imperio romano. Los bizantinos reservaban el término «basileus» entre los gobernantes cristianos exclusivamente para el emperador en Constantinopla.

contra las fortificaciones marítimas de la ciudad, hacia la Torre de Gálata, en donde una pesada cadena cerraba la entrada del llamado Cuerno de Oro. Allí, una galera que llevaba en la proa una enorme cizalla de acero se acercó y cortó el hierro entre dos eslabones.

Tras completar el cerco de la ciudad, el 17 de julio se lanzó el asalto general, liderado por el propio Dux de Venecia. Atemorizado, Alejo III se dio a la fuga, abandonándolo todo, incluso a su esposa. Alejo IV pudo así reponer en el trono a su padre, Isaac II.

Para dar tiempo al nuevo monarca a reunir la suma con la que tenía que pagar el inestimable servicio realizado por los cruzados, éstos se dedicaron a saquear las mezquitas que habían sido levantadas en la ciudad con el beneplácito de los últimos emperadores. Pero las acciones de los cruzados, que se extendieron a otros puntos de la ciudad, provocaron las quejas de sus habitantes. Alejo IV acabó rogándoles que se retiraran fuera de las murallas para no ocasionar mayores problemas. Éstos accedieron a trasladar su campamento frente a Gálata. Pero el tiempo iba pasando y los nuevos gobernantes de Bizancio se mostraban remisos a pagar su deuda. El enojo y la frustración comenzaron a hacer mella en el espíritu de los cruzados.

Malestar entre los cruzados

En septiembre, una representación de los cruzados acudió a palacio para entrevistarse con el emperador. Ni el ceremonial ni el boato de los bizantinos les intimidó, y allí mismo pusieron en claro sus intenciones: si no se les entregaba rápidamente el saldo de la deuda, atacarían la ciudad para cobrársela ellos mismos.

Isaac II, subestimando a los que le habían colocado en el trono, les recriminó su actitud: «nadie nunca se atrevió a desafiar la autoridad de los césares en el propio palacio. No responderé a vuestra insolencia». Dicho esto, el basileus mandó a llamar a sus guardias para que los acompañasen a la puerta. Los cruzados se marcharon, pero estaba claro que aquello no iba a quedar así.

La tensión entre los habitantes de Constantinopla y sus indeseables huéspedes fue creciendo, hasta que se hizo insoportable. Achacando la presencia de los cruzados a Isaac II y su hijo, éstos fueron depuestos durante una revuelta popular. El trono recayó en Alejo Ducas, que fue coronado con el nombre de Alejo V. Su primera medida fue estrangular a Alejo IV y molerle los huesos a mazazos.

Los cruzados recibieron con preocupación la noticia de que su deudor había desaparecido. El nuevo basileus no les debía nada, por lo que la visión de los 200.000 marcos de plata prometidos se iba esfumando por momentos. Para cualquiera, excepto para Alejo V, era evidente que a los cruzados no se les dejaba otra opción que el saqueo de la ciudad. Los líderes de la Cruzada llegaron a esa misma conclusión y no tardaron en planear la manera en que se repartirían no sólo la ciudad, sino el Imperio mismo.

Pero era necesario buscar una excusa antes de entrar a sangre y fuego en la ciudad. Alejo V fue conminado por los cruzados a someter a su Iglesia a la voluntad de Roma, pero el basileus se negó a transigir con esa exigencia. A partir de ese momento, el destino de la ciudad ya estaba sentenciado.

Asalto a las murallas

El viernes 8 de abril de 1204, Constantinopla afrontó el primer asalto. Los cruzados habían construido torres de asedio y las habían acoplado a la proa de los barcos, para que los asaltantes pudieran enfrentarse a los defensores a su misma altura. Pero en ese primer día los defensores se mostraron firmes y lograron rechazar todas las acometidas de los cruzados.

El segundo día de lucha no fue mejor para los cruzados. Éstos utilizaron grandes escaleras para trepar hasta lo más alto de la muralla, pero los asaltantes eran rechazados violentamente. Los cuerpos sin vida de los cruzados iban cayendo desde lo alto de las murallas, como un sangriento aviso a los cruzados que trataban de escalar los muros.

Pero la moral de los cruzados seguía intacta. La respuesta del Dux de Venecia fue redoblar los esfuerzos; donde antes había una torre de asedio, se colocarían dos, y se lanzarían nuevos asaltos en otras zonas del perímetro amurallado. Así se hizo a partir del tercer día.

Ante la persistencia de los cruzados, el ánimo de los defensores comenzó a flaquear. A ello contribuyó un incendio de origen desconocido en el interior de la ciudad. Mientras los defensores trataban de apagarlo, algunos cruzados lograron hacer pie en lo alto de las almenas. El miedo comenzó a extenderse entre los sitiados y las tropas bizantinas comenzaron a abandonar sus posiciones.

Los cruzados rebasaron la muralla por varios puntos y no tardaron en inundar las calles de la ciudad. Al principio lo hicieron con prevención, pues temían emboscadas de los bizantinos, pero lo único que les salió al paso fue una patética procesión de mujeres, niños y ancianos, implorándoles por sus vidas.

Saqueo y destrucción

Pero los cruzados tenían algo más urgente que hacer que dar inicio a la degollina. Corrieron hacia los palacios y las iglesias, que custodiaban toneladas de riquezas. Los formidables tesoros que encontraron les dejaron sin habla. Los cruzados se lanzaron al robo y al saqueo, destruyendo todo lo que no tenía valor. El botín se reunió en tres iglesias especialmente seleccionadas por su enorme tamaño.

Tras dar rienda suelta a su codicia, desataron sus peores instintos, violando, mancillando, asesinando y decapitando por doquier. Fueron miles los bizantinos que vieron segada su vida por la furia de los cruzados, incluyendo mujeres y niños. Las calles de Constantinopla quedaron anegadas en sangre.

La ciudad fue saqueada durante varios días. No se libró ni una iglesia ni un monasterio. Los cronistas se hicieron eco de las atrocidades perpetradas por los conquistadores, como en este relato de Nicetas Coniates:,

«Destrozaron las santas imágenes y arrojaron las sagradas reliquias de los mártires a lugares que me avergüenza mencionar, esparciendo por doquier el cuerpo y la sangre del

Salvador. En cuanto a la profanación de la Gran Iglesia (Santa Sofía), destruyeron el altar mayor y repartieron los trozos entre ellos. Introdujeron caballos y mulas en la iglesia para poder llevarse mejor los recipientes sagrados, el púlpito, las puertas y todo el mobiliario que encontraban; y cuando algunas de estas bestias se resbalaban y caían, las atravesaban con sus espadas, ensuciando la iglesia con su sangre y excrementos. Una vulgar ramera fue entronizada en la silla del patriarca para lanzar insultos a Jesucristo y cantaba canciones obscenas y bailaba inmodestamente en el lugar sagrado. Tampoco mostraron misericordia con las matronas virtuosas, las doncellas inocentes e incluso las vírgenes consagradas a Dios».Barrios enteros quedaron reducidos a escombros humeantes y Constantinopla quedó prácticamente inhabitable. Los que pudieron escapar de la masacre huyeron al interior del país, especialmente a la ciudad de Nicea, y los que pudieron se fueron a Italia, Hungría, Rusia, Francia o Alemania.

Los cruzados se instalaron en algunos palacios e iglesias. Todo el oro, la plata, las piedras preciosas o el Tesoro del Estado, además de las reliquias religiosas o los altares de las iglesias, fue robado y llevado a países occidentales, siendo vendido al mejor postor.

El paso de los cruzados había acabado con la gloria de la gran urbe y con los tesoros artísticos y arquitectónicos que había en ella. La que poco antes era una ciudad arrogante, orgullosa, altiva e invulnerable, ahora no era más que una ciudad fantasma.

Una vez establecidos en Constantinopla, los cruzados fundaron un estado cruzado conocido como Imperio Latino, con capital en la misma ciudad. Los cruzados se proclamaban como los sucesores cristianos del Imperio Bizantino. Balduino IX, conde de Flandes, fue coronado como su primer emperador el 16 de mayo de 1204, a pesar de las pretensiones de Bonifacio de Montferrato.

El Imperio Latino finalizaría en 1261, cuando Miguel VIII Paleólogo reconquistó Constantinopla, derrocando al último emperador latino, Balduino II. Sin embargo, la ciudad nunca recuperaría el antiguo esplendor.

El escenario

Las murallas de Constantinopla fueron el mayor y más infranqueable sistema de fortificaciones de la Antigüedad, hasta que los cruzados lograron superarlas en 1204. Aun así, este sistema continuó siendo durante mucho tiempo uno de los más complejos y elaborados jamás construidos.

Las murallas fueron mantenidas intactas durante la mayor parte del período otomano hasta que comenzaron a desmantelarse en el siglo XIX, al ir creciendo la ciudad fuera de sus límites medievales. A pesar de la falta de mantenimiento, muchas partes de las murallas han sobrevivido y están en pie hoy en día. En los últimos años se ha puesto en marcha un ambicioso programa de restauración a gran escala que permitirá al visitante apreciar su apariencia original.

Uno de los elementos que recuerdan el paso de los cruzados y la constitución del reino latino es la Puerta de Oro. Esta entrada estaba reservada para los emperadores que regresaban a la ciudad tras una victoriosa expedición. El núcleo de la obra estaba formado por la triple arcada de un arco del triunfo edificado en el año 388; cuando Teodosio II construyó la nueva muralla, el arco quedó incrustado en ella.

La última vez que se utilizó para el fin que se le había dado fue tras la reconquista de la ciudad por Miguel VIII Paleólogo. En la actualidad, las arcadas de la Puerta de Oro permanecen tapiadas, pero se pueden apreciar fácilmente. El oro que recubría las puertas desapareció probablemente durante el saqueo de 1204.

Béziers, 1209
Golpe mortal a los cátaros

$\mathcal{A}$ principios del siglo XIII, tuvo lugar en el sur de Francia la primera Cruzada emprendida en territorio cristiano contra cristianos. Los enemigos, en este caso, no serían los musulmanes, sino los cátaros.[4]

El catarismo apareció por primera vez en el norte de Europa a mediados del siglo XII, quizás procedente de Europa Oriental, pero en donde arraigó con más fuerza fue en el sur de Francia, especialmente en el Languedoc. Ciudades tan importantes como Toulouse, Carcasona o Albi abrazaron el catarismo. En alusión a esta última ciudad, también serían conocidos como «albigenses».

Esta doctrina se basaba en una interpretación dualista del Nuevo Testamento, defendiendo la existencia de dos principios supremos, el Bien y el Mal, siendo el primero el creador de los espíritus y el segundo el de la materia. Para los cátaros, el mundo era una plasmación de esta dualidad en la que vagaban las almas; los espíritus puros habían sido creados por el Dios bueno, mientras que los cuerpos en los que estaban envueltos lo habían sido por el Dios malo.

---

4. Los cátaros no se referían a sí mismos nunca por este nombre, sino que se llamaban simplemente cristianos. Sobre esa denominación existen dos posibles orígenes. Se cree que procede del griego *kazarós* (puro), pero también puede hacer referencia al alemán *katte* (gato). Los canónigos germanos comenzaron alrededor de 1180 a emplear este apelativo insultante y peyorativo en sus sermones, al considerar que los cátaros eran «adoradores del diablo en forma de gato».

Los cátaros creían que las almas debían purificarse a través de sucesivas reencarnaciones, hasta alcanzar un grado de autoconocimiento que les llevaría a la visión de la divinidad escapando del mundo material al paraíso inmaterial. Para llegar a este estado predicaban una vida ascética y contemplativa.

Rechazaban el Antiguo Testamento, así como el concepto del Infierno. Negaban también el dogma de la Trinidad, siendo contrarios al concepto del Espíritu Santo y afirmando que Jesús no era el Hijo de Dios encarnado, sino una aparición que mostraba el camino a la perfección. Además, en la doctrina cátara sólo existía un sacramento, el *consolamentum*, una ceremonia por la que se absolvían los pecados. A los que seguían esta religión se les denominaba «Perfectos» y se les consideraba una especie de herederos o continuadores de las prácticas de los apóstoles.

Los cátaros, una amenaza

Evidentemente, la doctrina cátara no podía ser vista con simpatías por la Iglesia Romana. Pero, sobre todo, el modo de vida ejemplar de los Perfectos, que contrastaba con la corrupción y lujo reinante en la Iglesia católica, constituía una amenaza directa para el mantenimiento de las prerrogativas de la Iglesia ante una población empobrecida, cansada de diezmos eclesiásticos.

La Iglesia Romana, con el papa Celestino II al frente, trató de contrarrestar el auge del catarismo mediante una política misionera, multiplicando las fundaciones cistercienses y enviando predicadores de relevancia a las regiones en donde esta doctrina disfrutaba de mayor arraigo. Pero la llegada al papado de su sucesor, Inocencio III, supuso un cambio radical en el modo de afrontar la amenaza cátara.

El nuevo pontífice escribió a sus arzobispos el 1 de abril de 1198 instándoles a castigar con dureza a los herejes cátaros. Al año siguiente, equiparó la herejía al crimen de lesa majestad; en lo sucesivo, los herejes obstinados serían proscritos y sus bienes confiscados. Sin embargo, en esa primera fase de lucha contra la herejía, las armas de la Iglesia eran principalmente la excomunión y la purga de aquellos clérigos sospechosos de connivencia con los cátaros, dejando la confiscación de bienes para casos extremos.

La Cruzada contra los cátaros

Pero todo cambiaría en 1208, cuando el representante papal Pedro de Castelnou fue asesinado, supuestamente por orden del conde de Toulouse Raimundo VI, partidario de los cátaros. El papa pronunció entonces un anatema contra el noble tolosano y declaró sus tierras «entregadas como presa». Esto equivalía a una llamada directa a todos los condes, barones y caballeros de su reino para acudir a la confiscación de las posesiones de aquéllos que simpatizasen con la causa albigense. Había comenzado la Cruzada contra los cátaros.

La primera etapa de esta *Guerra Santa* destacaría por episodios de gran violencia, como el que ocurriría en la ciudad de Béziers. Allí se enfrentarían los señores feudales que habían acudido desde el norte de Francia, comandados por Simón de Montfort, con los nobles locales encabezados por el conde Ramón VI de Toulouse.

El 22 de Julio de 1209, las tropas de Simón de Montfort sitiaron Béziers, con el propósito de entrar en la ciudad y extirpar de ella la herejía cátara. El obispo de Béziers, que se encontraba entre las tropas de Simón de Montfort, se acercó a las murallas de la ciudad, ofreciendo la paz a sus habitantes si entregaban a todos los cátaros, fuesen estos hombres, mujeres o niños. Pero la población de Béziers se negó a entregarlos, al considerar esta injerencia una afrenta al modo de gobernarse de la ciudad. El representante de los sitiados respondió al obispo que, antes de acceder a esa exigencia, «preferían ahogarse en el mar».

Los ciudadanos de Béziers se dispusieron a hacer frente a las tropas que habían puesto sitio a la ciudad, pero la estrategia sería desastrosa. En lugar de prepararse para el asedio, reforzando las defensas, los hombres del conde Ramon VI lanzaron un ataque sorpresa contra las fuerzas de Simón de Montfort.

Para su desgracia, los primeros con los que se encontraron fueron los *ribauds*, un nutrido grupo de mercenarios que luchaban encuadrados en las fuerzas de obediencia papal. Los *ribauds* eran, de hecho, aventureros de pésima fama, acostumbrados a todo tipo de pendencias. Esta masa de irregulares no sólo no tuvo problemas para rechazar a los asaltantes, sino que los persiguieron hasta las puertas de la ciudad, a donde se dirigieron para buscar refugio.

Pero la apertura de las puertas para permitir el paso de las tropas en retirada sería aprovechada por los *ribauds* para penetrar también en el interior de la ciudad. Las tropas regulares acudieron rápidamente para explotar la exitosa incursión de los mercenarios.

Un baño de sangre

Cuando los cruzados irrumpieron en las calles de Béziers, vieron cómo los mercenarios habían iniciado ya la degollina, uniéndose de inmediato a ellos. Sin embargo, los soldados de Simón de Montfort se encontraron con que, de entre los habitantes de Béziers, no podían distinguir a los cátaros de los que se habían mantenido leales al papa.

La matanza sería, por tanto, indiscriminada, lo que daría lugar a una frase apócrifa, la que el abad de Citeaux, asistente espiritual de los cruzados, supuestamente pronunció como respuesta a los barones que le preguntaban qué tenían que hacer con la ciudad conquistada: «¡Matadlos a todos, Dios reconocerá a los suyos!».

En las crónicas de la caída de Béziers no hay noticia de esa terrible sentencia; en realidad, ésta no aparecería hasta sesenta años después, en una crónica elaborada por Cesáreo de Heisterbach, un monje que vivía en una abadía del norte de Alemania.

Se pronunciase o no esa frase, la actitud de los conquistadores de Béziers se rigió según la supuesta consigna. Las espadas de los cruzados tiñeron de sangre toda la ciudad. Un millar de personas se refugió en la iglesia cristiana de la Magdalena para rogar a Dios que detuviese tan atroz matanza, pero los cruzados entraron en la misma y asesinaron a todos los que allí se cobijaban.

Cuando la mayoría de habitantes de Béziers habían sido pasados a cuchillo, comenzó el ansiado saqueo. Este debía ser llevado a cabo por los nobles, que debían encargarse de repartirlo entre las tropas, pero los mercenarios que integraban el ejército de Simón de Montfort preferían ser ellos mismos los que dispusiesen de lo conquistado. La discrepancia degeneró en una sangrienta disputa entre los propios cruzados, que acabaría con el incendio de la ciudad por parte de los nobles, tras ponerse a salvo fuera de las murallas y dejando dentro a los mercenarios.

El final del catarismo

Béziers quedó reducida a cenizas, convirtiéndose en una enorme pira en la que fueron incinerados los cuerpos de sus habitantes, sin distinción entre herejes y leales al papa. Se calcula que a entre 20.000 y 40.000 se les arrebató la vida en esta masacre. Según cuenta también la tradición, Inocencio III recibió este mensaje de los cruzados: «La venganza divina ha sido majestuosa».

La caída de Béziers sería un golpe terrible para la causa albigense, pero no sería definitiva. En una segunda fase del conflicto se produciría la muerte del conquistador de Béziers, Simón de Montfort, en el sitio a Toulouse, y la consolidación de la resistencia occitana, apoyada por fuerzas aragonesas. Finalmente, el papa Honorio II reclamaría la ayuda de Luis VIII de Francia, que culminaría en 1229 con la integración del territorio occitano en la corona francesa y el aparente aplastamiento del catarismo.

Pero la doctrina cátara no había sido extirpada del todo. Los abusos de la Inquisición provocarían numerosas revueltas y sublevaciones urbanas, inspiradas por los principios cátaros, pero este resurgir albigense sería definitivamente exterminado con la toma a sangre y fuego de las fortalezas de Montsegur en 1244 y Queribus en 1255, los últimos reductos de los albigenses. Estas últimas matanzas pondrían fin al catarismo.

El escenario

Béziers pertenece a la región del Languedoc-Rosellón y cuenta con unos 70.000 habitantes. La ciudad posee un importante patrimonio arquitectónico, acumulado a lo largo de sus veintisiete siglos de historia.

En el emplazamiento de la actual catedral de Saint Nazaire —construida entre los siglos XIII y XIV— se hallaba la antigua catedral, de estilo románico y diseñada y construida por el Maestro Gervais en 1130. A su vez, esta catedral se levantaba sobre una antigua iglesia que era ya mencionada en documentos del siglo VIII.

Según las crónicas, la antigua catedral «estalló como una granada» durante el incendio provocado por los cruzados durante el saqueo.

Lo que sí sobrevivió a la ola de destrucción a la que Béziers se vio sometida fue el Puente Viejo (*Pont Vieux*), cuyos sólidos pilares, construidos en 1134, han resistido durante siglos las frecuentes crecidas del río Orb.

Palermo, 1282
Las Vísperas Sicilianas

*E*l 13 de junio de 1855, la Ópera de París estrenó *Les Vêpres Siciliennes*. Su autor era Giuseppe Verdi (1813-1901), quien había recibido el encargo del teatro de componer esa obra. Verdi tuvo que soportar varias imposiciones, como el idioma —el francés—, el libreto o la obligación incluir un ballet. Pese a que los esfuerzos del compositor italiano por defender sus puntos de vista fueron estériles, la ópera obtuvo un rotundo éxito en su estreno.

No sería hasta 1856 cuando la obra se representó en La Scala de Milán con su texto original traducido al italiano, con el nombre de *I Vespri Siciliani*. Esta versión italiana es la que ha prevalecido sobre la francesa, que apenas se representa en la actualidad.

La ópera de Verdi serviría para dar a conocer el episodio histórico en el que estaba basado el libreto: las llamadas Vísperas Sicilianas, el nombre con el que tradicionalmente se conoce la insurrección que estalló en Palermo el martes de Pascua de 1282. No obstante, parece ser que ese nombre fue acuñado mucho más tarde de aquellos trágicos acontecimientos; la primera vez que aparece el término en un documento fue en 1494.

Sicilia, una posesión disputada

En el siglo XI, unos aventureros normandos derrotaron a los árabes en Sicilia, que la ocupaban desde el año 827. Después de apoderarse de la isla, los normandos pasaron a Nápoles, expulsando a los bizantinos. El reino normando se extendió a lo largo de un siglo, hasta que los derechos de sucesión del reino de Sicilia pasaron a la casa de Hohenstaufen, cuyo heredero, Federico II, era emperador del Sacro Imperio Romano Germánico.

El reinado de Federico II estuvo marcado por el conflicto con la Santa Sede; en él se enmarcaba el enfrentamiento entre güelfos y gibelinos, partidarios del Papa y del Emperador respectivamente. A la muerte de Federico II, el papa Inocencio IV vio llegado el momento de golpear a los Hohenstaufen, colocando en el trono siciliano a un monarca favorable a él.

El Sumo Pontífice ofreció la corona al hermano del rey de Inglaterra, pero la oferta fue rechazada por éste. Al final, quien aceptó fue el rey Luis IX de Francia, quien aceptó colocar en el trono siciliano a su hermano Carlos de Anjou (1226-1285).

Para Carlos de Anjou, que fue nombrado rey en 1266, la posesión del sur de la península italiana no era suficiente para colmar su ambición. El flamante monarca vio en su nueva posesión un trampolín para alcanzar metas mucho más grandiosas, como la conquista del Imperio bizantino.

Pero, por de pronto, Carlos de Anjou debía hacer frente a la oposición interna. Los gibelinos protagonizaron una revuelta en 1268, que fue sofocada violentamente por el francés. Durante la represión posterior, 130 nobles que habían apoyado la sublevación fueron ejecutados.

En 1281, Carlos de Anjou se encontraba en disposición de acometer su objetivo de apoderarse del Imperio bizantino: había comprado los derechos del Reino de Jerusalén, era protector del reino de Armenia, el Emir de Túnez le pagaba tributo y sus soldados ocupaban parte del Peloponeso. Por último, y a instancias suyas, el papa Martín IV había excomulgado al emperador bizantino, Miguel VIII Paleólogo. Tras establecer un tratado que le aseguraba la asistencia de la flota veneciana, Carlos estaba a punto de lanzar una formidable cruzada con el objetivo de conquistar Constantinopla, tal como había sucedido en 1204.

Pero, afortunadamente para el Imperio Bizantino, el 31 de marzo de 1282 sucedería un hecho que obligaría a Carlos de Anjou a concentrar toda su atención en su propio reino.

Estalla la revuelta

Las ambiciones de Carlos de Anjou le habían hecho perder de vista lo que estaba ocurriendo entre sus súbditos. Éstos se encontraban profundamente descontentos ante la administración opresiva y la tiranía fiscal que padecían.

Por ejemplo, el rey exigió a los terratenientes que presentaran sus títulos de propiedad; como numerosas familias carecían de escrituras, sus tierras fueron confiscadas y entregadas a los franceses, quienes formaban casi en exclusiva la clase dirigente. Pero lo que más resentimiento causaba hacia los franceses era su actitud arrogante y despótica.

Los habitantes de Palermo se sentían especialmente agraviados. Carlos de Anjou había decidido trasladar el centro del poder de Palermo a Nápoles, una ciudad más proclive a su persona, lo que relegó a la antigua capital a un papel secundario. La gota que colmó el vaso de la indignación de los palermitanos fue la intención expresada por el gobernador de la ciudad de privar a la población del derecho de portar armas, con el objetivo, precisamente, de impedir o dificultar una sublevación popular.

La chispa que encendió la temida revuelta se produjo en la iglesia del Espíritu Santo de Palermo, en la que se festejaba el Lunes de Pascua, y a la que numerosos fieles habían acudido para asistir a los oficios vespertinos.

En la plaza situada delante del templo, los fieles esperaban tranquilamente la hora de entrar cuando llegó un grupo de franceses borrachos. Uno de ellos, un sargento, se dirigió a una joven casada y empezó a molestarla. El esposo reprendió al militar, pero éste no cejó en su impertinente actitud. La discusión fue subiendo de tono hasta que el esposo sacó un cuchillo y apuñaló al sargento delante de todos. Mientras unos soldados franceses le socorrían, otros intentaban atrapar al marido ultrajado para darle su merecido. Pero los palermitanos, mucho más numerosos, los rodearon y les dieron muerte justo en el momento en que las campanas de la iglesia y las de toda la ciudad empezaban a tocar.

Iniciada la rebelión, la ira popular recorrió las calles de Palermo. Al grito de «¡Muerte a los franceses!», los palermitanos asesinaron a los cerca de dos mil franceses que residían en la ciudad, incluyendo a ancianos, mujeres y niños. Los sublevados llegaron a asaltar conventos en busca de religiosos franceses para darles muerte.

En las jornadas siguientes, el levantamiento se extendería como un reguero de pólvora. Las matanzas de franceses se producirían en las villas y ciudades cercanas, y después, por toda la isla. Cuando la sed de sangre de los sicilianos quedó saciada, los cuerpos de más de ocho mil franceses reposaban sin vida.

¿Un levantamiento organizado?

Sin embargo, existe otra versión, según la cual la sublevación popular no fue todo lo espontánea que cabía pensar a tenor de esos hechos. Al parecer, Miguel Paleólogo había obtenido el apoyo de Pedro de Aragón para neutralizar a Carlos de Anjou; los principales notables sicilianos partidarios de los Hohenstaufen habían buscado refugio en Barcelona y, desde allí, conspiraron con los aragoneses para recuperar el trono de Sicilia.

En la estrategia de bizantinos y aragoneses figuraba provocar el levantamiento popular en Sicilia, para retrasar los planes del ambicioso monarca, quien ya tenía a toda su flota preparada en el puerto de Mesina para iniciar la campaña de conquista de Constantinopla.

Para este cometido, los conspiradores habrían contado con el apoyo de algunos nobles sicilianos, quienes se habrían encargado de organizar la sublevación. Según esta versión, el incidente del soldado francés con la dama siciliana no sería más que una invención posterior destinada a apoyar el supuesto carácter popular de la revuelta; así pues, quienes lo habían organizado habían dispuesto que la señal que daría inicio a la algarada sería el tañer de las campanas de vísperas.

Sea como fuere, los resultados de esta sublevación fueron los deseados por Miguel Paleólogo y Pedro de Aragón, al derrumbarse como un castillo de naipes todos los megalómanos proyectos concebidos por Carlos de Anjou. La campaña para conquistar Constantinopla no tuvo lugar, y Carlos de Anjou inició una larga y estéril guerra contra la Casa de Aragón.

La guerra proseguiría tras las muertes de Carlos de Anjou y Pedro de Aragón, pasando a ser sostenida por sus respectivos herederos. Finalmente, la firma de la Paz de Caltabellota en 1302 supondría la independencia de Sicilia bajo la influencia de Aragón y la permanencia de Nápoles en manos de la dinastía inaugurada por Carlos de Anjou.

El escenario

La iglesia del Espíritu Santo (*Chiesa di Santo Spirito ed i Vespri Siciliani*) es uno de los atractivos turísticos de Palermo, tanto por su valor artístico, como por su importancia histórica, al ser el lugar en el que se inició la revuelta que pondría fin a la presencia francesa en Sicilia.

Fue construida en 1178 bajo el reinado de Guillermo II y asignada a los monjes cistercienses. La fachada está incompleta, pero existen elementos propios del estilo árabe-normando en laterales y ábsides. En el interior de la iglesia destaca su sobriedad.

Brasov, 1459
Vlad Dracul, la encarnación del Mal

Cualquier recorrido por las matanzas y masacres que han acompañado a la humanidad en su tormentoso camino aparecería incompleto sin una referencia a uno de los personajes más crueles de la historia. Su nombre es Vlad Dracul, y es universalmente conocido debido a que inspiró al novelista irlandés Bram Stoker en la creación del personaje del Conde Drácula.

Vlad nació el 8 de noviembre de 1431 en la ciudad rumana de Sighisoara. Su padre, también llamado Vlad, era Príncipe de Valaquia (antiguo principado danubiano, que formó con Moldavia el reino de Rumania) y caballero de la orden del Dragón; por este motivo era conocido con el sobrenombre de «Dracul» («Draco», en latín). El joven, que heredó el rango de su padre, sería llamado también Vlad Dracul o, para diferenciarlo de su progenitor, Vlad Draculea («hijo de Dracul»). Pero este auténtico príncipe de las tinieblas pasó a la historia con otro nombre: Vlad Tepes, que significa Vlad *El Empalador*.

Tal como señalaba su apodo, su argumento favorito era el empalamiento. Esta técnica de tortura y ejecución consistía en introducir un palo de aproximadamente tres metros y medio de longitud sin punta —ya que esto aseguraba un mayor sufrimiento en la víctima—, por el ano hasta la boca, fijarlo a la carne con un clavo y después levantarlo para que la víctima agonizara allí lentamente, entre dolores atroces.

A Vlad le gustaba organizar empalamientos multitudinarios formando figuras geométricas. La más común era una serie de anillos concéntricos de empalados alrededor de las ciudades a las que iba a atacar. La altitud de la estaca indicaba el rango de la víctima. Se cree que unas cien mil personas murieron de esta terrible manera a manos de los hombres de Vlad Dracul durante los siete años que duraron sus sucesivos reinados. Las víctimas eran sus enemigos, traidores, delincuentes de todo tipo y las familias de todos ellos, incluyendo a los niños de corta edad. Incluso sus propios hombres podían recibir el mismo tratamiento si se hacían acreedores al castigo.

Según testimonios de la época, Vlad Dracul gustaba de ofrecer espléndidos banquetes a sus invitados, aunque rodeados de decenas de hombres y mujeres cruelmente empalados, en un ambiente que seguramente no ayudaba a degustar las viandas. Al respecto, cuentan que uno de sus invitados, ante el hedor que desprendían los cadáveres empalados, protestó ante el anfitrión, alegando que no podía comer inmerso en aquel olor putrefacto. Vlad atendió a su petición, ordenando que su invitado fuese empalado en el poste más alto, para que pudiese disfrutar de aire puro por encima de todos los demás empalados.

Aunque el empalamiento era la diversión favorita de Vlad, también gozaba con la aplicación de las torturas más salvajes. Entre sus métodos de tortura favoritos se contaban la amputación de miembros, narices y orejas; la extracción de ojos con ganchos; el estrangulamiento, la hoguera, la castración, el desollamiento, la exposición a los elementos o a fieras salvajes, la parrilla y la lenta destrucción de pechos y genitales, especialmente de las mujeres, y por último el desencaje de mandíbulas.

Un gobernante expeditivo

El origen de su extrema crueldad quizás habría que buscarlo en su infancia. A los trece años fue entregado por su padre a los turcos como rehén, junto con su hermano, como muestra de sumisión al Sultán. Cuando volvió del exilio, su padre había muerto apaleado, y a su hermano mayor le habían quemado los ojos con un hierro al rojo vivo antes de enterrarlo aún con vida. Ambos hechos fueron ordenados por la aristocracia local, los boyardos; Vlad Dracul albergaría contra ellos un odio eterno e inextinguible. Como se verá, la ansiada venganza llegaría algunos años más tarde, y no sería menos cruel.

Desalojado del poder, Vlad Dracul se dedicó a buscar apoyos hasta que en 1456 fue reconocido como Príncipe de Valaquia, con el respaldo de los húngaros y la protección de los turcos. La primera parte de su reinado estuvo dominada por la idea de eliminar amenazas a su poder, lo que incluía a los boyardos, con quienes tenía una antigua cuenta pendiente.

Vlad invitó a los boyardos a una gran cena, pidiéndoles que se pusieran sus mejores galas. Cuando terminaron de cenar, Vlad mandó empalar a los más viejos, así como a todos los que habían estado involucrados de un modo u otro en el asesinato de su padre y su hermano. En cuanto al resto, Vlad les obligó a ir a pie hasta Targoviste, y de allí a un castillo en ruinas que había en un monte cercano. Una parte de los boyardos murieron durante la agotadora marcha, pero los que llegaron aún con vida fueron obligados a reconstruir el castillo. Así, sus preciosas ropas de gala quedarían convertidas en harapos, mientras iban muriendo de cansancio y agotamiento, ante el deleite de Vlad Dracul.

El Príncipe de Valaquia también puso en práctica un expeditivo método para acabar con la pobreza en sus dominios. Para ello, organizaba festines en una casa de las afueras de las ciudades, a la que eran invitados los pobres, ladrones, tullidos, leprosos, enfermos y pordioseros de los alrededores. Allí abundaban la comida y el vino, en una visión a la que los comensales no estaban muy acostumbrados.

Cuando ya todos los invitados estaban ahítos de viandas regadas con buen vino, Vlad y su guardia se plantaban en la casa. El Príncipe, que es de suponer que era recibido con grandes muestras de agradecimiento, preguntaba a todos los presentes si deseaban una vida sin privaciones ni preocupaciones y que todos los días se dieran festines como aquél, a lo que los mendigos y demás personas respondían alborozados que sí. Vlad ordenaba entonces que sus soldados cerrasen todas las puertas de la casa y le prendiesen fuego, enviándoles así al cielo, en donde no debía faltarles nada de lo que estaban gozando en el banquete.

Estos ágapes con final sorpresa se fueron repitiendo con asistencia de todos los mendigos que vivían en cada comarca de su principado. Se cree que en esta campaña de erradicación de la pobreza llegaron a desaparecer cerca de cuatro mil indigentes.

Un brutal escarmiento

Pronto quedó claro que todo el que se oponía al Príncipe Vlad se arriesgaba a sufrir una muerte horrible. Eso fue lo que sucedió en la ciudad de Brasov, situada en el vecino principado de Transilvania.

Brasov estaba habitada por colonos sajones, quienes la conocían con el nombre de Kronstadt. Los colonos, además de negarse a pagarle el tributo que Vlad les exigía, apoyaban a un noble que pretendía desalojarle del trono.

El Día de San Bartolomé de 1459, Vlad decidió aplicar un brutal escarmiento a los sajones, que iban recabando apoyos entre los sectores descontentos con su política. Así pues, hizo empalar a la mayoría de los habitantes de esa ciudad, unos treinta mil. A continuación, organizó un festín en el centro de ese bosque de empalados agonizantes. Allí ordenó colocar una tarima sobre la que un verdugo descuartizaba lentamente a las familias de los cabecillas y, finalmente, a ellos mismos.

La macabra celebración duró hasta la caída de la noche. Para iluminarse, Vlad ordenó a sus hombres que prendieran fuego a la ciudad, ante los ojos de los empalados que aún permanecían con vida. A los sajones que Vlad no mandó empalar les esperaba, al menos, una muerte más rápida; fueron agrupados para que los hombres de Vlad los asesinaran a sangre fría con espadas, picas y cuchillos.

Pero Vlad Dracul no vio colmada su sed de sangre con el espectáculo de Brasov y se dirigió a la ciudad de Tara Birsei, en donde también hubo empalamientos masivos, al igual que en Sibiu. Al año siguiente, las ciudades de Amlas y Fagaras sufrieron la misma suerte. Todas estas ciudades, y otras más, tardarían varias generaciones en recuperar su población, quedando algunas totalmente desiertas y abandonadas durante más de un siglo. Con estos castigos, Vlad logró apagar cualquier intento de rebelión; firmó la paz con Transilvania obligando a este principado a que no acogiera a ningún enemigo y que le pagara un tributo de 15.000 florines.

El terror total

Los turcos serían testigos y víctimas de las matanzas ordenadas por Vlad Dracul. El sultán otomano Mehmed II, en su avance por Transilvania en 1462 en dirección a la ciudad de Targoviste, se encontró con un paisaje ante el que quedó horrorizado. Una inacabable extensión de terreno, situado a ambas orillas del Danubio, estaba sembrada de estacas en las que estaban empalados unos veinte mil prisioneros turcos, junto a otros prisioneros húngaros, rumanos, búlgaros y algunos colonos sajones. En los maderos más altos se encontraban los cuerpos de los nobles más destacados. Los cuerpos despedían un olor insoportable, al encontrarse en un avanzado estado de descomposición. La escena más macabra de las descritas por los cronistas turcos era la de los pájaros que habían escogido los cráneos y los costillares para hacer sus nidos. Ante semejante perspectiva en caso de ser capturados, los soldados turcos se volvieron atrás, aterrados. Se cuenta que Mehmed II, a su regreso a Estambul, sufriría violentos vómitos cada vez que recordaba aquella horrible y traumática visión.

Animado al conseguir disuadir a los turcos en su avance, Vlad Dracul cruzó el Danubio, penetrando en territorio otomano, incendiando, saqueando y derrotando a las tropas turcas. Para ganarse el apoyo de los húngaros en su cruzada contra los turcos, Vlad informó por carta al rey de Hungría, del que formalmente era vasallo, que tenía en su poder las cabezas de 24.000 enemigos, a los que había que sumar los muertos en los incendios de sus casas, cuyos cadáveres no había podido recuperar. Además de la carta, Vlad le remitió dos grandes sacos con orejas, narices y cabezas de sus víctimas. Las incursiones de Vlad desataron tal terror que buena parte de la población musulmana de Estambul abandonó la ciudad ante el temor de que pudieran caer en sus manos.

Pero el rey de Hungría, temiendo el poder que estaba acumulando, decidió arrestar a Vlad en 1462. El defenestrado príncipe pasaría los siguientes años encarcelado pero, pese a estar entre rejas, no abandonó su ocupación favorita, dedicándose a empalar a los incautos ratones y los pájaros que entraban en su celda.

No obstante, el rey magiar consideró en 1475 que Vlad podía ayudar a conjurar la amenaza turca. Una vez liberado, se aprestó a combatir de nuevo a los otomanos. Pero éstos, que ya le conocían suficientemente, prefirieron rehuir la lucha directa y confiar en alguna estratagema para acabar con su vida, en connivencia con los nobles boyardos. Un año más tarde de su puesta en libertad, los boyardos permitieron la incursión en Valaquia de una pequeña fuerza turca que logró tender a Vlad una emboscada el 14 de diciembre de 1476, en la que moriría él y la mayoría de su guardia personal. Tras su muerte, su cara y su cabellera fueron separadas del cráneo y llevadas como trofeo a Estambul.

Su cuerpo sin vida sería trasladado al monasterio de la isla de Snagov. Allí, junto al altar, se encuentra una tumba con su nombre, aunque en su interior sólo se han hallado restos de animales. Al parecer, los monjes griegos que se hicieron tiempo después con el monasterio no quisieron que semejante personaje estuviera enterrado en el lugar más sagrado del monasterio, por lo que sacaron sus restos y los enterraron en otra tumba junto a la entrada. Esa tumba se derrumbó por efecto de una riada y su cadáver, decapitado y ataviado con la vestimenta de su rango, fue recuperado, pero los restos, muy mal conservados, se perderían durante la década de 1940.

La figura de Vlad III es objeto de controversia. Los historiadores que lo presentan como un héroe nacional rumano destacan que, en aquel tiempo y lugar, el ejercicio del terror total era la única manera de mantener a raya a las fuerzas abrumadoramente superiores que, desde un lado y otro, se disputaban las puertas de Europa y de Asia. Desde esta perspectiva, Vlad el Empalador habría sido simplemente un hombre de su tiempo, con la moral de su tiempo e incluso dotado de un sentido de la justicia y el patriotismo poco usual para una época tan convulsa, quien hizo estrictamente lo necesario para acobardar a los masivos ejércitos extranjeros y a los desestabilizadores del interior.

Siguiendo esta línea reivindicativa de su figura, el gobierno comunista de Nicolae Ceaucescu, al cumplirse el V Centenario de su muerte, lo declaró en 1976 *Héroe de la nación*. En la actualidad, junto al altar del monasterio de Snagov, la que fue su primera tumba se presenta como un insólito lugar de culto, adornado con flores y velas.

El escenario

Brasov es hoy una ciudad moderna e industrial, situada a 140 kilómetros al noroeste de la capital rumana, Bucarest. Sin embargo, su centro, formado por casas de techos bajos y calles estrechas, conserva una interesante atmósfera medieval, en el que destaca la llamada Iglesia Negra. El cercano castillo de Bran, que atrae a numerosos amantes de la historia del personaje creado por Bram Stoker, ha sido frecuentemente señalado, de manera errónea, como la residencia de Vlad Dracul.

En la ciudad de Tirgoviste —situada a ochenta kilómetros al noroeste de Bucarest— puede visitarse la que las guías turísticas denominan «Torre de Drácula». Según la tradición, Vlad el Empalador subía cada mañana a esa torre para supervisar sus tierras, y aprovechaba también para vigilar una jarra de oro de su propiedad que había dejado en la fuente del pueblo para que los viajeros pudiesen beber agua. Evidentemente, al saber a quién pertenecía, nadie se atrevió nunca a robar la valiosa jarra, consciente del terrorífico castigo que le hubiera esperado al ladrón. Hoy día, una estatua de Vlad Dracul se levanta en el mismo lugar en que entonces se encontraba la jarra de oro.

París, 1572
La Matanza de San Bartolomé

*E*n la madrugada del domingo 24 de agosto de 1572, los parisinos se hallaban durmiendo; sin embargo, muchos lo hacían con un ojo cerrado y otro abierto, ya que la tensión que se vivía en la capital francesa era máxima. Las fricciones entre católicos y protestantes calvinistas, éstos últimos conocidos como hugonotes, habían provocado una espiral de odio que estaba a punto de estallar, lo que podía ocurrir en cualquier momento.

Y así fue. Alrededor de las cuatro de la mañana, un toque de campana dio la señal. A partir de ese momento, la sangre comenzaría a correr. Había dado comienzo la Matanza de San Bartolomé (en francés *Massacre de la Saint-Barthélemy*).

Guerra de religión

Los orígenes de esa explosión de violencia había que buscarlos unos diez años atrás, cuando el aumento en el número de protestantes franceses empezó a provocar alarma y recelo entre los católicos. Los hugonotes serían perseguidos durante el reinado de Carlos IX pero ellos, a su vez, tomarían represalias contra los católicos. Finalmente, estalló la guerra civil.

La Paz de Saint-Germain, que en 1570 puso fin a la tercera guerra de religión entre católicos y protestantes, resultó muy precaria, dado que los católicos más intransigentes no aceptaron varios de sus términos, como la vuelta del partido protestante a la corte y la administración. Uno de los principales jefes protestantes, el almirante Gaspar Coligny, entró en el

Consejo Real ejerciendo una enorme influencia sobre Carlos IX, algo que su madre, Catalina de Médicis, no podía tolerar.

Boda en París

Para favorecer la reconciliación entre católicos y protestantes, se acordó el matrimonio de Margarita de Valois, hija de Enrique II y Catalina de Médicis, con Enrique de Navarra —el futuro rey Enrique IV de Francia—, que era protestante. La ceremonia, que se esperaba que significase el ansiado final del enfrentamiento entre católicos y hugonotes, tendría lugar el 18 de agosto de 1572 en París.

La elección de París no había sido la más acertada. La mayoría de parisinos eran decididamente antihugonotes y hacían patente su rechazo frontal hacia el matrimonio de una princesa de Francia con un protestante. Los predicadores católicos, especialmente los capuchinos, calentarían los, ya de por sí, caldeados ánimos. Toda la nobleza protestante se había reunido en la capital gala para asistir a la celebración y a los festejos posteriores, que se iban a alargar durante varios días. La presencia de los nobles hugonotes, ataviados con lujosas vestimentas, no era grata para el pueblo parisino.

La ceremonia, pese a la tensión reinante en las calles parisinas, discurrió con entera normalidad. Pero, cuatro días después de la boda, tuvo lugar un hecho que sería el desencadenante de la crisis que desembocaría finalmente en la matanza.

Atentado frustrado

El almirante Coligny, que era el líder del partido hugonote, fue objeto de un atentado frustrado el día 22 de agosto. No se sabe a ciencia cierta quién pudo ser el inductor. Aunque las sospechas de los hugonotes recayeron de inmediato en Catalina de Médicis, se cree que no era ella la que estaba detrás del intento de asesinato.

Sea como fuere, en cuanto se conoció la noticia del atentado, los nobles hugonotes irrumpieron en palacio exigiendo justicia, cuando Catalina de Médicis, la reina madre, estaba cenando. Los protestantes, furiosos, amenazaron con vengarse implacablemente de los que habían ordenado acabar con la vida de su líder.

Esta actitud hizo crecer los temores de una revuelta de los Hugonotes. La presencia en las afueras de París del cuñado de Coligny al mando de unos 4.000 hombres que acampaban allí creó en los católicos de la ciudad la certeza de que se preparaba una matanza por parte de los protestantes, en venganza por el atentado.

La airada reacción de los hugonotes sería la excusa que los católicos necesitaban para atacarles. En un consejo privado que se celebraría esa misma noche en las Tullerías, el joven rey Carlos IX, su madre Catalina de Médicis y varios príncipes ordenaron el asesinato de todos los protestantes que se hallaban en París, a excepción de Enrique de Navarra.[5] Pero ese ataque no tendría lugar a plena luz del día, sino que se escogió la madrugada del 24 de agosto para lanzarlo.

Para hacer frente a los hugonotes que tratarían de defenderse del ataque, se reclamó la presencia en París de milicias católicas armadas. Las autoridades municipales de París fueron convocadas a palacio, en donde se les ordenó cerrar todas las puertas de la ciudad y proporcionar armas a los burgueses, a fin de prevenir cualquier tentativa de sublevación protestante. Inexplicablemente, estos indicios fueron pasados por alto por los hugonotes, que no organizaron su defensa, aunque es comprensible que no se esperasen una matanza como la que tendría lugar.

Muerte a los hugonotes

Tal como se apuntaba al inicio del capítulo, sobre las cuatro de la madrugada del 24 de agosto se dio la señal por las campa-

---

5. Enrique de Navarra, el futuro Enrique IV, salvó la vida al convertirse repentinamente al catolicismo. Esto le permitió permanecer en la corte, pero en 1578 huyó y abrazó de nuevo el calvinismo, llegando a ponerse al frente del partido hugonote. Fue designado sucesor a la corona francesa y luchó contra los católicos por el control del reino, hasta que nuevamente se convirtió al catolicismo, para poner de este modo fin a la lucha.

nadas de maitines desde la iglesia de *Saint Germain l'Auxerrois*, próxima al Louvre y parroquia de los reyes de Francia.

Un grupo de mercenarios suizos se encargó de irrumpir en los aposentos en los que dormían muchos de los invitados protestantes, que se alojaban en el Louvre. Si el atentado contra Coligny del 22 de agosto había fallado, el segundo intento sí que logró acabar con su vida; el duque Enrique I de Guisa se dirigió con un grupo de hombres armados hasta su casa, lo ensartó con una pica y arrojó el cuerpo del almirante por una ventana.

Con las primeras luces del día, la noticia de que las represalias contra los hugonotes habían comenzado corrió por todo París como un reguero de pólvora. Los soldados, las milicias armadas y las turbas se lanzaron a las casas donde vivían los protestantes y los mataron. Mujeres y niños fueron arrastrados por las calles, pasados por la espada y sus cuerpos arrojados al Sena. Arreglos de cuentas de toda índole se enmascararon tras los motivos religiosos; por ejemplo, aquellos que acumulaban deudas se apresuraron a acusar a sus acreedores de ser fervientes hugonotes.

La masacre continuó varios días a pesar de que el rey intentó detenerla, al ver que la represión contra los protestantes se le había escapado de las manos. La conjura tenía como objetivo únicamente acabar con los hugonotes más destacados, para que sirviese de escarmiento al resto, pero el masivo baño de sangre que estaba teniendo lugar en las casas y calles de la ciudad no entraba en sus previsiones. Se calcula que en París hubo unas tres mil víctimas.

El 26 de agosto, el rey, en una sesión solemne de las Cortes, endosó la responsabilidad de la matanza al almirante Coligny, quien, obviamente, ya no podía alegar nada en su defensa. El monarca declaró que la reacción contra los hugonotes tenía como fin «prevenir la ejecución de una detestable y desdichada conspiración tramada por el susodicho almirante, jefe y autor de la misma y sus secuaces y cómplices contra el rey y su Estado, la reina, su madre, sus hermanos, el rey de Navarra y cuantos príncipes y nobles que estuvieran a su lado».

El papa Gregorio XIII, en cuanto supo que la hegemonía católica había quedado garantizada en París, aunque fuera mediante esos expeditivos métodos, organizó un solemne *Te Deum* en la basílica de San Pedro. El monarca español, Felipe II, haciendo honor a su apodo de «martillo de herejes», demostró también su satisfacción ante ese duro revés encajado por la causa protestante.

Las matanzas de protestantes se extenderían a otras ciudades francesas, como Orleans, Angers, Saumur o Lyon, hasta bien entrado el mes de septiembre. En Burdeos, el asesinato de hugonotes no se detendría hasta el 3 de octubre. Se estima que, en toda Francia, el número de víctimas pudo ascender a unas diez mil.

El escenario

La iglesia de Saint Germain l'Auxerrois, cuyas campanas dieron el aviso para que se iniciase la Matanza de San Bartolomé, se encuentra en la plaza del Louvre. La torre románica es del siglo XII y el pórtico, el coro y la capilla de la Virgen son del siglo XIII. En esta iglesia pueden contemplarse también unas magníficas vidrieras del siglo XV.

El palacio real del Louvre, en cuyas habitaciones comenzó la masacre, alberga en la actualidad el renombrado Museo del Louvre. El origen del edificio se remonta al siglo XII, siendo embellecido por sucesivas ampliaciones. Fue precisamente la reina Catalina de Médicis la que esbozó el proyecto que hizo del Louvre el gran palacio que es actualmente, unas labores que continuó Enrique IV después de las guerras de religión entre católicos y hugonotes.

Drogheda, 1649
Cromwell aplasta la resistencia irlandesa

La presencia británica en Irlanda ha sido históricamente una fuente de enconados enfrentamientos en los que, habitualmente, la peor parte ha sido para los irlandeses.

La violencia, ya sea latente o manifiesta, que caracteriza el conflicto de Irlanda del Norte en la actualidad no es más que un episodio de ese recurrente conflicto, que dura ya cerca de novecientos años.

La dominación inglesa

En 1168 se produjo una disputa entre dos aspirantes al trono de Irlanda. Uno de ellos, Diarmuid MacMorrough, acudió al rey de Inglaterra, Enrique III, reclamando ayuda para recuperar su trono, de donde había sido desalojado. El monarca inglés, que siempre había mirado de extender su poder a la vecina isla, acogió con agrado la propuesta.

Enrique III envió un ejército que consiguió colocar de nuevo a MacMorrough en el trono. A la muerte de éste, ocurrida en 1171, el trono quedó vacante; el líder de la expedición inglesa, Ricardo de Clare, lo reclamó, al haberse casado con la hija de MacMorrough. A esa pretensión, que colocaba la corona irlandesa en manos de los ingleses, la población local se opuso firmemente.

Entonces, Ricardo III de Inglaterra envió en octubre de 1172 un ejército a Irlanda. Tras apoderarse de la isla, el monarca inglés rechazó las aspiraciones de Ricardo de Clare y decidió convertirse él mismo en Señor de Irlanda, con la anuencia del papa Adriano IV. A partir de ese momento, Irlanda pasaría a ser una posesión inglesa.

A la vista de la cadena de acontecimientos provocada por la decisión de MacMorrough de acudir al rey de Inglaterra, no es de extrañar que este personaje esté considerado como el traidor más notorio de la historia de Irlanda.

De todos modos, en los dos siglos siguientes, la presencia inglesa en Irlanda se había ido difuminando. Los descendientes de los invasores habían adoptado el idioma —el gaélico—, las leyes y costumbres locales, y hasta las vestimentas de los nativos, lo que hacía a veces difícil distinguirlos. Además, los irlandeses más levantiscos habían logrado controlar amplias zonas del país, usando las armas y las tácticas de los ingleses. En la práctica, la autoridad inglesa se reducía a la región que rodeaba Dublín, significativamente conocida como «La Empalizada».

Ante este progresivo retroceso, el parlamento inglés consideró que el control sobre la isla verde se hallaba en claro peligro. Así pues, se dictaminaron una serie de medidas destinadas a reconducir la situación; se prohibieron los matrimonios entre colonos ingleses y nativos, y se prohibió el uso del idioma gaélico y las costumbres locales.

Había comenzado un proceso de eliminación de la identidad irlandesa y su sustitución por la de los invasores, conocido como anglificación. Pese a este empeño, la anglificación no obtuvo el éxito esperado, y continuaron existiendo amplias áreas de Irlanda en las que las disposiciones procedentes de Inglaterra no tenían ningún efecto apreciable.

Irlanda se rebela

La situación se agravaría después de que Enrique VIII decidiese en 1534 romper con Roma y fundar la Iglesia anglicana. La católica Irlanda no estaba dispuesta a reconocer al monarca inglés como cabeza de la Iglesia y siguió siendo fiel al papa. Esto hizo que la represión aumentase; por ejemplo, fueron suprimidos numerosos monasterios y sus propiedades, confiscadas.

El que María Estuardo, hija de Enrique VIII, fuera ferviente católica, no sirvió para aflojar la presión sobre Irlanda. María estaba convencida de que la mejor manera de dominar Irlanda era introducir colonias de ingleses en la isla para librar la batalla demográfica. En 1556 confiscó allí grandes propiedades y envió colonos ingleses, que llevaron consigo arrendatarios y sirvientes.

La subida al trono en 1558 de la hermana mediana de María, Isabel, supuso una nueva vuelta de tuerca en el aplastamiento de cualquier resistencia en la isla a la dominación inglesa. Se introdujeron colonos protestantes ingleses y escoceses en el norte de la isla, el Ulster, tras expropiar las tierras a los propietarios nativos, sembrando así la semilla de futuros conflictos que llegarán hasta hoy. Se extendieron también las ejecuciones, sobre todo de eclesiásticos católicos.

Pero esta persecución tendría efectos distintos a los buscados, llevando a los nativos y a aquellos anglo-irlandeses que seguían siendo católicos a unirse más. Creció entonces un nuevo espíritu de nación, vertebrado en torno al catolicismo y al sentimiento anti-inglés.

Esta tensión, madurada a lo largo de cientos de años, estallaría finalmente en 1641. Las clases terratenientes y el clero se unieron para librarse de la dominación inglesa.

El 23 de octubre de ese año, tras una sucesión de situaciones de violencia entre los nativos del país y los colonos ingleses, se produjo una rebelión que concluyó en el verano de 1642 con la constitución de la llamada Confederación Católica, que se convertiría en el gobierno *de facto* de la mayor parte del territorio de Irlanda. Se cree que unos cuatro mil colonos ingleses fueron asesinados durante la sublevación.[6] En 1649, los ingleses habían sido expulsados de casi toda la isla, salvo de Dublín.

---

6. Durante esta ola de violencia contra los protestantes se produjo la denominada Masacre de Portadown. En noviembre de 1641, grupos armados irlandeses en el Ulster acorralaron a algunos colonos protestantes ingleses y escoceses y los condujeron hacia la costa, obligándoles a embarcarse hacia Gran Bretaña. Pero uno de los grupos de protestantes, que había sido apresado en la iglesia de Loughall, fue conducido hacia un puente del río Bann. Una vez en el puente, los despojaron de sus ropas y los arrojaron a las heladas aguas del río, a punta de espada. La

Cromwell llega a Irlanda

El enfrentamiento continuaría hasta que Oliver Cromwell (1599-1658), en nombre del parlamento inglés, se encargó de reconquistar el país y aplastar de forma definitiva la resistencia irlandesa.

Cromwell es un personaje controvertido en la historia británica. Tras la abolición de la monarquía, con la decapitación de Carlos I en 1649, el gobierno de Inglaterra recayó en Cromwell, primero sin título oficial y desde 1653 como Lord Protector. Para unos, Cromwell fue un dictador regicida, aunque para otros fue un líder político con sentido de Estado, que derrocó la tiranía y promovió la república y la libertad.

Cromwell desembarcó el 15 de agosto de 1649 en la costa irlandesa al frente de un ejército de 12.000 hombres. Decía ser un enviado de Dios para vengar los ataques a los colonos protestantes de 1641, por lo que estaba dispuesto a llevar a cabo la campaña de forma implacable y brutal.

La ciudad de Drogheda, situada a cincuenta kilómetros al noroeste de Dublín, era un objetivo crucial para asegurar las líneas de suministros que debían llegar desde Inglaterra, así que se aprestó a tomarla, pese a que se hallaba bien fortificada. En la ciudad había acuartelado un regimiento formado por unos treinta mil soldados irlandeses.

A las cinco de la tarde del 11 de septiembre de 1649, los hombres de Cromwell irrumpieron en la ciudad, después de que sus cañones hubieran abierto dos brechas en la muralla, una en el sector sur y otra en el este. Ambos asaltos se vieron enormemente dificultados por la resistencia de los defensores. Pero la muerte del líder militar de los irlandeses, Arthur Aston, a golpes en la cabeza con su propia pierna de madera, que los soldados ingleses le habían arrancado, hizo que se resquebrajase la moral de los defensores. Éstos comenzaron a retirarse hacia el norte de la ciudad.

---

mayoría, aproximadamente un centenar, se ahogaron o murieron de frío. A otros les quemaron los pies con ascuas para que revelasen dónde habían escondido el dinero. En otra población, Shewie, 22 protestantes fueron quemados vivos tras refugiarse en un granero.

Al caer la noche, unos 6.000 soldados ingleses ya estaban dentro de las murallas. Los hombres de Cromwell fueron reduciendo cada vez más el perímetro defensivo de los irlandeses hasta que quedó sofocada toda resistencia. Una vez conquistada la plaza, la mayoría de la guarnición y de los sacerdotes católicos fueron masacrados por orden suya. Un centenar de irlandeses se habían hecho fuertes en el interior de la iglesia de Saint Peter, al norte de la ciudad, atrancando las puertas con barricadas; los soldados ingleses renunciaron a asaltarla y la incendiaron con ellos dentro.

Las ejecuciones sumarias alcanzaron a todos los habitantes que tuvieran armas en su poder, lo que suponía la justificación del exterminio de casi toda la población de Drogheda, como así ocurrió. Se cree que unos dos mil civiles, incluidos mujeres y niños, fueron asesinados tras la caída de la ciudad en manos de Cromwell. Las bajas entre las tropas inglesas fueron aproximadamente de 150. Los soldados irlandeses que no fueron ejecutados serían embarcados al día siguiente rumbo a la isla caribeña de Barbados para ser empleados como esclavos.

La matanza de Drogheda sería el punto de partida de los asesinatos en masa que jalonarían el avance del ejército de Cromwell por la geografía irlandesa. En Wexford se reproducirían las terribles escenas vividas en Drogheda; cuando los soldados ingleses irrumpieron en la ciudad, asesinaron a unos dos mil soldados irlandeses y unos mil quinientos civiles, y pegaron fuego a la mayor parte de la localidad.

Las noticias sobre estos derramamientos masivos de sangre corrieron como la pólvora; la consecuencia fue que otras ciudades, como New Ross, Carlow o Kilkenny, se rindieron y se entregaron en cuanto fueron sitiadas por las tropas de Cromwell.

Una despiadada represión

Tras la conquista de Irlanda por parte del ejército de Cromwell, la práctica pública del rito católico fue prohibida y los clérigos católicos eran ejecutados en cuanto se les capturaba. Además, los propietarios católicos fueron expulsados de las regiones más ricas; sus tierras pasarían a manos de colonos protestantes recién llegados de Inglaterra. Miles de irlandeses fueron deportados a la zona más occidental de la isla, la agreste Connaught, condenándoles al hambre y la miseria. El terror y la despoblación asegurarían en adelante el dominio inglés sobre la isla verde.

No es de extrañar, por tanto, que Oliver Cromwell sea un personaje histórico especialmente odiado en irlanda. Aunque hay investigadores que afirman que muchas de las acciones que Cromwell llevó a cabo en Irlanda estaban dentro de las normas de guerra permitidas por entonces, o que fueron exageradas o distorsionadas por posteriores propagandistas, la mayoría de los historiadores no discrepan demasiado; se estima que la reconquista de Irlanda encabezada por Cromwell se saldó con la muerte o el exilio de aproximadamente entre el 15 y el 20 por ciento de la población irlandesa. Para muchos, las acciones militares que se llevaron a cabo en esta campaña serían indudablemente calificadas hoy como crímenes de guerra o genocidio.

El escenario

Drogheda es una pujante localidad industrial y portuaria. El río Boyne divide la ciudad en dos áreas, unidas por siete puentes. Posee restos arqueológicos del neolítico, pero se considera que fue fundada en el año 1194. Su proximidad a Dublín la convirtió en una ciudad de gran valor estratégico, una condición que le ha servido para convertirse en un foco de especial dinamismo en la Irlanda actual.

Pese a que Drogheda mira con confianza al futuro, su nombre siempre estará tristemente unido al recuerdo de aquel lejano 10 de septiembre de 1649, cuando Cromwell la conquistó a sangre y fuego.

En la actualidad puede contemplarse uno de los sectores de la muralla que fue derruido por los cañones de Cromwell, y que permitieron a sus hombres asaltar la ciudad; se halla en la parte posterior de la iglesia de Saint Mary, construida en 1807 sobre las ruinas del monasterio que existía con anterioridad.

La iglesia de Saint Peter, que resultó totalmente destruida después de que los soldados ingleses le prendiesen fuego, no sería reconstruida hasta 1753. De la antigua iglesia se conservan tan sólo algunas baldosas.

El montículo de Millmount fue el principal lugar en el que tuvieron lugar las matanzas de soldados y civiles irlandeses tras la conquista de la ciudad. En 1808 se construyó aquí una torre defensiva, la Martello Tower. El recinto acoge el Museo Millmount, en el que se ofrece una visión histórica de la ciudad, incluyendo una exposición sobre la captura de Drogheda por Cromwell y la posterior masacre.

Boston, 1770
El camino de la Independencia

*L*a Guerra de la Independencia estadounidense enfrentó a las trece colonias británicas de la costa atlántica de Norteamérica con la metrópoli. El conflicto, que estalló en 1775 y se prolongó hasta 1783, concluyó con la independencia de estos territorios y el consiguiente nacimiento de un nuevo país que estaría destinado a convertirse en la nación más poderosa del planeta: los Estados Unidos de América.

La Ley del Timbre

La guerra de los Siete Años (1756-1763) había dejado a Gran Bretaña con una deuda considerable y con la pesada responsabilidad de tener que administrar los territorios recién adquiridos a costa de Francia. Los británicos decidieron incrementar los impuestos que pagaban los colonos norteamericanos, para ayudar a costear así los crecientes gastos de defensa. Así pues, el Parlamento aprobó en marzo de 1765 la *Stamp Act* (Ley del Timbre), que obligaba al uso del papel sellado en todo tipo de documento público.

La Ley del Timbre entró en vigor en noviembre de 1765, lo que provocó la indignación de los colonos, al considerarla una violación de sus derechos. En las ciudades portuarias norteamericanas estallaron varias revueltas, organizadas por una sociedad secreta llamada Hijos de la Libertad, con el objetivo de impedir ejercer su misión a los funcionarios designados por los británicos.

El famoso grabado de Paul Revere que extendió la indignación por la Masacre de Boston entre los colonos norteamericanos.

Las juntas coloniales denunciaron la Ley del Timbre y pidieron al Parlamento que la derogara. Como medida de presión, las colonias suspendieron la importación de mercancías británicas. Finalmente, el Parlamento anuló la *Stamp Act* en marzo de 1766, ante los graves perjuicios ocasionados por el boicot colonial a los productos procedentes de la metrópoli.

Indignación entre los colonos

La *Stamp Act* se había anulado, pero la Hacienda británica seguía requiriendo de fondos para sostener los gastos del Imperio. Así que, al año siguiente, el Parlamento promulgó un conjunto de leyes que gravaban el plomo, el vidrio, el té, la pintura y el papel que los colonos norteamericanos importaban de Gran Bretaña, que serían conocidas como las *Townshend Acts* (Leyes de Townshend).

Los colonos volvieron a protestar enérgicamente ante este nuevo intento de aumentar la presión fiscal que debían soportar. La población norteamericana se movilizó; los Hijos de la Libertad organizaron manifestaciones contra los oficiales de aduana recién nombrados y los comerciantes acordaron no consumir los productos británicos sobre los que recaían los nuevos impuestos.

La tensión entre británicos y colonos aumentó día a día hasta que el enfrentamiento se hizo inevitable. Los primeros choques armados tuvieron lugar en junio de 1768, cuando ciudadanos de Boston se amotinaron por la detención del navío *Liberty*, que trataba de introducir té de contrabando, sin pagar los aranceles estipulados por los británicos.

De aquí surgió un primer boicot al té procedente de China e introducido por la todopoderosa Compañía Británica de las Indias Orientales, cuyas ventas en las colonias caerían de 140.000 kilos a menos de 250. Pero el acontecimiento decisivo se produciría el 5 de marzo de 1770, cuando tuvo lugar la denominada Matanza de Boston.

Disparos contra la multitud

El incidente comenzó cuando un joven aprendiz en un taller de confección de pelucas, Edward Garrick, se acercó a un oficial de la Casa de Aduanas en la fría noche de ese 5 de marzo, solicitando un pago que un oficial británico allí destinado debía a su maestro. Cuando el aprendiz se volvió demasiado ruidoso en sus demandas, un centinela británico, un soldado llamado White, sacó al joven fuera del edificio a empujones y comenzó a golpearle por su insolencia. El aprendiz Garrick, furioso, volvió con un grupo de colonos, quienes se enfrentaron al soldado de forma un tanto inocente, lanzándole bolas de nieve y algún trozo de hielo.

El alboroto hizo salir al oficial de guardia, el capitán Preston, que llegó en ayuda de White con un cabo y un grupo de ocho soldados. La muchedumbre creció en tamaño y continuó enfrentándose a los británicos, pero lo que comenzó siendo una gamberrada juvenil pasó a ser una agresión en toda regla, ya que, además de nieve y hielo, los colonos arrojaron piedras y trozos de madera.

En medio de la confusión, se escuchó la orden «¡no disparen!» emitida por el capitán Preston. Uno de los militares, el soldado Montgomery, cayó al suelo debido a un golpe, lo que le llevó a disparar «accidentalmente» al aire su mosquete, aunque más tarde admitiría que disparó deliberadamente a la muchedumbre.

A los demás soldados les entró el pánico y comenzaron a disparar a la multitud. Tres colonos americanos, Samuel Gray, James Caldwell y el mulato Crispus Attucks, murieron al instante y, otros dos, Samuel Maverick y Patrick, fallecerían más tarde.

Los hechos acaecidos aquella noche fueron plasmados artísticamente por un grabador de Boston, Paul Revere, que fue testigo directo de los hechos. Sin embargo, Revere representó la escena con algunas variaciones; la mostró como una pelea cuerpo a cuerpo, hizo desaparecer la nieve, convirtió al mulato Attucks en blanco y alteró el cartel que indicaba «Casa de la Aduana» para poner en su lugar «Carnicería». Además, según el grabado, la escena había tenido lugar durante el día.

Pero esas imprecisiones no tenían importancia; lo destacable es que reproducciones de esa imagen de los soldados británicos disparando a bocajarro sobre los colonos, mientras el oficial al mando da la orden de fuego enarbolando una espada, corrieron de mano en mano por las trece colonias, haciendo aumentar aún más la indignación contra la presencia británica. El funeral por las cinco personas fallecidas fue el acto que congregó al mayor número de personas hasta esa época en América del Norte. Los allí congregados exigieron la partida de las tropas británicas de la ciudad.

Los soldados británicos implicados en el suceso fueron juzgados por un jurado que, pese a estar compuesto por colonos, estudió el caso con imparcialidad. Seis de los soldados fueron hallados no culpables y otros dos —los dos únicos que se comprobó que habían cargado dos veces sus mosquetes— fueron hallados culpables de homicidio, lo cual se castigaba entonces infligiendo una marca en el pulgar. El capitán Preston resultó absuelto, ya que los testigos confirmaron que había ordenado a sus hombres no disparar. La decisión del jurado dio a entender que los soldados fueron claramente provocados pero que su uso de la fuerza fue desmesurado.

Pese al escaso número de víctimas, el miembro de la Cámara de Representantes Samuel Adams (1722-1803), que luego sería uno de los padres de la independencia norteamericana, acuñó inteligentemente el término «Matanza de Boston» para denominar ese incidente. La expresión, que nació con fines propagandísticos, caló profundamente en el imaginario popular y sirvió eficazmente como elemento de movilización. La represión inglesa había dado los primeros mártires a la causa independentista de la nación norteamericana. Ese incidente fue el inicio del camino que iba a llevar a la emancipación de las colonias.

El Motín del Té

Con el objetivo de calmar los ánimos, el gobierno británico decidió revocar las leyes que habían provocado el enojo de los colonos, aunque conservó el impuesto sobre el té, para hacer prevalecer la autoridad del Parlamento sobre las colonias.

Sin embargo, los colonos se negaron a comprar té británico, por considerar la permanencia de ese impuesto como otra violación de su derecho a no ser gravados por una institución política en la que no contaban con representantes propios. En Filadelfia y Nueva York los colonos no permitieron que los barcos británicos descargaran té, pero sería nuevamente en Boston en donde afloraría la tensión.

En la que pasaría a la historia como el *Boston Tea Party* (Fiesta del Té) o el Motín del Té, la noche del 16 de diciembre de 1773 un grupo de ciudadanos (según las fuentes, entre 60 y 150 personas) acudieron al puerto, donde estaba fondeado el *Dartmouth* y los recién llegados *Beaver* y *Eleanour*, todos ellos cargados de té. Algunos de ellos se disfrazaron como indios *mohawk* y, armados con hachas y cuchillos, amedrentaron a los marineros para apoderarse de los buques. De manera rápida y eficaz, por lo que seguramente debían ser estibadores, subieron cajas de té de la bodega a la cubierta, abrieron las cajas y arrojaron el té por la borda. En menos de tres horas, los tres barcos habían quedado completamente vacíos. Nada más fue dañado o robado, a excepción de un candado roto accidentalmente y reemplazado anónimamente poco después. El té flotó en las aguas de Boston durante semanas.

Como represalia, el gobierno inglés cerró el puerto de Boston y declaró el estado de excepción, instaurando otras leyes conocidas por los norteamericanos como *Intolerable Acts* (Leyes Intolerables). Los poderes de las Asambleas de colonos fueron restringidos y comenzaron a hacerse habituales los juicios por traición efectuados por tribunales británicos. Pero los actos de resistencia por parte de los colonos no se detendrían.

El desencuentro entre Gran Bretaña y sus colonias era ya irreconciliable. La Matanza de Boston, primero, y el *Boston Tea Party* después, habían prendido de modo irreversible la mecha de la emancipación de las colonias.

La guerra por la independencia comenzaría en la primavera de 1775. El 4 de julio de 1776 los 56 delegados del Congreso Continental de Filadelfia firmaban la Declaración de Independencia de los Estados Unidos de América del Norte, una declaración que Gran Bretaña se vería obligada a reconocer en el Tratado de París, firmado el 3 de septiembre de 1783.

El escenario

El histórico lugar en el que tuvo lugar la Matanza de Boston, delante del número 3 de Congress Street, está señalado únicamente con un círculo de adoquines en el suelo, en una isla peatonal. En el centro de la sobria figura geométrica hay una estrella rodeada de un círculo y a su vez enmarcada en un cuadrado. El que no haya en el lugar un gran Memorial y ni siquiera una placa recordando esos transcentales hechos suele provocar cierta decepción a los visitantes.

El lugar es uno de los diecisiete puntos de interés que jalonan el *Freedom Trail*, una ruta a pie que recorre la ciudad de Boston señalando los escenarios más destacados de la lucha por la independencia norteamericana. Esta popular ruta de cuatro kilómetros de longitud, creada en 1958 por el impulso de un periodista local, es uno de los grandes atractivos turísticos de la ciudad de Boston.

Río Wabash, 1791
La mayor derrota del Ejército norteamericano

*L*a mayor derrota sufrida por el Ejército de Estados Unidos, en términos relativos, no se produjo en ninguna batalla de la Segunda Guerra Mundial o ni siquiera durante la guerra de Vietnam, sino en 1791 a manos de un contingente de indios liderados por el jefe Michikinikwa o Pequeña Tortuga (1752-1812).

El 3 de noviembre de ese año, una coalición de indios miami, shawni, lenape y ottawa, con Pequeña Tortuga al frente, vencieron y masacraron a la fuerza militar enviada por el entonces presidente George Washington (1732-1799) con la misión de someterlos.

En esa época, una vez que los estadounidenses habían logrado la independencia, los territorios que se situaban al norte del río Ohio eran considerados como el nuevo horizonte de expansión de las antiguas colonias. Durante la dominación inglesa, esa zona había sido reconocida como territorio indio, y las autoridades coloniales se habían encargado de impedir a los colonos que se establecieran allí.

Pero, tras alcanzar la independencia, el Congreso estadounidense aprobó el 13 de julio de 1787 la Ordenanza del Noroeste, cuyo primer efecto fue la creación del Territorio del Noroeste, la región ubicada al norte del río Ohio y al este del río Mississippi adquirida a Francia mediante el Tratado de París de 1783, y que incluía todo el territorio que se extiende por los actuales estados de Ohio, Indiana, Illinois, Michigan, Wisconsin y el nordeste de Minesota. En total eran más de 670.000 kilómetros cuadrados, pero esta enorme extensión de terreno no estaba deshabitada; en él vivían al menos unos 45.000 nativos, pertenecientes a decenas de tribus diferentes.

La Ordenanza hacía mención de los indígenas en estos amables y bienintencionados términos: «Siempre se deberá mostrar la máxima buena fe posible respecto a los indios; su territorio y sus propiedades nunca les serán arrebatados sin su consentimiento, y sus derechos y su libertad nunca serán invadidos o molestados».

Sin embargo, los indios habían podido comprobar que el hombre blanco adolecía de una incorregible querencia a no respetar sus compromisos, por lo que el escepticismo, primero, y la resolución de defender a ultranza su territorio, después, cundió entre las tribus, que no estaban dispuestas a permitir que sus tierras les fueran arrebatadas sin más por los colonos.

Los nativos no andaban errados en su análisis de la situación. Los colonos que comenzaron a penetrar en ese vasto territorio no aceptaban en la práctica el derecho de posesión de los indios, al considerar que las tierras eran libres y que, por tanto, tenían igual o mayor derecho que aquellos que las ocupaban desde tiempos ancestrales.

Como resultado de este choque de intereses se produjeron diversos enfrentamientos con los nativos, quienes decidieron organizarse, estableciendo una confederación de tribus opuesta al establecimiento de asentamientos blancos en el valle de Ohio.

Los indios llevaban a cabo incursiones en las áreas pobladas por los colonos, quemando cabañas, arrasando cosechas y robando caballos y otras pertenencias. Los indios contaban en esta lucha con un aliado inesperado: las tropas británicas estacionadas en los fuertes fronterizos del Canadá. Los ingleses pretendían recuperar el Territorio del Noroeste, perdido a manos de los estadounidenses, y no dudaron en establecer esa alianza de conveniencia con los indígenas.

La expedición de Harmar

Los enfrentamientos entre los primeros colonos y los nativos en el Territorio del Noroeste acabaron requiriendo de presencia militar para proteger a los colonos de las incursiones indias. Así pues, el presidente Washington usó su autoridad para enviar en 1790 a Ohio un primer ejército al mando del general Josiah Harmar.

La expedición militar liderada por el general Harmar estaba formada por 320 soldados regulares y 1.131 milicianos, la mayoría procedentes de Kentucky y Pensilvania. La expedición partió hacia el norte desde el Fuerte Washington —construido sobre la actual ciudad de Cincinnati— con el objetivo de subyugar militarmente a la confederación tribal dirigida por Pequeña Tortuga.

En su avance, las fuerzas de Harmar, confiadas en su superioridad, no tomaron las precauciones necesarias, lo que acabarían pagando muy caro. La táctica empleada por su ejército era ir arrasando aldeas y campos de cultivo. Pero cuando sus hombres estaban prendiendo fuego a un asentamiento indio emplazado en la cabecera del río Maumee, los guerreros comandados por Pequeña Tortuga cayeron sobre ellos, forzándoles a emprender la retirada. Cuatro días después, las tropas de Harmar fueron objeto de otra emboscada. Entre las dos acciones, Harmar perdió 187 hombres. Para escapar de la aniquilación, el general ordenó el regreso al Fuerte Washington.

La fracasada campaña no sólo supuso una humillación para el joven gobierno de los Estados Unidos, sino que envalentonó a los indios, viéndose capaces de expulsar al hombre blanco de sus territorios. La victoria los volvió más determinados, por lo que las incursiones indígenas se hicieron aún más frecuentes.

La expedición de Saint Clair

El presidente Washington sólo tenía dos opciones; renunciaba momentáneamente a la colonización del Territorio del Noroeste o, por el contrario, daba un golpe de autoridad, enviando una fuerza militar aún más poderosa para conseguir doblegar a los indios.

En marzo de 1791, Washington decidió jugársela, enviando a la región un ejército de 2.000 hombres, un contingente muy numeroso para la época. Al frente de esta fuerza situó al general Arthur Saint Clair, un antiguo oficial del ejército británico que era entonces el gobernador del Territorio del Noroeste.

En el momento que Washington escogió a Saint Clair para dirigir la expedición punitiva, éste contaba ya con cincuenta y cinco años —una edad avanzada para su época—, y además padecía un severo caso de gota. Pese a ser un hombre viejo y cansado, el presidente Washington tenía confianza en aquel veterano de las guerras revolucionarias, a quien sin embargo se aventuró a dar un consejo, sin duda aleccionado por el fracaso del general Harmar: «Cuídese de las sorpresas. No confíe en los indios. Mantenga siempre sus armas listas. Cuando acampe, esté seguro de fortificar su campo. Y una vez más general: cuídese de las sorpresas».

La misión de Saint Clair, especificada al detalle en un documento elaborado por el secretario de guerra, Henry Knox, era establecer un puesto militar sólido y permanente en la región de Kekionga, poblada por los Miami, cerca del mismo lugar donde cinco meses atrás las tropas del general Harmar habían sido derrotadas. El objetivo último era forzar a los indios a suscribir un tratado de paz.

El Departamento de Guerra estimaba las fuerzas enemigas en «unos mil indios a lo largo del río Wabash,[7] y posiblemente otros mil indios distantes». Basándose en estas cifras, el secretario de guerra Knox pensó que una fuerza de 2.000 soldados sería suficiente para subyugar a los nativos.

Saint Clair también pecaba de un exceso de confianza, y más teniendo en cuenta que su ejército estaba conformado en su mayoría por reclutas sin experiencia. Mientras que los guerreros indios iban a luchar en terreno propicio con la extraordinaria motivación de conservar sus tierras, las inexpertas tropas de Saint Clair se iban a enfrentar a un territorio hostil y a

---

7. El nombre «Wabash» es una transcripción inglesa del nombre con el que lo conocían los franceses: «Ouabache». A su vez, los franceses llamaron así al río por el nombre que le dieron los indios Miami: «Waapaahsiiki», que significa «blanco que brilla». El nombre reflejaba la claridad del río en el condado de Huntington (Indiana), donde el fondo del río es de piedra caliza; sin embargo, ese efecto luminoso se ha perdido debido a la contaminación del agua y la sedimentación.

unas tácticas irregulares. Además, los indios estaban dirigidos por Pequeña Tortuga, un líder brillante que ya había demostrado ser un gran estratega. El apoyo material y logístico que los nativos recibían de los británicos ayudaba también a que el choque estuviera más igualado de lo que Knox y Saint Clair creían.

A lo largo de la primavera de 1791, el ejército de Saint Clair se fue reuniendo en el Fuerte Washington. El plan era partir a la llegada del verano para dar inicio así a la campaña. Pero se sucedieron los retrasos en el aporte de tropas y material, por lo que el ejército no estaría dispuesto para la partida hasta ya avanzado el mes de septiembre.

Este retraso sería perjudicial, ya que las tropas habían sido equipadas con uniformes ligeros, inadecuados para el tiempo frío que comenzaba a abatirse sobre la región. Además, el proveedor de las tropas era un oficial corrupto, que escatimó el material para conseguir su mayor beneficio. Así, el ejército de Saint Clair contaba únicamente con 12 martillos, 18 hachas y 24 serruchos, cuando se suponía que debían avanzar por los bosques de Ohio levantando fuertes a lo largo del camino. Igualmente, el proveedor les proporcionó pólvora de pésima calidad.

Para colmo, la mayoría de los caballos con los que contaban, unos seiscientos, se extraviaron al no contar con amarras suficientes o fueron robados por los indios. Tampoco había suficientes mulas y carretas para transportar la escasa docena de piezas de artillería con que contaban.

Finalmente, el 17 de septiembre de 1791, la expedición del general Sant Clair partió del Fuerte Washington con poco más de 2.000 hombres, repartidos en dos regimientos de regulares (cada uno de 300 soldados), 800 reclutas y 600 milicianos. Para dar idea de la relajación general con la que se había planteado la campaña, a algunos oficiales se les permitió ir acompañados de sus esposas e hijos.

Pero, una vez iniciada la marcha, pronto se vio que la expedición no iba a ser un viaje de placer. En primer lugar, carecían de información con respecto a qué hacía el ejército indio o dónde se encontraba. Además, el camino a través de los bosques resultaba agotador. Como la disciplina era inconsistente, comenzaron las primeras deserciones, que se fueron incrementando con el paso de los días. El general Saint Clair, al igual que hizo su antecesor, se limitó a incendiar y arrasar aldeas indias, sin una estrategia definida.

La respuesta india

Mientras tanto, los guerreros de Pequeña Tortuga permanecían agazapados, recogiendo toda la información sobre la composición y los movimientos de la fuerza de Saint Clair, a la espera de que llegase el momento de responder con contundencia. Sobre la base de estas informaciones, a finales de octubre, las fuerzas de la confederación india, integradas por un millar de guerreros, partieron de la aldea de Kekionga para interceptar a los estadounidenses, que venían por el sur.

El 3 de noviembre, las tropas de Saint Clair alcanzaron el río Wabash, a unos 85 kilómetros al sudoeste de Kekionga. Allí, en una colina que se levantaba junto al río, se estableció el campamento nocturno. En aquellos momentos, la fuerza expedicionaria se había reducido a 1.400 soldados y 86 oficiales, a causa de las deserciones y porque un batallón permanecía algunos kilómetros atrás, en los fuertes de la retaguardia.

En la madrugada del 4 de noviembre, cuando la fuerza de Saint Clair descansaba en absoluta tranquilidad, los mil guerreros indios, armados hasta los dientes y dispuestos a todo bajo el mando de Pequeña Tortuga, hicieron una brusca aparición. Los sorprendidos estadounidenses cayeron en estado de consternación ante los salvajes gritos de los indios, quienes, con los rostros pintados y provistos de cuchillos, hachas y rifles, atacaban por los cuatro lados del campamento. De inmediato se lanzaron al ataque, sin dar a los hombres de Saint Clair tiempo de salir de su letargo y preparar la defensa. Se desató entonces un fiero combate que duró aproximadamente dos horas.

Los indios no mostraron el menor temor ante sus adversarios, ni siquiera cuando éstos intentaron repelerlos empleando sus bayonetas. Conforme transcurrieron los minutos, el suelo fue cubriéndose de cadáveres, especialmente de los oficiales, a quienes los indígenas, muy inteligentemente, seleccionaron como sus primeros objetivos.

La tropa, sin conductores, perdió el poco orden que le quedaba, entró en pánico y se derrumbó como unidad combativa, siendo masacrada sin misericordia por un adversario despiadado al que no sólo superaban en número sino al que despreciaban por considerarlo inferior y salvaje. Los pocos que lograron sobrevivir huyeron despavoridos, dejando atrás a los muertos y heridos así como la mayor parte de su armamento y equipo.

El combate dejó cerca de 700 estadounidenses muertos, de los cuales 637 eran soldados y milicianos y 56 mujeres que acompañaban la expedición, además de 253 heridos. Decenas de otras mujeres y niños fueron hechos prisioneros. La fuerza expedicionaria perdió también 8 cañones y 1.200 mosquetes. Los indios, por su parte, sólo tuvieron que contar 21 muertos y 40 heridos. Sin duda, había sido una victoria contundente e indiscutible para la confederación que dirigía Pequeña Tortuga.

La desesperación de Washington

El general Saint Clair y los supervivientes se replegaron hacia el Fuerte Jefferson, uno de los dos puestos militares levantados por la expedición en su camino, ubicado a 35 kilómetros de distancia, y posteriormente retornaron humillados al Fuerte Washington. Los indios renunciaron a perseguirlos, concentrados en el saqueo de los valiosos pertrechos dejados en el campo de batalla.

Cuando el presidente Washington tuvo noticia de la matanza, reaccionó airadamente: «¡Todo ha terminado, Saint Clair derrotado! Casi todos los oficiales muertos, los hombres masacrados. Muy duro de imaginar y una sorpresa impredecible... imaginar que un ejército ha sido cortado en pedazos y masacrado por sorpresa, justo lo que le advertí que tuviera cuidado. ¡Oh Dios, oh Dios! ¡Saint Clair es peor que un asesino! ¿Ahora cómo podrá responder a su país?».

La batalla quedaría registrada en los anales de la Historia de Estados Unidos como la «Derrota de Saint Clair», la «Batalla del río Wabash» o la «Masacre de Columbia». Ese desastre militar, que había costado al ejército el triple de los hombres que caerían 85 años después en otra derrota legendaria, la de Little Big Horn, había dejado a un país tan joven como Estados Unidos con un ejército regular de tan sólo 300 hombres.

El Congreso estadounidense reaccionó a la debacle duplicando al año siguiente el número autorizado de reclutas del ejército y nombrando al general Anthony Wayne para concluir la misión encomendada en mala hora al general Saint Clair, quien había renunciado a continuar en el ejército.

Finalmente, las reorganizadas fuerzas del general Wayne, compuestas por 3.600 soldados, conseguirían derrotar a los guerreros de Pequeña Tortuga en la batalla de Fallen Timbers, en agosto de 1794. Los nativos se vieron obligados a firmar el Tratado de Greenville, por el que tuvieron que retirarse hacia Indiana. El tratado propició la apertura del inmenso valle del Ohio a los colonos. Las puertas del enorme Territorio del Noroeste quedaban abiertas.

En cuanto al general Saint Clair, conservó su cargo de gobernador del Territorio del Noroeste, pero en 1802 fue destituido, pues Ohio estaba próximo a convertirse en Estado y el veterano ex general no parecía la persona apropiada para detentar un puesto de responsabilidad. Saint Clair se dedicó a la agricultura y pasó el resto de su vida intentando limpiar su reputación de los reproches a los que constantemente era sometido por la histórica derrota en el río Wabash. Falleció en la pobreza y casi olvidado en 1818.

Por su parte, el vencedor de la batalla, Pequeña Tortuga, acabaría convirtiéndose paradójicamente en asesor del ejército norteamericano. El líder indio llegó a la conclusión de que era inútil ofrecer resistencia armada al avance del hombre blanco y que era mejor alcanzar un acuerdo de convivencia. Llegó a mantener un encuentro con George Washington, recibiendo de él una espada como obsequio. A su muerte, en 1812, el ejército celebró un funeral en el que se le rindieron honores militares.

El escenario

El lugar en el que tuvo lugar la batalla se encuentra junto a la actual localidad de Fort Recovery, en el condado de Mercer (Ohio).

En los años setenta se inauguró un museo —el Fort Recovery State Museum— en el que ocupan un lugar destacado las referencias a la batalla del río Wabash. El él pueden verse armas y uniformes de la época, así como una bandera que ondeó en el fuerte que se construyó en aquel lugar tres años después. Al lado del museo puede visitarse una espectacular reconstrucción del fuerte, construida en 1956. Descendiendo la colina en la que está situado el fuerte, se encuentra el lugar exacto en el que tuvo lugar la batalla del río Wabash.

Los muertos en el enfrentamiento con los indios son recordados en el Monument Park, inaugurado en 1913. En este parque se alza un enorme obelisco blanco de ochocientas toneladas. En la base del monumento se hallan los restos de los que fueron masacrados por los indios en 1791. Un total de 32 medallones de piedra recuerdan a cada uno de los oficiales muertos en la batalla. Junto al obelisco se hallan varias estatuas mirando hacia el oeste, representando a los pioneros.

Quíos, 1822
La Isla de la Muerte

Quíos es una isla situada al este de Grecia, en el mar Egeo, muy cerca de la costa occidental de Turquía. Tiene cincuenta kilómetros de longitud y una anchura que oscila entre 13 y 24 kilómetros. En la costa oriental de la isla se encuentra la capital, Quíos.

El nombre «Quíos» se refiere a la resina de lentisco, un arbusto que abunda en la isla, y que es utilizado para elaborar ungüentos. Sus principales productos de exportación son las aceitunas, los higos y el vino. Esta bella isla es también un foco de atracción turística por sus paisajes, el buen clima y sus vestigios históricos. Pero Quíos es conocida, sobre todo, por haber sufrido una de las matanzas más célebres de todos los tiempos. Ésta tuvo lugar en marzo de 1822, a manos de los turcos.

Quíos había sido conquistada por el Imperio otomano en el siglo XVI. Pero la ocupación turca no era más que un episodio más a sumar al largo historial de conquistas sufrido por la isla.

En el 494 a.C. había sido ocupada por el Imperio persa. Cuando los persas se retiraron, la isla pasó a manos de los jonios, posteriormente pasó a dominio romano y luego del Imperio bizantino. Tras la conquista de Constantinopla por los cruzados, en 1204, pasó a formar parte del Imperio latino. Más tarde se convirtió en una posesión de la República de Génova hasta que fue conquistada por los turcos en 1566.

Tanto bajo un dominio como otro, los mercaderes de Quíos destacaron por su gran dominio del comercio marítimo. Durante dos mil años, sus barcos recalaron en todos los puertos del Egeo, el mar Negro y el Meditérraneo oriental. Los turcos concedieron a los comerciantes de Quíos libertad total de movimientos, y éstos llegarían a convertirse en prominentes hombres de negocios en Constantinopla.

La Guerra de Independencia

Desde finales del siglo XVII, el Imperio otomano se enfrentaba a una progresiva e imparable decadencia. Sin embargo, hacia 1815 los dominios turcos todavía se extendían sobre numerosos territorios de Europa, Asia y África. Grecia era una de sus posesiones.

Los primeros movimientos a favor de la independencia griega tuvieron lugar a finales del siglo XVIII, pero esas sublevaciones, que contaron con apoyo ruso, no tuvieron éxito. La Revolución Francesa influyó en la organización de movimientos independentistas, que poco a poco fueron extendiendo sus redes por todo el país. Los griegos, que habían conservado intacto el sentimiento de su nacionalidad, ya sólo pensaban en recuperar su independencia. Además, al ser la cuna de la civilización occidental, contaban con la simpatía de toda Europa.

En 1821, el general Alejandro Ypsilanti, que había llegado a ser mariscal de campo del zar, fue designado jefe militar de los patriotas griegos. Tras algunas acciones poco exitosas, la rebelión de un pachá en Albania contra el sultán de Constantinopla animó a los griegos a enfrentarse al dominio turco. El 25 de marzo de 1821, el arzobispo de Patrás lanzó una proclama a favor de la independencia y su ciudad fue la primera que se rebeló. Había comenzado la Guerra de Independencia.

A partir de entonces, las batallas se sucedieron por toda la geografía griega, con una ferocidad inaudita. La primera ciudad en conseguir sacudirse el yugo otomano fue Tripolitsa, en donde los habitantes de origen turco fueron asesinados sin piedad. Inmediatamente, otras ciudades lograron también expulsar a los turcos y, al poco tiempo, todo el Peloponeso había sido ya liberado.

En enero de 1822, los diputados de los distritos rebeldes, reunidos en Epidauro, proclamaron la independencia de la nación griega. El sultán reclamó la ayuda del Pachá de Egipto, cu-

Este célebre cuadro de Eugène Delacroix, *Scène des massacres de Scio,* inmortalizaría la matanza perpetrada por los turcos en la isla griega de Quíos.

yos hombres —unos 17.000— se emplearían a fondo en la represión de los sublevados.

Mientras tanto, las clases dominantes de Quíos se mostraban reticentes a unirse a la revuelta griega. Celosos de los privilegios de que gozaban bajo el dominio otomano, temían que éstos se vieran rebajados en el futuro incierto de una Grecia independiente. Además, su proximidad a la costa turca, de la que está separada apenas por tres kilómetros, aconsejaba obrar con mucha prudencia.

Estalla la revuelta

Pese a ese deseo de mantenerse alejados del conflicto, en marzo de 1822 los habitantes de Quíos se verían involucrados en la sublevación. Varios cientos de griegos armados procedentes de la vecina isla de Samos desembarcaron en Quíos para liberarla del dominio otomano. Comenzaron por destruir las mezquitas y después pasaron a perseguir a los turcos para darles muerte. Estos se retiraron a la ciudadela fortificada para escapar a la matanza. Al comprobar la fuerza desplegada por los patriotas griegos, una parte de los habitantes se les unieron, pero la mayoría se mantuvieron a la expectativa, temerosos de la respuesta otomana.

Los isleños no se equivocaban en su apreciación. La matanza de turcos en Tripolitsa había caldeado los ánimos otomanos, y éstos sólo deseaban vengarse. La cercanía de Quíos a la costa y la reciente sublevación de la isla la convertían en la candidata perfecta para sufrir la gran venganza.

La flota turca desembarcó sin oposición en el puerto de Quíos. Los habitantes de la isla y los patriotas griegos llegados de Samos, aterrorizados, abandonaron los pueblos y corrieron a refugiarse en las montañas. Los turcos, no obstante, ofrecieron una amnistía y los cónsules de Francia y Austria prometieron garantizar la seguridad de los huidos, animándoles a volver a sus casas con motivo de la Pascua.

Unos 20.000 isleños y patriotas griegos prefirieron no quedarse en Quíos para comprobar las buenas intenciones expresadas por los turcos y abandonaron la isla. El resto confió en las garantías ofrecidas por los diplomáticos extranjeros y descendió de las montañas.

Brutal represión

Una vez que los isleños regresaron a sus casas, los otomanos vieron llegada la oportunidad que buscaban. Los soldados turcos se entregaron a horribles crueldades con la población indefensa. Unos 82.000 habitantes fueron ahorcados, cortados en pedazos, torturados o condenados a morir de hambre.

La gran mayoría de los que sobrevivieron a la masacre, unos 50.000, fueron embarcados y enviados a Egipto para ser vendidos como esclavos. Una vez apagada la sed de venganza otomana, menos de 2.000 isleños fueron autorizados a seguir viviendo en Quíos.

La flota otomana fondeada en Quíos resultaría incendiada por el ataque de dos audaces marinos griegos, Kanaris y Miaulis. Pero el dominio otomano sobre la isla, apoyado desde la cercana costa, permanecería incuestionado.

La masacre de Quíos se había producido ante testigos extranjeros, que documentarían con exactitud los hechos para que ese crimen fuera conocido en toda Europa. En todo el continente se levantaron airadas voces de protesta. Este hecho provocó el apoyo de Francia, Gran Bretaña, Austria y Rusia a la lucha griega por la independencia. Por tanto, la matanza se volvería decididamente contra los intereses de sus perpetradores.

Indignación en Europa

La Europa de los intelectuales y artistas estalló también de indignación ante la crueldad otomana exhibida impunemente en la isla griega. El pintor francés Eugène Delacroix (1798-1863) se encargó de perpetuar la memoria de la masacre allí cometida. Su cuadro *La matanza de Quíos* (en francés, *Scène des massacres de Scio*), pintado en 1824 y conservado en el Museo del Louvre, refleja, con todo el dramatismo que Delacroix era capaz de transmitir, la tragedia vivida en la isla griega. El resultado fue un cuadro prácticamente monocromo, en el que se ven expresiones de miedo y desesperación entre los griegos. En primer plano, una mujer mira hacia fuera del lienzo con expresión suplicante; detrás, un oficial turco a caballo rapta a una mujer desnuda, enfatizando así el artista la crueldad de la masacre.

El poeta francés Victor Hugo, por su parte, lloraría así la tragedia vivida por la isla griega en su poema *El niño*:

«Los turcos han pasado. Todo es ruina y dolor. Quíos, la isla de los vinos, ya no es más que un triste escollo».

Tras el salvaje paso de los soldados turcos, y el rastro de sangre que éste había dejado tras de sí, Quíos se había convertido en la isla de la muerte.

Grecia logró la independencia, pero la isla continuaría bajo dominio turco. Casi despoblada, Quíos languidecería durante todo el siglo XIX. No sería hasta 1912 cuando la alegría regresaría a aquella isla; la derrota turca en la Primera Guerra de los Balcanes abrió la posibilidad de que Quíos se integrase en Grecia, una oportunidad que sus habitantes, todavía bajo el peso del recuerdo de aquel terrible episodio, abrazaron con entusiasmo. Quíos, ya unida al resto de Grecia, comenzó a superar aquel traumático capítulo de su historia.

El escenario

La ciudadela genovesa que se levanta en la capital de Quíos, conocida como Kastro, sirvió de cárcel en 1822 para 70 notables griegos, que posteriormente murieron ahorcados.

A 10 kilómetros al noroeste de la capital se halla el monasterio de Nea Moni. Construido bajo el Imperio bizantino, se convirtió en un potente centro religioso y cultural. Pero su destino se quebró en 1822. Los turcos asesinaron a los monjes, así como a las mujeres y niños que habían acudido a encontrar refugio; sus huesos se conservan en la capilla situada en la entrada del monasterio. Después prendieron fuego a la iglesia, que perdió muchos de sus antiguos y valiosísimos mosaicos.

A 12 kilómetros de Nea Moni se puede encontrar un pueblo que quedó abandonado tras la masacre de 1822: Anavatos. Encaramado a una roca y asomado al borde de un precipicio, se pueden recorrer sus empinadas calles en escalera, que tienen el mismo aspecto que cuando fueron exterminados sus habitantes.

Fort Parker, 1836
Masacre familiar en Texas

*E*n 1833, la familia Parker se instaló en lo que hoy es el condado de Limestone, en Texas, a unos tres kilómetros de la actual localidad de Groesbeck.

El patriarca de la familia era John Parker (1758-1836), casado con Sarah, con quien tenía tres hijos: Benjamin, Silas y James. Parker era además la cabeza visible del grupo de parientes que se instalaron con él. Todos ellos eran miembros de la Iglesia Baptista, y procedían del condado de Crawford, en Illinois. De allí habían emigrado en busca de tierras y de un futuro esperanzador, y creyeron que lo podrían encontrar en los grandes territorios despoblados de Texas.

El grupo de colonos liderado por Parker se instaló junto al nacimiento del río Navasota. Allí construyeron una empalizada de cuatro metros de altura para protegerse de los ataques de los indios que habitaban la región. El fuerte, completado en marzo de 1834, protegía una extensión de una hectárea y media de terreno. Junto a la parte interior de la empalizada, los colonos construyeron sus cabañas, así como varios almacenes. El fuerte recibiría el nombre del patriarca.

Una vez instalados, los colonos comenzaron a cultivar las tierras adyacentes. Al comprobar que los indios de los alrededores no se mostraban hostiles, decidieron construirse casas fuera de los límites de la empalizada, aunque el fuerte se mantendría para buscar refugio en él en caso necesario.

La relación con los nativos sería cada vez más fluida, y eran frecuentes los intercambios. Pero esta buena vecindad comenzaría a quebrarse cuando los colonos permitieron a una Compañía de los Rangers de Texas el uso del fuerte. Los Rangers solían mostrarse hostiles con los indios, por lo que éstos pasaron a sentirse amenazados.

Los indios, al asalto

El 19 de mayo de 1836, una partida de indios de las tribus comanche, kiowa, cado y wichita, se dirigieron a Fort Parker. En sus memorias, una de las granjeras, Rachel Plummer, que se encontraba en el fuerte, aseguraba que «los campos que había alrededor del fuerte estaban despejados, pero en un minuto teníamos ante nosotros muchos más indios de los que podíamos imaginar». Ante esa presencia abrumadora, todos los colonos se refugiaron en el interior de la empalizada.

Uno de los nativos ondeaba una bandera blanca, pero todos desconfiaban de las verdaderas intenciones de los indios. Los hijos de John Parker, armados con rifles, se dispusieron a dirigir la defensa del fuerte ante el previsible e inminente ataque. De todos modos, eran conscientes de que bien poco podrían hacer en el caso de que se lanzasen al asalto.

Los colonos estaban convencidos de que iban a morir a manos de los indios. Así pues, Silas Parker abrió una trampilla que permitía salir del fuerte por la parte posterior y conminó a las mujeres a que huyeran por allí en dirección al bosque. En un primer momento hubo dudas sobre si eso era lo correcto, pero en cuanto se oyeron los gritos de guerra de los indios todos comprendieron que no había tiempo que perder. Algunos hombres, entre ellos los hijos de Parker, se quedarían disparando desde lo alto de la empalizada para dar tiempo a huir a los demás.

En menos de tres minutos, la mayoría de mujeres y niños ya estaban fuera del fuerte. La esposa de Silas Parker suplicó a su marido que la acompañase, pero él estaba dispuesto a resistir en el fuerte hasta que ella y los demás se hubieran puesto a salvo. Una de las mujeres huyó tan apresuradamente que olvidó recoger cien dólares en monedas que tenía ahorradas.

Rachel Plummer, que estaba embarazada, prefirió en un primer momento quedarse en el fuerte con su bebé de dos años, pero en cuanto vio cómo los indios trepaban por la alta empalizada cambió de opinión y se apresuró a huir por la trampilla. Antes de escapar, aún pudo contemplar, horrorizada, cómo Benjamin Parker era atravesado por una lanza.

Los indios no tuvieron compasión con la decena de colonos a los que atraparon en el interior del fuerte. A John Parker le mutilaron los genitales y le cortaron la cabellera. El único adulto que escapó a la matanza fue James, el tercer hijo de John Parker, que en esos momentos se encontraba trabajando lejos del fuerte. Dos mujeres y tres niños fueron capturados.

Pese a que el número de colonos muertos fue reducido, en la historia de Estados Unidos este episodio sería conocido como la Masacre de Fort Parker, sin duda para justificar las acciones de represalia que se tomarían contra los nativos.

El destino de los raptados

Una de las niñas raptadas fue Cynthia Ann Parker, hija de Silas Parker y Lucinda, fallecidos ambos en el ataque. Cynthia, que en momento del secuestro tenía ocho años, viviría con los comanches durante veinticinco años, lo que hizo que se sintiera una más de la tribu. Se casó con el jefe comanche Peta Nocona, con el que tuvo tres hijos: Flor de la Pradera, Pecos y Quanah. Éste último se convertiría en un destacado líder comanche; Quanah se convertiría en uno de los jefes más capaces a los que se tendrían que enfrentar los blancos. Quanah sabría cómo poner en apuros a sus enemigos, sin duda gracias a que podía comprender su mentalidad mucho mejor que los otros indios.

En 1860, la milicia texana arrasó el poblado indio en el que vivía Cynthia mientras los hombres estaban de caza, un episodio que sería conocido como la «batalla» de Pease River. Cynthia, junto a su hija Flor de la Pradera, fue «liberada» contra su voluntad por los blancos, quienes intentaron reintegrarla en la sociedad, poniéndola bajo la tutela de su tío Isaac. Su marido y sus dos hijos varones, que se salvaron de la matanza al estar cazando, se conjuraron para encontrar y rescatar algún día a su esposa y madre, pero poco después el padre y Pecos fallecieron por causas naturales.

El intento bienintencionado de que Cynthia recuperase su antigua vida se saldaría con un trágico fracaso; nunca se adaptaría a su nueva vida e intentaría escapar en varias ocasiones para regresar con el que consideraba que era su auténtico pueblo. Sus parientes decidieron encerrarla. Cuando Flor de la Pradera murió de una enfermedad, Cynthia se sintió sin fuerzas para continuar viviendo alejada de los suyos y acabaría dejándose morir de hambre a los 43 años.

A su hijo Quanah, enzarzado en las sucesivas guerras con los blancos, le había sido imposible rescatarla. En junio de 1875, Quanah comprendió que seguir luchando era un suicidio para su pueblo, por lo que aceptó el ultimátum de unos emisarios del gobierno y decidió entregar las armas. Eso le permitió obtener un salvoconducto para visitar a la familia de su madre que, al fin y al cabo, era la suya.

Quanah cabalgó solo hasta llegar a casa de su tío abuelo, quien le acogió calurosamente. Pese a que allí su madre sufrió constantes maltratos, Quanah supo perdonar. Aprovechó su estancia para mejorar su conocimiento de la sociedad blanca, especialmente los métodos de cultivo, que luego trasladaría a su tribu para convertirla en una comunidad agrícola y ganadera. Su doble ascendencia le permitiría ganarse el respeto de los suyos y también el de los blancos; viajó a Washington para hablar con los comisionados para asuntos indios y acabaría estrechando la mano del presidente.

Otro de los niños raptados por indios tras la matanza de Fort Parker fue John Richard, hermano de Cynthia. El pequeño creció como un comanche más. Al igual que Cynthia, en 1860 fue también «liberado» por los blancos y enviado con sus parientes. Incapaz de reintegrarse en la sociedad blanca, huyó de casa de su tío y volvió con los comanches. John Richard contrajo la viruela mientras estaba viviendo en un campamento indio, pero se restableció gracias a los cuidados de una joven mexicana que también había sido raptada. Finalmente, John Richard se casó con la muchacha después de que fuera liberada y se marchó a vivir a México con ella.

Rachel Plummer, esposa de Luther Plummer, tenía 17 años y era prima de Cynthia. También fue secuestrada por los indios, pero fue rescatada dos años después por su hermano, James Parker. En 1838 escribiría sus memorias, *Rachael Plummer's Narrative of Twenty One Months Servitude as a Prisoner Among the Commanchee Indians*, en las que narraría las circunstancias de su rapto y sus vivencias entre los comanches. El libro, publicado en Houston, obtuvo un gran éxito, no sólo en Texas sino en todo el país, lo que amplificó los ecos de la Masacre de Fort Parker.

El escenario

El antiguo Fort Parker fue reconstruido en 1967, reproduciendo el aspecto original. Hoy es la principal atracción turística del condado de Limestone.

Los visitantes pueden entrar en las cabañas, subir a la empalizada y captar la atmósfera de la época de los pioneros. Cada 19 de mayo se celebra en el recinto un acto para conmemorar la masacre.

Balaclava, 1854
La carga de la Brigada Ligera

*L*a Guerra de Crimea enfrentó entre 1853 y 1856 al Imperio ruso dirigido por los Romanov con el Imperio otomano. Los turcos contarían con la ayuda directa de Gran Bretaña y Francia, y en mucha menor medida con la del Reino de Piamonte y Cerdeña. La mayor parte del conflicto tendría lugar en la península de Crimea, en el mar Negro.

El conflicto había surgido después de que los rusos hubieran expresado su intención de proteger a los súbditos cristianos que vivían en el Imperio otomano. El objetivo del zar Nicolás I, que consideraba a Rusia heredera del Imperio romano de Oriente, era establecer un protectorado sobre los Santos Lugares, entonces bajo dominio turco. Pero el fondo de la disputa era otro; Rusia deseaba expandirse hacia el Meditérraneo a costa del debilitado Imperio otomano. Pero la penetración rusa en un área tan estratégica como los Balcanes era algo que ni británicos ni franceses podían ver con buenos ojos.

La guerra de Crimea

Las exigencias rusas sobre el sultán no surtieron efecto, al verse éste respaldado por sus potentes aliados. Cuando las tropas de Nicolás I ocuparon las provincias turcas en Rumanía como medida de presión, el sultán declaró la guerra a Rusia. Era el 4 de noviembre de 1853.

Dio comienzo una breve campaña terrestre saldada con algún éxito turco, pero al acabar el mes los rusos ya habían hundido la flota otomana. En enero llegó la escuadra anglofrancesa al mar Negro para proteger la costa turca y el 28 de marzo los Aliados declaraban la guerra a Rusia.

El episodio más célebre de toda la guerra de Crimea, y por el que este conflicto es más recordado, tendría lugar en Balaclava el 25 de octubre de 1854. Las fuerzas rusas tenían la intención de cortar el camino que unía el puerto de Balaclava con Sebastopol; de este modo, las tropas anglofrancesas desembarcadas en Crimea no podrían ser abastecidas, forzándose así su rendición. En la lucha de unos por cortar la línea de suministro y de otros por mantenerla, se produciría la famosa Carga de la Brigada Ligera.

Ese hecho de armas sería inmortalizado por el poeta Alfred Lord Tennyson en su poema titulado precisamente *La carga de la Brigada Ligera*. También inspiraría pinturas de carácter épico y cintas cinematográficas, como *The Charge of the Light Brigade*, dirigida por Michael Curtiz en 1936 y protagonizada por Errol Flynn. Pero lo que tendría que haber pasado a la historia como una batalla lo hizo en realidad por ser una masacre causada por la incompetencia y la falta de coordinación de los mandos británicos.

Un error de comunicación

La Brigada Ligera británica estaba formada por el 4º Regimiento de Dragones ligeros, el 13º Regimiento de Dragones ligeros, el 17º Regimiento de Lanceros, el 8º Regimiento de Húsares y el 11º Regimiento de Húsares, a las órdenes del general Lord Cardigan. La Brigada Ligera cargaría junto a la Brigada pesada. El mando de toda la caballería recaía en Lord Lucan.

Una vez entablada la batalla entre las fuerzas rusas y anglofrancesas, el comandante en jefe del ejército aliado, Lord Raglan, siguió el choque desde una colina. Desde allí pudo ver cómo, ante la presión de los cañones británicos, los rusos emprendían la retirada, llevándose consigo sus piezas de artillería.

Raglan envió un mensaje a Lord Luncan en el que se le ordenaba lanzar un ataque contra las tropas rusas que estaban retrocediendo, para evitar que arrastrasen consigo su artillería.

El mensaje decía textualmente:

«Lord Raglan desea que la caballería avance rápidamente hacia delante, persiga al enemigo, e intente impedir que retire sus cañones. La artillería montada puede acompañarle. La caballería francesa se encuentra a su derecha. Inmediato».

El texto había sido redactado por un asistente de Raglan llamado Airey y confiado al capitán Nolan, quien insistió en que el ataque debía lanzarse «inmediatamente».

Cuando Luncan recibió la orden en mano se quedó perplejo. ¿A quién debía atacar? Desde su posición, en la parte baja de un valle, no podía ver a las tropas rusas en retirada, que estaban en la otra vertiente de la colina. El único ejército que Luncan podía ver desde su posición era el que estaba situado en la parte más alejada del valle, que luego sería conocido apropiadamente como el *Valle de la Muerte*.

Luncan, obedeciendo a los deseos de su superior, ordenó a Lord Cardigan que lanzase a su caballería ligera contra la posición rusa. Como respuesta a la orden, Cardigan dirigió 673 jinetes directamente a través del *Valle de la Muerte*.

Las tropas rusas, al mando de Pavel Liprandi, estaban formadas por aproximadamente 20 batallones de infantería, con el apoyo de más de cincuenta piezas de artillería. Además, dichas fuerzas estaban desplegadas en ambos lados y al fondo del valle. Evidentemente, ésas no eran las fuerzas rusas en retirada a las que se refería la orden de Lord Raglan; el auténtico objetivo se hallaba a un kilómetro y medio de esas posiciones, pero Luncan no podía saberlo. La matanza estaba a punto de producirse.

Una auténtica carnicería

Lord Cardigan describiría más tarde en un discurso en Mansion House, en Londres, lo que ocurrió. Su narración sería recogida y ampliamente citada en la Cámara de los Comunes:

«Avanzamos por una pendiente gradual de más de un kilómetro. Las baterías vomitaban sobre nosotros obuses y metralla, con una batería a nuestra izquierda y una a nuestra derecha, y el espacio intermedio erizado de fusiles rusos; así cuando llegamos a cincuenta metros de la boca de los cañones que habían arrojado la destrucción sobre nosotros, estábamos, de hecho, rodeados por un muro de fuego».

«Mientras ascendíamos la colina —proseguía Lord Cardigan—, el fuego oblicuo de la artillería caía sobre nuestra retaguardia, de tal modo que recibíamos un nutrido fuego sobre la vanguardia, los flancos y la retaguardia (...). En los dos regimientos que tuve el honor de dirigir, cada oficial, con una única excepción, fue o bien herido, o muerto, o vio al caballo que montaba muerto o herido (...)».

«De regreso a la colina de la que había partido el ataque —concluía el relato—, tuvimos que sufrir la misma mano de hierro y padecer el mismo riesgo de disparos de los tiradores en nuestro flanco que a la ida. Muchos de nuestros hombres fueron alcanzados, hombres y cabalgaduras resultaron muertos, y muchos de los hombres cuyas monturas murieron fueron masacrados cuando intentaban escapar.»

Si los británicos no fueron totalmente aniquilados fue debido a la intervención de sus aliados franceses. Al ver la matanza que se estaba desarrollando ante sus ojos, los *Chasseurs d'Afrique* del general francés Canrobert efectuaron un movimiento de diversión para atraer la atención de los artilleros rusos. Gracias a esta providencial intervención, el exterminio de la Brigada no pudo consumarse, aunque sufrió terribles pérdidas: 118 muertos, 127 heridos y la pérdida de 362 caballos.

Un veterano oficial francés, al contemplar el inútil sacrificio de la caballería británica había exclamado con lágrimas en los ojos: «¡Por Dios! Soy viejo y he visto muchas batallas ¡pero esto es demasiado!».

Sin embargo, sería otro militar galo, el general Pierre Bosquet, quien hallaría el mejor epitafio a la Brigada Ligera; al contemplar desde una colina la futilidad de la acción y su bravura imprudente, exclamó: «*C'est magnifique, mais ce n'est pas la guerre*».*

Se dijo que los jefes rusos creyeron al principio que los jinetes británicos habían abusado de la bebida, al ser incapaces de comprender cómo se habían lanzado a esa misión suicida.

* «Es magnífico, pero la guerra no es esto.»

La lentitud de las comunicaciones marítimas hizo que las noticias del desastre no llegasen a conocimiento del público británico hasta tres semanas más tarde. Los informes del frente de los jefes británicos se publicaron en la prensa, provocándose una enorme controversia.

En los años siguientes, todos los protagonistas implicados rechazarían su responsabilidad en la matanza. Aún hoy día, la Carga de la Brigada Ligera continúa siendo objeto de estudio por parte de los historiadores militares, como un ejemplo de lo que puede ocurrir cuando la información de la que se dispone es defectuosa o no se transmite de manera clara.

El escenario

La población ucraniana de Balaclava forma parte desde 1957 del área municipal de Sebastopol, y cuenta con unos 30.000 habitantes.

Durante la Guerra Fría, Balaclava contaba con una importante base de submarinos, a prueba de ataque atómico, por lo que el acceso a la población estaba restringido únicamente a sus habitantes. La base fue clausurada en 1993. Posteriormente fue acondicionada para admitir visitas y desde 1996 está abierta al público.

En cuanto al lugar en el que tuvo lugar la carga de la Brigada Ligera, el terreno que entonces quedó regado con la sangre de aquellos valientes jinetes británicos está cubierto de viñedos. Un monumento inaugurado en 2004, con ocasión del 150 aniversario de la histórica carga, recuerda tanto a los caídos en aquella batalla como a todos los soldados británicos muertos en la Guerra de Crimea.

Lawrence, 1863
El día más siniestro de la Guerra de Secesión

La Guerra de Secesión (1861-1865) fue un enfrentamiento fratricida entre el Norte y el Sur de Estados Unidos. El conflicto se había estado incubando desde varias décadas atrás. Mientras que el Norte era industrial y dinámico, el Sur era agrario y tradicional, basado en el trabajo de los esclavos. Estos dos modelos de sociedad se demostrarían incompatibles.

La extensión de la esclavitud a los nuevos territorios fruto de la expansión hacia el oeste no era aceptada por los estados del Norte, lo que llevó a los estados del Sur a decidirse por la secesión. La firmeza del presidente Lincoln en la defensa de la Unión daría lugar a ese conflicto armado que duraría cuatro años.

Pese a ser una guerra civil, en las que suelen surgir los odios más enconados, la lucha entre nordistas y sudistas se rigió por el respeto entre los contendientes. Las fuerzas en liza mostraron una caballerosidad que permitiría, después de la guerra, restañar las heridas rápidamente. Sin embargo, el conflicto no se libraría únicamente en los campos de batalla; en algunas regiones del país ese choque se produciría también entre los propios civiles. Su máxima y terrible expresión sería la guerra irregular que se extendió sobre todo por el oeste.

Lucha de guerrillas

La acción de las guerrillas supone uno de los capítulos menos reconfortantes de la Guerra Civil y, seguramente por ese motivo, es de los menos conocidos. En el oeste, en donde era fácil moverse con libertad, las incursiones de los guerrilleros se hicieron trágicamente habituales. Se cree que unos 25.000 guerrilleros participaron en esta guerra no convencional.

La lucha de guerrillas se desarrollaría en toda su crudeza en los estados de Kansas, Missouri y Texas. Por ejemplo, en octubre de 1862 las guerrillas confederadas, conocidas como *bushwhakers*, colgaron a cuarenta y cuatro ciudadanos supuestamente proclives a la Unión cerca de Gainesville, Texas. La respuesta de los nordistas no sería menos cruel, asesinando a un número similar de civiles partidarios de la Confederación. El Ejército federal se vio involucrado en la represión de los guerrilleros sudistas.

A partir de entonces se iniciaría una espiral de violencia que poco tenía que ver con los objetivos militares. Las fuerzas en disputa se moverían únicamente por el criterio de asestar al enemigo un golpe más violento del que acababan de recibir.

La acción más representativa de ese volcán de odio exacerbado sería la denominada Masacre de Lawrence, protagonizada por William Clarke Quantrill, uno de los personajes más detestables que dio la guerra civil, y que se convertiría en el protagonista del día más siniestro de todo el conflicto.

La azarosa vida de Quantrill

El autor de esa terrible matanza no apuntaba en sus primeros años al monstruo en que luego se convertiría; hijo de dos maestros de escuela, Quantrill era un niño educado y obediente que estudiaría con aprovechamiento.

Sin embargo, Quantrill ya mostró sus tendencias sádicas desde su más tierna infancia. El pequeño William se divertía disparando a los cerdos en las orejas sólo para oír cómo chillaban, clavando serpientes vivas en los árboles o atando a dos gatos por sus colas para verlos matarse entre ellos a arañazos.

Al terminar la escuela se dedicó a la enseñanza, pero pronto advirtió que aquel no era el medio en que podía explotar sus *cualidades*. Quantrill se vio inmerso en algún altercado a cuenta de un robo de caballos y en 1858 decidió alistarse en el

Ejército. Con la vida cuartelaria su trayectoria se torció definitivamente. Allí descubrió que se defendía aceptablemente con las cartas y los puños.

Al año siguiente abandonó el Ejército y se convirtió en tahúr profesional, una actividad que le resultó mucho más lucrativa que la de maestro. Quantrill emigró de Utah a Lawrence, Texas, pero tuvo que marcharse de allí acusado de homicidio y robo de caballos, huyendo a Missouri. Fue durante esa época cuando se impregnó de las ideas pro esclavistas más radicales.

Su doblez y ausencia de escrúpulos se evidenció con una estratagema que siguió para combatir a los que luchaban en contra de la esclavitud. Para ello, se unió a un grupo de abolicionistas y esperó la ocasión propicia para traicionarlos. Cuando el grupo organizó una acción encaminada a liberar a los esclavos de un plantador de Missouri, Quantrill reveló el plan al propietario de los esclavos y preparó una emboscada contra los que hasta ese momento habían sido sus compañeros. El grupo cayó en la trampa urdida por Quantrill, muriendo tres de ellos en la acción.

Los Rangers de Quantrill

Al estallar la Guerra de Secesión en abril de 1861, Quantrill, fiel a sus principios, se unió a las fuerzas confederadas. En agosto de 1861 combatió, alistado en el ejército regular, en la batalla de Wilson's Creek, en Misssouri. La saña en el combate exhibida por Quantrill, que era partidario de masacrar a los enemigos vencidos, le hizo ser amonestado por los caballerescos oficiales sudistas. Como tampoco era muy amante de la disciplina propia de la vida militar, Quantrill prefirió formar a finales de ese mismo año su propio grupo de guerrilleros, una banda que sería conocida como los Rangers de Quantrill.

Inicialmente no era más que una docena de hombres, pero la fama del grupo hizo que pronto se unieran muchos más. Al año siguiente, la banda alcanzaría el centenar de miembros. Los Rangers, desde sus bases seguras en Missouri, realizaron incursiones en el estado de Kansas; asesinaron soldados nordistas, saquearon pueblos, asaltaron barcos en el río Missouri, robaron transportes de correo y atacaron a los civiles a los que se les suponía en connivencia con los nordistas.

El hecho por el que Quantrill pasaría a la historia de la Guerra Civil sería el de la Masacre de Lawrence. El motivo del ataque a esta pequeña ciudad de Kansas fueron las represalias emprendidas por los nordistas contra las mujeres de los guerrilleros, que habían sido apresadas y confinadas en una prisión; el edificio se derrumbó a consecuencia de una explosión provocada por un grupo de guerrilleros nordistas, falleciendo cuatro de las mujeres en la demolición. Los hombres de Quantrill clamaron venganza y su jefe decidió tomarse cumplida revancha atacando Lawrence, la ciudad de la que precisamente había tenido que huir unos años antes.

Muerte y destrucción

Al amanecer de aquel fatídico 21 de agosto de 1863, Quantrill descendió desde los montes cercanos a Lawrence al frente de una abigarrada masa de 450 jinetes que había reunido para la ocasión. La ciudad, que se encontraba desprotegida, iba ser objeto de un ataque propio de los más oscuros tiempos medievales. La inequívoca consigna que Quantrill lanzó a sus hombres fue: «¡Matad a cada hombre y quemad cada casa!».

La primera víctima fue un clérigo que estaba ordeñando una vaca delante de su casa, a las afueras de la localidad; un hombre de Quantrill descendió de su caballo, se acercó a él y, sin mediar palabra, le descerrajó un disparo en la cabeza.

Los guerrilleros entraron en Lawrence al galope, por su calle principal, dando inicio al saqueo, que incluyó el banco local. Pero lo peor era lo que le esperaba a la población civil; los Rangers mataron cerca de dos centenares de hombres y niños indefensos, arrastrando a muchos desde sus casas para darles muerte en mitad de la calle.

La cifra de muertos no está establecida con exactitud, pero se cree que pudieron ser 184. Cuando Quantrill abandonó el lugar sobre las nueve de la mañana, la mayor parte de los edificios de Lawrence estaban en llamas; un total de 185 casas quedarían totalmente destruidas. La terrible consigna de Quantrill había sido seguida al pie de la letra por sus secuaces.

Las noticias del ataque, considerado como una de las más espantosas atrocidades de la Guerra Civil, alcanzarían una gran repercusión en el Norte. La contundente respuesta nordista no se hizo esperar.

El 25 de agosto, en venganza por la incursión, se ordenó la deportación de todos los habitantes de tres condados de Missouri contiguos a la frontera de Kansas. Esta orden obligó a decenas de miles de civiles supuestamente favorables a la causa rebelde a abandonar sus hogares. Entonces, las tropas federales avanzaron quemando edificios y plantaciones, arrasando los cultivos y matando todo el ganado, con el fin de privar a las guerrillas de refugio y alimento cuando llegase el invierno. Pero esta salvaje respuesta no afectaría a Quantrill y sus jinetes, que pudieron fugarse a Texas, en donde pasarían el invierno junto a las fuerzas confederadas convencionales.

La Masacre de Lawrence supondría el declive de la banda de Quantrill. Ésta se fragmentó en varias unidades pequeñas. La banda original se reconstituiría en buena parte en otoño de 1864, pero al año siguiente acabó dispersándose. Quantrill quedó entonces al mando de un reducido número de incondicionales, con los que se involucró en una serie de ataques en Kentucky.

Las correrías de Quantrill finalizarían el 6 de junio de 1865, al fallecer víctima de un disparo recibido en una emboscada ocurrida un mes antes. Sólo tenía veintisiete años, pero su crueldad ya había pasado a la historia.

El escenario

Nada recuerda en la actualidad el *raid* de Quantrill en esta ciudad de Kansas, la sexta más grande de ese estado.

Lawrence, que cuenta con 80.000 habitantes, es más conocida por ser la sede de la Universidad de Kansas, fundada en 1865; fue en esta Universidad en donde se inventó el baloncesto, en 1891.

Sand Creek, 1864
Muerte al amanecer

*L*a continua llegada de más y más buscadores de oro a las tierras que hoy conforman el estado de Colorado, en plena guerra civil americana, puso en pie de guerra a los cheyenes y otras tribus cercanas, como los arapajoe. Se declaró así la denominada guerra cheyene-arapajoe, que se libraría entre 1861 y 1864.

Los indios, al quedarse sin caza en sus territorios, se vieron forzados a robar ganado a los blancos. La situación se hizo insostenible; militares y voluntarios se concentraron en Fort Lyon, Colorado, para afrontarla. De la reunión surgió la decisión de dar un escarmiento a los nativos. Así, se organizó un contingente formado por el Tercer Regimiento de Caballería de Colorado, al que se unieron destacamentos montados del Primer Regimiento. Al frente de esta expedición de castigo se colocó al coronel John M. Chivington.

Un religioso atípico

Chivington nació en Lebanon, Ohio, en el año 1821. Fue ordenado Ministro de la Iglesia Metodista en 1844 con sólo 23 años. Inmediatamente después comenzó su carrera religiosa y su fe lo llevó a aceptar cualquier misión que la Iglesia le designara. Se mudó con su familia a Illinois en 1848 y al año siguiente a Missouri.

El joven pastor se transformó allí en un religioso de la frontera, estableciendo nuevas congregaciones, construyendo iglesias y llevando a cabo expediciones misioneras a las aldeas indias.

El pastor metodista John Chivington fue el instigador de la Matanza de Sand Creek, en la que perecieron más de trescientos indios cheyenes.

Pero Chivington demostraría que no se trataba de un Ministro al uso, al desempeñar *de facto* el cargo de policía. Tampoco rehuía el conflicto; en 1856 los miembros esclavistas de su congregación le enviaron una carta amenazante diciéndole que terminara con sus sermones abolicionistas, una exigencia que ignoró. Cuando los firmantes del documento aparecieron en la iglesia ese domingo con la intención de golpearlo, Chivington ascendió al pulpito con una Biblia y dos revólveres. Su declaración fue: «Por la Gracia de Dios y de estos dos revólveres yo voy a predicar aquí hoy».

Con buen criterio, la Iglesia Metodista decidió alejarlo de sus feligreses de Missouri y lo envió a Nebraska. Allí residió hasta 1860, cuando fue destinado a Denver con la misión de construir una iglesia y fundar una congregación. Al comienzo de la guerra civil, el gobernador del Territorio de Colorado ofreció a Chivington un puesto como capellán en un cuerpo de voluntarios pero, fiel a su carácter, no aceptó una comisión de «rezo» y pidió una comisión de «lucha».

En 1862, Chivington ya había sido ascendido a Mayor del Primer Regimiento de Voluntarios de Colorado (*Colorado Volunteer Regiment*). Durante la contienda, tuvo un papel protagonista en la victoria sobre las fuerzas confederadas en Glorietta Pass, Nuevo México; sus tropas atacaron por sorpresa bajando peligrosamente por las paredes de un cañón, consiguiendo así cortar la ruta de suministros del enemigo.

Tras la derrota de las fuerzas confederadas en el Oeste, Chivington regresó a Denver, convertido en un héroe militar. Su popularidad era tal, que parecía destinado a las más altas aspiraciones. Se comenzó a hablar de él como probable candidato al Congreso por el partido Republicano.

Conflictos con los indios

En medio de este prometedor horizonte político para Chivington, surgieron las tensiones entre los blancos y los indios. Los diarios de Denver imprimían editoriales a toda página abogando por el «exterminio de los demonios rojos» e incitando a sus lectores a «tomarse unos meses de vacaciones para dedicar ese tiempo a exterminar a los indios».

En este ambiente caldeado, Chivington se puso al frente de ese peligroso sentimiento popular, atacando virulentamente a aquéllos que, como el propio gobernador del Territorio, eran partidarios de firmar un tratado de paz con los cheyenes.

En agosto de 1864, Chivington declaró públicamente: «Los cheyenes serán severamente castigados, o completamente eliminados, antes de que se queden callados para siempre. Yo digo que si algunos de ellos son sorprendidos fuera de su área, lo único que se puede hacer con ellos es matarlos». En otro discurso político dijo: « Hay que matar y cortarles la cabellera a todos, pequeños y grandes». El incluir a los niños en esa política exterminadora respondía, según él a que «las liendres se transforman en piojos».

En un discurso pronunciado en una reunión de diáconos de la Iglesia Metodista, desechó la posibilidad de un tratado con los cheyenes: «Es simplemente imposible para los indios obedecer o entender cualquier tratado. Señores, estoy completamente satisfecho con la idea de que matarlos es la única forma en que tendremos paz y tranquilidad en Colorado».

Chivington no perdía ocasión de dejar muy claras sus intenciones. En el curso de otra alocución pública pronunció estas palabras: «Voy a matar indios y creo que es justo y honorable usar de todos los medios que Dios ha puesto a nuestro alcance para matar indios». Antes de que acabase ese año, Chivington tendría la oportunidad de cumplir sus amenazas genocidas.

Ataque a la aldea

En noviembre de 1864, el jefe cheyene Caldera Negra (*Black Kettle*) buscó refugio en la orilla del riachuelo Sand Creek para pasar los meses de invierno. Aquellos indios, de los que dos tercios eran mujeres y niños, formaban una banda pacífica. Su viejo jefe era un convencido defensor de la paz y la cooperación con los blancos.

Tras un verano muy duro para su tribu, por la falta de alimento y las represalias de los blancos por el robo de ganado, Caldera Negra pidió una tregua a finales de septiembre. El jefe cheyene se reunió con oficiales del Ejército Federal a las afueras de Denver. Aunque no se firmó un tratado, los oficiales del Ejército le garantizaron seguridad para él y su banda si entregaban las armas. El jefe accedió y se le sugirió que acampara en Sand Creek. Para evitar ser atacado por error, se le proporcionó una bandera norteamericana y otra blanca para ser enarboladas en caso necesario. Así pues, Caldera Negra estaba tranquilo, al creer que contaba con la protección del Ejército.

Pero el campamento de Caldera Negra se convertiría en el objetivo de la acción punitiva encargada a Chivington y sus voluntarios. El reverendo había sido informado de que la aldea podía ser tomada con gran facilidad y sin ningún riesgo. Según los testigos, cuando Chivington escuchó esa apetitosa posibilidad proclamó en voz alta: «¡Vamos, estoy ansioso de nadar en sangre!».

Unos 700 voluntarios de Colorado, liderados por el coronel Chivington, cabalgaron durante la noche. Al amanecer ya tenían ante sí el campamento de Sand Creek. En esos momentos, la aldea se encontraba mayoritariamente habitada por mujeres, niños y ancianos, además del jefe Caldera Negra. Casi todos los hombres se encontraban cazando bisontes.

Chivington ordenó el ataque al campamento desprotegido. Cuando Caldera Negra oyó las cornetas de mando de las tropas que se acercaban al galope, mandó izar la bandera blanca y la bandera estadounidense, mientras pedía a los demás que mantuvieran la calma, diciéndoles: «No tengáis miedo, el campamento esta bajo la protección del gobierno y no hay peligro».

Sin embargo, las banderas que garantizaban su inmunidad fueron ignoradas. Los voluntarios cayeron sobre el campamento, abriendo fuego. La masacre había dado comienzo. Los hombres de Chivington dispararon de forma indiscriminada contra mujeres y niños. Con sus sables desenvainados dieron muerte a los que, entre carreras y gritos, trataban de huir a toda prisa hacia las colinas cercanas. Los voluntarios se ensañaron con todos; mataron a los bebés en los brazos de sus madres y descabalgaron para mutilar y cortar las cabelleras de las víctimas.

Después de arrasar el campamento sin encontrar prácticamente oposición, unos 300 cheyenes habían sido asesinados, aunque se cree que la cantidad pudo ser superior. Milagrosamente, el jefe Caldera Negra, que había resultado herido, pudo escapar en medio de la confusión y ponerse a salvo. Por su parte, los voluntarios de Colorado habían perdido sólo nueve hombres. Al día siguiente, algunos de los que participaron en la carnicería recorrieron la aldea destruida para rematar a los heridos y evitar así que pudieran escapar.

Un testigo recordaba: «Juzgaría que habían entre 400 y 500 indios muertos. A casi todos los hombres, mujeres y niños les habían cortado las cabelleras. Yo vi a una mujer cuyas partes privadas habían sido mutiladas». Otro testigo aseguró haber visto a «una india embarazada, con el vientre abierto de arriba abajo y el feto a su lado».

Chivington, reprobado

Los cueros cabelludos de los indios asesinados ese día serían después mostrados como trofeo a las eufóricas muchedumbres de Denver. Un diario local, el *Rocky Mountain News*, escribió: «Los cueros cabelludos de los cheyenes están cayendo aquí como si fueran los sapos sobre Egipto. Todo el mundo tiene uno y están ansiosos de obtener otro para mandar al Este como regalo de Navidad». En la apoteosis de la profanación, la piel del escroto de las víctimas sería utilizada para confeccionar bolsas de tabaco.

Chivington fue elogiado por su victoria en la «batalla» de Sand Creek. En su honor se organizó un desfile en las calles de Denver. Pero cuando los relatos de lo sucedido aquel día comenzaron a circular por todo el país, se extendió una ola de horror. La imagen de soldados asesinando a mujeres y niños indefensos golpeó la conciencia de la sociedad estadounidense.

El general Grant retiró cualquier tipo de carácter militar a la acción de los voluntarios de Colorado, calificando los hechos de simple asesinato. El fiscal jefe militar, Joseph Holt, habló de «matanza cobarde y a sangre fría, suficiente para cubrir a sus perpetradores de imborrable deshonor, y el rostro de todo norteamericano de vergüenza e indignación».

La reprobación generalizada que había despertado la acción de Chivington enfureció a éste. Convencido de que la incursión de Sand Creek le iba a suponer un trampolín en sus aspiraciones políticas, a tenor de la aclamación popular con la que había sido recibido en Denver, Chivington veía que, por el contrario, su heroicidad podía costarle ahora su carrera.

Así pues, el reverendo la emprendió con la media docena de hombres que estaban hablando abiertamente sobre lo que habían visto y cuyos testimonios habían llegado a la prensa. Chivington ordenó su arresto, acusándoles formalmente de «cobardía en el campo de batalla». Cuando esta arbitraria decisión llegó a conocimiento de la Secretaría de Guerra, ésta ordenó que los arrestados fueran liberados, desautorizando claramente a Chivington.

En los meses siguientes, los cheyenes asaltaron caravanas, ranchos y estaciones de diligencias, causando numerosos muertos entre los blancos. El jefe Caldera Negra, visto el trágico resultado de su política pacifista, ya no estaba dispuesto a seguir por la senda que había conducido a los suyos al exterminio. Sólo cuando las autoridades de Washington abrieron una investigación a fondo sobre los hechos de Sand Creek, los indios se calmaron.

Pero Chivington contaba con decididos apoyos; como seria advertencia, uno de los hombres que participaron en la acción, y que iba a testificar contra Chivington ante la comisión, fue asesinado por la espalda mientras caminaba por una calle de Denver. Este *aviso* surtió efecto y los testimonios acusadores se fueron diluyendo. El informe final se limitaría a señalar que «el coronel Chivington no hizo nada para estimular la matanza, aunque tampoco inervino para evitarla».

Chivington nunca sería formalmente castigado por la brutal matanza que encabezó en Sand Creek. De todos modos, las autoridades de Denver prefirieron cortar amarras con él. El polémico reverendo fue obligado a renunciar a la milicia de Colorado. Su futuro político se vio inmediatamente truncado. Chivington, decepcionado, decidió poner tierra de por medio y se trasladó a Nebraska. La Iglesia Metodista, por su parte, se distanció de su pastor y nunca pronunciaría ninguna opinión sobre el asunto.

En 1883, Chivington pensó que la masacre de Sand Creek había sido olvidada o que, al menos, el tiempo había suavizado el recuerdo, por lo que reinició su carrera política. Pero se equivocaba; su nombre estaba ya ligado a aquella carnicería, lo que le obligó a abandonar definitivamente su plan.

Chivington vivió un tiempo en California y después se trasladó a Ohio, donde vivió en una granja y editó un pequeño diario. Aún regresaría a Denver para ejercer labores de policía, una actividad en la que trabajaría hasta poco antes de su muerte, en 1892. Con él se iba el gran responsable de la matanza, pero su nombre quedaba para siempre aparejado a uno de los capítulos más ignominiosos de la historia estadounidense.[8]

8. A pesar de ese tardío reconocimiento, la matanza ha recibido una gran atención a lo largo de las últimas décadas por la cultura popular. La representación más sobrecogedora de los hechos sería la que aparece en el largometraje *Soldier Blue* (Soldado Azul), producido en 1970. La novela *Centennial*, convertida en serie de televisión, también incluye una descripción de la matanza. Incluso el grupo *de heavy metal Iron Maiden* dedicaría uno de sus temas, *Run to the hills*, a la masacre.

El escenario

El lugar en el que tuvo lugar la masacre está situado cerca de la población de Eads, en el condado de Kiowa (Colorado). Desde 1998, el paraje es objeto de una protección especial.

El terreno fue declarado el 7 de noviembre de 2000 Lugar Histórico Nacional de la Masacre de Sand Creek, y en él se llevan a cabo de forma continua labores de investigación histórica y arqueológica. Desde 2008, el Servicio Nacional de Parques está encargado de su preservación.

Fort Kearney, 1866
La «Colina de la Masacre»

*L*a mítica ruta Bozeman (*Bozeman Trail*) era un camino que conectaba Fort Laramie, en Wyoming, con Montana. Había sido descubierta en 1863 por John Bozeman —de quien tomaría el nombre— y John Jacobs. El propio Bozeman dirigió el primer grupo de unos 2.000 colonos que recorrieron la pista en 1864.

Las ventajas de la ruta Bozeman, en comparación con los caminos que se utilizaban hasta entonces, eran enormes; era más directa, no faltaba el agua a lo largo de sus más de 800 kilómetros y, tras algunas mejoras, permitía la circulación de carromatos.

Pero la ruta Bozeman adolecía de un grave inconveniente; pasaba directamente a través del territorio indio, ocupado por las tribus shoshone, arapajoe y lakota. Los nativos asistieron con desconfianza al paso del hombre blanco por sus tierras y terrenos de caza. El descubrimiento de oro en Montana hizo que en esa ruta fuera constante el flujo de pioneros y colonos; el resentimiento de los indios por esa invasión se traduciría en el lanzamiento de ataques a lo largo de la ruta.

La guerra de Nube Roja

El Ejército de Estados Unidos se vio entonces en la obligación de proteger a los viajeros que emprendían esa arriesgada ruta. En las escaramuzas con los indios se alternaron los éxitos y los fracasos; el Ejército comprendió las dificultades que entrañaba vigilar una ruta tan dilatada y decidió en 1866 explorar la posibilidad de alcanzar un acuerdo con los indios para que los viajeros no fueran atacados.

Así pues, representantes del Ejército se dieron cita en el Fuerte Laramie con el jefe lakota Nube Roja. Mientras estaban en negociaciones, Nube Roja se indignó cuando descubrió que un regimiento de infantería estaba utilizando la ruta sin el permiso de la nación Lakota. Esa sería la causa del inicio de la denominada Guerra de Nube Roja, que se prolongaría a lo largo de dos años.

Nube Roja (en sioux *Makhpyia-luta*) había nacido en 1822 cerca de la actual ciudad de North Platte, en Nebraska. Su madre era una sioux oglala. Su padre, de la tribu brulé, murió muy joven, por lo que fue criado por su tío materno, el jefe Humo. De joven se distinguió en las luchas contra otras tribus, ganando una notable experiencia militar que luego pondría en práctica contra los blancos.

El Fuerte Kearny

El Ejército había establecido tres fuertes a lo largo de la ruta: Fort Reno, Fort Phil Kearny y Fort C.F. Smith. Sería el segundo de ellos el que pasaría a la historia. En las proximidades de Fuerte Kearny, las tropas estadounidenses y los guerreros indios librarían una batalla que degeneraría en una auténtica masacre.

El Fuerte Phil Kearney era una posición militar dispuesta para proteger la ruta Bozeman. Al mando del fuerte se hallaba el coronel Carrington, un inexperto oficial en la lucha contra los indios. Pero a sus órdenes estaba un capitán, William J. Fetterman, que pese a tener 33 años era ya un veterano oficial, al haber luchado durante toda la Guerra Civil en el Primer Batallón del 18º Regimiento de Infantería del Ejército federal. Fetterman fue dos veces condecorado. Al acabar la contienda, decidió continuar en el Ejército, siendo destinado al Segundo Batallón de esa misma unidad.

Fetterman albergaba serias dudas respecto a la capacidad de su superior para estar al frente de esa importantísima posición. Carrington estaba convencido de que era posible controlar a los indios con unas tropas reducidas: «Dadme 80 soldados y atravesaré la nación india», dijo en una ocasión. Sin embargo, después de que algunas incursiones en territorio indio acabasen de manera desastrosa, Carrington prefirió mantener a sus tropas a salvo en el fuerte.

A las diez de la mañana del 21 de diciembre de 1866, un convoy cargado de madera salió del Fuerte Kearney. Al cabo de una hora, los vigías que realizaban el seguimiento del convoy pudieron observar que éste estaba siendo atacado por los indios. Carrington ordenó entonces al capitán Powell partir en su auxilio, pero Fetterman reclamó dicha misión. Carrington cedió, y permitió a Fetterman acudir en socorro del convoy, pero por ningún motivo debía internarse en territorio indio.

Poco después de las once de la mañana, 49 hombres de infantería salieron del fuerte comandados por Fetterman. Un cuarto de hora más tade, el capitán Grummond, con 27 hombres de caballería y dos voluntarios civiles partieron para reforzarle. Los hombres de Grummond, al ir a caballo, adelantaron a los de Fetterman y continuaron su camino.

Al cabo de una media hora, los hombres de Fetterman abandonaron el camino, vadearon el riachuelo Big Piney, y comenzaron a ascender por una ladera, desapareciendo tras la cresta, tal como pudieron observar desde el fuerte. Las alarmas saltaron cuando se comenzó a escuchar en la lejanía una furiosa salva de disparos. Algo estaba sucediendo detrás de aquella montaña; Carrington envió inmediatamente al capitán Eyck con 54 hombres en ayuda de Fetterman.

Emboscada india

Cuando las tropas de auxilio llegaron a la zona, observaron horrorizados desde un promontorio a centenares de indios arremolinados, pero ni rastro de los hombres de Fetterman. Poco antes se habían escuchado algunos disparos aislados. Al verlos apostados en lo alto de la colina, los indios empezaron a provocarles para que bajaran a luchar.

El capitán decidió permanecer en aquella posición segura y mandó un mensaje a Carrington: «El valle al otro lado de la sierra está lleno de indios que nos amenazan. Ha cesado el fuego. No hay señal del mando de Fetterman. Mándeme un cañón».

Antes de la una de la tarde, desde el fuerte se enviaron otros cuarenta hombres y una carreta de municiones, pero ningún cañón, al no disponer de caballos suficientes. Pasado un tiempo, los indios se replegaron en dirección al norte, y los hombres del capitán Eyck acudieron a lo que se llamaría el cerro de la matanza, o el cerro de la emboscada. Los hombres de Fetterman habian sido salvajemente asesinados, sus cuerpos estaban desmembrados, lacerados, vejados, despellejados, destripados...

Los hombres de Fetterman habían sido objeto de una hábil emboscada tejida por los indios. Estos habían comenzado a hostigar a los jinetes de Grummond, que habían seguido la ruta conocida, hasta que éste se decidió a perseguirles. Los indios, que no sobrepasaban la docena, fueron retrocediendo hasta situarse al alcance visual de la columna de Fetterman, sabiendo que éste se sumaría a la persecución.

La trampa ya estaba tendida, y tanto Grummond como Fetterman caerían en ella. Cuando los soldados de Fetterman entraron en el valle para atrapar a los indios entre dos fuegos, se encontraron con la sorpresa de que les estaban esperando cerca de dos mil guerreros lakotas, arapajoes, sioux y kiowas dispuestos para entablar batalla. Esa fuerza india estaba dirigida por el jefe Caballo Loco (1840?-1877).

El choque no podía acabar de otro modo que con el exterminio de los soldados, como así fue. Superados en una proporción de veinte a uno, los hombres de Fetterman demostraron gran arrojo y valentía, logrando resistir en pie durante unos cuarenta minutos. Pero, pasado ese tiempo, ya no quedaba nadie con vida. Viéndose rodeado, Fetterman se había quitado la vida, disparándose en la cabeza.

El último hombre en caer fue el joven corneta Adolf Metzger; al quedarse sin municiones, echó mano de lo único que tenía a mano para defenderse, su corneta. Golpeó con ella a sus atacantes hasta que fue finalmente abatido. Sin embargo, la visión de su titánica lucha y su coraje conmocionó a los sioux, que años después aún hablaban de la valentía de aquel soldado.

El respeto que el corneta Metzger se ganó fue tal, que su cuerpo fue el único respetado, siendo cubierto con una manta de piel de bisonte.

Atrocidades sin límite

Cuando los hombres de Eyck bajaron de la colina, se encontraron con un siniestro espectáculo que no olvidarían mientras viviesen. A los cuerpos, repletos de flechas, los habían desnudado y mutilado horrorosamente.

El informe oficial, en el que se recogía el testimonio de los soldados, lo detallaba en estos términos:

«Ojos arrancados y abandonados sobre las rocas; narices y orejas cortadas, mandíbulas tronchadas, dientes arrancados, cerebros sacados y colocados en rocas, entrañas extraídas y expuestas, manos amputadas, pies cortados, brazos arrancados, partes pudendas arrancadas. Ojos, bocas y manos atravesadas por lanzas. Cráneos cercenados de todas las maneras posibles, musculos de piernas, muslos, estómagos, pechos, brazos, arrancados de su sitio...».

Vista la vívida descripción de esas atrocidades sin límite, no es de extrañar que el informe permaneciese secreto durante veinte años. Pero, al contrario de lo que pudiera parecer, semejante carnicería no estaba motivada por un instinto sádico; los indios creían que esas mutilaciones les impedirían luchar en la otra vida.

En cuanto a los jinetes de Grummond, éstos fueron hallados al día siguiente. También habían sufrido un encuentro con los indios, sufriendo el mismo destino de la columna de Fetterman. También habían sido aniquilados y mutilados salvajemente. Uno de los dos civiles, llamado Wheatley, tenía un centenar de flechas clavadas en su cuerpo. Alrededor del grupo se encontró un circulo de caballos indios muertos y medio centenar de charcos de sangre en la hierba, fácilmente localizables al encontrarse ésta escarchada, indicando en dónde había caído un guerrero indio y demostrando que los soldados se habían defendido con bravura. Algunos de los hombres de Grummond pudieron escapar, dirigiéndose hacia la columna de Fetterman buscando protección; cuando llegaron allí, corrieron la misma suerte que ellos.

El lugar de la batalla se hallaba a sólo 150 kilómetros de Little Big Horn. Al igual que en la última batalla de Custer, en la que el único superviviente fue un caballo, *Comanche*, en Pine sólo sobrevivió un caballo tordo de la compañía C, llamado *Pinto Dave*.

El soldado John Guthrie, del grupo del capitán Eyk, recordaba así las horas posteriores a la matanza:

«Los cadáveres de nuestros amigos caídos en la masacre yacieron toda la noche a la intemperie, y no volvieron a ser tocados ni molestados de ninguna de las maneras, y ni siquiera los tocaron los lobos. Transcurridas veinticuatro horas desde la muerte, el doctor Report del fuerte, nos puso a cargar a los muertos, para lo que utilizábamos las cajas de munición, de manera que los apiñamos a todos en la colina, a la que llamamos «La Colina de la Masacre». Los metimos en las cajas de la munición; tenían terribles cortes, no distinguiamos a la caballería de la infantería, todos habían sido desnudados, y sus cráneos machacados. Les habían cortado las orejas, los brazos y las narices. Músculos, pies y tobillos pendían de los tendones».

«Primero cargamos a los oficiales —proseguía el testimonio del soldado Guthrie—. Los cuerpos de Fetterman, Brown y Footer estaban juntos, cerca de las rocas. Footer tenía la cabeza aplastada y su cuerpo estaba sobre los otros dos. El sargento Baker, de la compañía C del 2º de Caballería, tenía un saco puesto en la cabeza, con la cabellera intacta, y el meñique amputado a causa del anillo de oro que portaba. Algunos estaban boca arriba, otros boca abajo, unos tenían señales de cuchillos en la espalda, otros en el pecho. Caminamos por encima de las vísceras, que casi no vimos al haber hierba alta; las recogimos y comprobamos que eran vísceras, pero no sabíamos de qué soldados eran. Así que alguno se quedó con las tripas de otro, el de caballería con las de infantería y el de infantería con el de caballería».

Un guerrero llamado Trueno de Fuego refirió años después sus recuerdos de aquel trágico día:

«Después de dar con un buen lugar para luchar, nos escondimos en los barrancos que había a lo largo de ambas faldas.

Tras una larga espera, oímos un disparo, lo que significaba que ya estaban allí los soldados. Tapamos los orificios nasales de los ponies para no asustar a los caballos de los soldados. Poco después, los señuelos se hicieron visibles; algunos iban andando arrastrando sus ponies, haciendo ver que estaban cansados. Los soldados empezaron a perseguirles y el aire se llenó de balas, pero enseguida cientos de flechas estuvieron en el aire; parecían saltamontes pegándose a los soldados».

«Con los soldados —recordaba Trueno de Fuego— iba un perro que salió disparado hacia el fuerte, pero fue alcanzado por las flechas. Poco después la colina estaba alfombrada por indios, caballos y soldados muertos. Después recogimos a los heridos y nos fuimos».

En los años siguientes, los indios que participaron en la masacre no tenían inconveniente en relatar los hechos. Las armas utilizadas aquel día constituían, en cierto modo, un objeto de culto. En una ocasión, un indio que participó en la matanza mostró a un soldado un garrote de roble del que sobresalían pinchos; en ellos se podía apreciar todavía la sangre coagulada, el pelo y restos de masa encefálica de las víctimas.

Pero la mayoría de indios, como en el caso de Trueno de Fuego, renunciaba a contar las atrocidades que cometieron con los soldados muertos. Algunos de los que sí lo hicieron encontrarían la muerte a manos de los blancos que estaban oyendo tales abominaciones.

Un Tratado favorable a los indios

La gran victoria conseguida en Fort Kearny animó a Nube Roja a continuar con el acoso al Ejército. A primeros de agosto de 1861, una serie de ataques combinados a lo largo de la ruta hizo temer al Ejército que las posiciones de Fort Kearny y Fort Smith quedasen aisladas. Finalmente, el gobierno norteamericano se vio forzado a firmar en 1968 el Tratado de Fort Laramie, por el que se reconocía el control de la región del río Powder a la nación lakota.

De este modo, la guerra de Nube Roja se convertía en la única guerra en la que los indios lograron sus objetivos con un tratado sobre los asentamientos que recogía sus condiciones. Durante un tiempo, este tratado cerró los viajes de los colonos blancos por la ruta Bozeman. El entonces presidente, Ulysses S. Grant, ordenó el abandono de los fuertes, y varios de ellos fueron luego incendiados.

Pero el control indio sobre los territorios que atravesaba la ruta Bozeman no duraría mucho tiempo. En 1876, a raíz de la guerra de las Colinas Negras, el Ejército volvió a abrir la ruta y se reconstruyeron los fuertes. El Ejército continuó utilizando la ruta durante las campañas militares y más tarde construyó una línea telegráfica a lo largo de ella. Para entonces, la masacre de Fort Kearny ya no era más que un lejano recuerdo.

El escenario

La ruta Bozeman, considerada como «la última gran ruta de emigrantes por tierra en el Oeste americano», fue declarada ruta histórica (*Historic Route*) e inscrita en el Registro Nacional de Lugares Históricos. Hoy día puede seguirse por la autopista Interestatal 25 desde Douglas (Wyoming) a Sheridan (Wyoming), la Interestatal 90 de Sheridan a Three Forks (Montana) y la carretera Ruta 287 de Three Forks a Virginia City (Montana).

El fuerte Phil Kearny se halla a 32 kilómetros de la localidad de Sheridan (Wyoming). Desde mediados del siglo XX se vienen realizando en la zona trabajos de arqueología. El fuerte de madera fue reconstruido y hoy ofrece el mismo aspecto que tenía en la época de la batalla, por lo que se ha convertido en un foco de atracción turísitica.

El histórico recinto ofrece múltiples ofertas para el visitante, como espacios para la acampada y picnic, además de una sala de exposiciones y una librería. Desde allí se organizan visitas guiadas al lugar en el que tuvo lugar la Masacre de Fetterman.

Río Washita, 1868
Custer, encumbrado en un pedestal de sangre

En 1867, la paz entre indios y blancos en las praderas de Norteamérica estaba muy lejos de alcanzarse. Los nativos, cansados de los sucesivos incumplimientos de los tratados, estaban en pie de guerra. Por su parte, los habitantes de los estados afectados por las correrías de los indios, que llegarían hasta Kansas o Texas, exigían del gobierno una actuación contundente que les garantizase la tranquilidad.

Esta reclamación procedía también de las filas del propio Ejército. El general William T. Sherman, quien se había distinguido en la Guerra Civil por ser duro e implacable contra los confederados, ofrecía una fórmula aún más expeditiva para vencer al nuevo enemigo, en este caso los sioux: «Hay que actuar con fervor vengativo contra los sioux, incluso hasta la exterminación de todos sus hombres, mujeres y niños».

El encargado de dar un nuevo y decisivo impulso a la lucha contra los indios que no se resignaban a ser confinados en reservas, sería otro general que había combatido en la Guerra de Secesión, el general Philip Sheridan. Éste, comandante del Ejército de las Llanuras, ideó un plan para golpear con éxito al enemigo.

La «estrategia invernal»

Por entonces, los indios contaban con dos claras ventajas sobre el Ejército. Una era su táctica de guerrilla, favorecida por su gran conocimiento del terreno y su facilidad para vivir sobre él. La otra era su mayor movilidad; al ser capaces de trasladar sus campamentos con cierta agilidad, resultaba difícil localizarlos o perseguirlos.

Pero el general Sheridan creyó haber encontrado el Talón de Aquiles de su enemigo; al llegar el invierno, las tribus solían replegarse a unos campamentos fijos, ofreciendo así un blanco estable que el Ejército podría atacar de manera planificada. La «estrategia invernal», como se denominó el plan de Sheridan, consistía en que los regimientos saliesen a buscar esos campamentos de invierno para destruirlos.

A comienzos de 1868, Sheridan se puso manos a la obra para que la estrategia pudiera entrar en funcionamiento a finales de ese mismo año. Para ponerla en práctica decidió llamar a George Armstrong Custer (1839-1876), a quien conocía muy bien, al haber sido su antiguo subordinado en la guerra de Secesión. «Si hay algo de poesía y romanticismo en esta guerra», cuentan que dijo Sheridan, «él lo encarnará».

La ambición de Custer

Los ecos de las proezas de Custer durante la guerra civil aún resonaban, por lo que esa decisión fue considerada acertada. Aunque durante el conflicto consiguió ascender a general con tan sólo veinticinco años, tras la guerra su graduación fue reducida a la de teniente coronel. Al engreído Custer le dolió esta degradación, pero estaba dispuesto a recuperar el generalato a toda costa. No obstante, sus metas eran todavía más altas, al acariciar la posibilidad de aspirar un día a la Casa Blanca, pero para ello necesitaba distinguirse nuevamente en el campo de batalla.

Enviado al Oeste, Custer se hizo cargo del Séptimo Regimiento de Caballería. A mediados de noviembre de 1868, desafiando al frío y la nieve, Custer emprendió la expedición a través de Territorio Indio con el objetivo encomendado de localizar una de las aldeas en la que los cheyenes estaban pasando el invierno.

Al principio de la ruta, esos intentos fueron baldíos; los exploradores regresaban una y otra vez a la columna principal asegurando que no había un indio en varios kilómetros a la redonda. Custer decidió aprovechar la tranquilidad de esas jornadas para organizar partidas de caza, por lo que la carne de conejo, ciervo o bisonte no faltaría en las cenas del regimiento.

La tropa de Custer siguió internándose en tierras del enemigo, a razón de entre veinte y treinta kilómetros diarios, sin que ninguna huella revelase la presencia de nativos. La columna llegó a la orilla del caudaloso río Canadian; después de varias horas de búsqueda, lograron encontrar un lugar que permitía vadearlo. Ya al otro lado del río, un explorador descubrió por fin unas huellas que hacían pensar que los indios no estaban muy lejos. Custer, impaciente, ordenó que ochenta hombres permaneciesen junto a la caravana de suministros y marchó con el resto a su ansiado encuentro de los indios.

Ataque por sorpresa

Al día siguiente, los exploradores acudieron a la columna con buenas noticias. Habían localizado por fin un campamento indio, a orillas del río Washita. Para Custer, aquel poblado representaba la primera oportunidad para recuperar la gloria.

Allí llegaron a última hora del 26 de noviembre. Custer ordenó no hacer ruido ni encender hogueras, para que la sopresa fuera completa. La columna se dividiría en cuatro unidades, que atacarían desde cuatro ángulos distintos, convergiendo en el centro del poblado.

Una hora antes del amanecer, el momento previsto para el ataque, Custer desplegó a sus hombres, ordenando dejar los capotes y efectos personales en la retaguardia. Poco antes de dar la orden de ataque, se oyó un disparo procedente del campamento indio; sin duda, habían sido descubiertos. Para evitar que los indios pudieran organizar la defensa, Custer ordenó de inmediato que sonase el toque de carga. El Séptimo de Caballería, con Custer al frente, se lanzó al galope hacia el poblado.

Pese a las banderas blancas agitadas por los incrédulos indios, los hombres de Custer cayeron sobre el campamento disparando indiscriminadamente. En el poblado todos corrían para ponerse a salvo. Algunos guerreros indios subieron a sus caballos e intentaron atraer a los soldados fuera del campamento, pero éstos no les siguieron y continuaron con su exterminio metódico.

Durante la carga sucedió un hecho dramático. Una mujer india tenía en sus brazos a un niño blanco de unos diez años, procedente de un rapto; cuando los soldados acudieron a liberarle, la mujer sacó un cuchillo y lo mató al instante. Los soldados, horrorizados, descargaron sus armas sobre la india.

Los guerreros presentes en el campamento ofrecieron una feroz resistencia, disparando desde el interior de las tiendas o intentando descabalgar a los soldados para matarlos en el suelo. Los que eran derribados debían entonces luchar mano a mano, sin que los indios diesen muestras de debilidad. Algunos de ellos cargaban una y otra vez contra los invasores pese a estar heridos.

Sin embargo, en unos pocos minutos, ese fútil intento de resistencia había sido quebrado. Al verse condenados sin remisión, algunos guerreros escaparon del poblado. En la aldea se encontraba el jefe Caldera Negra, quien había sobrevivido a otra masacre, la de Sand Creek, relatada en el capítulo correspondiente. Pero esta vez Caldera Negra no tuvo tanta suerte y fue asesinado junto a su esposa por sendos disparos en la espalda. De los 103 indios que murieron en el ataque, tan sólo 11 de ellos eran guerreros.

Tan pronto como la zona quedó asegurada, se hizo el recuento del botín: 573 pieles de bisonte, 241 sillas de montar, 47 rifles, 35 revólveres, 90 moldes para fabricar balas y cuatro millares de flechas. También encontraron, entre otras cosas, unos 500 kilos de tabaco y varios sacos de harina con el sello del Departamento del Interior. Tras sacar del poblado todo lo que pudiera tener algún valor, Custer ordenó que las tiendas fueran incendiadas.

Pese al éxito de la acción, los hombres de Custer se llevarían un pequeño disgusto. Los capotes y abrigos de los que se habían desprendido antes del ataque habían sido robados por los indios que habían huido del poblado. Así pues, la marcha hacia la caravana de suministros, que se encontraba a un día de camino, tuvieron que hacerla en mangas de camisa, aunque algunos se protegieron del frío nocturno con las pieles de bisonte arrebatadas a los indios.

Misión cumplida

A media mañana, Custer y sus hombres se encontraron con la caravana de apoyo. Al día siguiente, Custer ya pudo enviar un telegrama a Sheridan informándole de que había cumplido la misión encomendada:

«Órdenes de campaña. Orden número 6. El comandante general anuncia la derrota, por parte del Séptimo Regimiento de Caballería, de una enorme fuerza de indios cheyenes, liderados por Caldera Negra y apoyados por los arapajoes a las órdenes de Pequeño Cuervo y los kiowas a las órdenes de Satanta, en la mañana del 27 de noviembre de 1868. Sufrieron una pérdida de 103 guerreros en el río Washita, cerca de las Antílope Hills, en Territorio Indio».

Aunque la mayoría de los indios muertos eran mujeres y niños, la «batalla» fue considerada en los círculos militares como una gran victoria. Sin embargo, en el curso de la acción, Custer cometería un grave error que empañaría su resultado final. Al no llevar a cabo un reconocimiento previo de toda la zona, Custer no advirtió que el campamento situado al borde del río Washita no era un poblado aislado, sino que formaba parte de una larga cadena de campamentos cheyenes.

Tras la matanza, el mayor Joel Elliott partió río abajo con un grupo de dieciocho jinetes en persecución de los supervivientes, quienes se dirigieron hacia el siguiente campamento, por lo que Elliott y sus hombres se encontraron de repente ante una partida de guerreros nativos ansiosos de cobrarse venganza.

El intercambio de disparos entre el grupo de Elliott y los indios fue escuchado en la lejanía por Custer, quien fue apremiado por sus hombres para que diese la orden acudir en su auxilio. Pero Custer, que aún estaba paladeando la victoria, no quiso arriegarse a entablar un choque con los indios de incierto desenlace. Así pues, Custer optó por abandonar a aquellos soldados, una actitud que no agradó nada a su tropa.

Cuando, dos días después, los hombres de Elliott fueron localizados, el espectáculo era desolador. Los cuerpos de todos ellos estaban tendidos boca abajo, erizados de flechas. Varios habían sido decapitados. El mayor Elliott tenía dos orificios de bala en el cráneo y otro en la mejilla; además, le habían cortado los genitales, una mano y el dedo meñique de la otra, y presentaba cortes de cuchillo en todo el cuerpo. La sombra de la tragedia que habían sufrido sus compañeros perseguiría a Custer toda su vida.

Pero la suerte corrida por el grupo de Elliott sería una nota secundaria al lado del triunfo de Custer contra los indios acampados junto al río Washita. Al contrario de lo sucedido con la masacre de Sand Creek, en esta ocasión no se alzaron voces para criticar la brutal acción. Hubo alguna contada excepción, como el *Tribune* de Nueva York, al recoger un testimonio que comparaba la aldea devastada con un matadero de animales. Pero el público relacionaba el nombre de Custer con proezas y heroicidades, por lo que nadie prestó oídos a esas críticas. Custer pudo salirse con la suya. Después de Washita, su imagen pública se acrecentó.

El escenario

El lugar de la batalla, cercano a la población de Cheyenne (Oklahoma) está preservado por el Servicio Nacional de Parques.

Los visitantes disponen en el área de un centro de acogida —inaugurado en 2007— en el que pueden visionar una película que narra la batalla, recorrer las salas de exposiciones, e iniciar el recorrido por el campo de batalla con una audioguía. En el verano se organizan visitas guiadas y hay días especiales dedicados a la cultura india.

Río Marías, 1870
La masacre olvidada

El río Marías es un afluente del río Missouri que discurre por el estado norteamericano de Montana. Esta corriente fluvial atraviesa parajes de gran belleza, como el Parque nacional de los Glaciares. Sin embargo, sus orillas fueron en 1870 el escenario de una masacre de indios pies negros a manos del Ejército estadounidense.

Este asesinato masivo de nativos norteamericanos no ha recibido suficientemente la atención de los historiadores y, al contrario que la que tendría lugar veinte años después a orillas de otro río, el Wounded Knee, ha caído prácticamente en el olvido.

La tribu de los pies negros

Las víctimas de esa masacre serían los indios peiganos, a los que se les considera integrantes de la tribu de los pies negros (*pikuni* en su propio idioma), con los que están estrechamente relacionados. Los peiganos, junto a los kainai (antiguamente conocidos como los Blood), los sisiká y los auténticos pies negros son señalados colectivamente como la Confederación de los Pies Negros.

El nombre «pies negros» deriva del hecho de que pintaban sus mocasines con motivos de este color. Curiosamente, los propios miembros de la tribu emplean el término en singular (*Blackfoot*), mientras que la administración norteamericana y los gobiernos tribales usan oficialmente el término en plural (*Blackfeet*).

Aunque los pies negros practicaban la agricultura, eran parcialmente nómadas, una característica que se acentuaría tras la introducción del caballo en el continente y la posibilidad de conseguir armas con la llegada de los primeros colonos, lo que les permitía vivir de la caza.

No obstante, desde la llegada del hombre blanco a sus tierras en la actual Montana, la relación de la Confederación de Pies Negros con los colonos fue muy hostil. Además de los enfrentamientos por la posesión de tierras y recursos, los blancos introdujeron enfermedades como la viruela; una epidemia declarada en 1837 acabó con la vida de más de 6.000 indios pies negros.

La caza indiscriminada de bisontes por parte de los blancos, que llevaría a este animal al borde de la extinción, reduciría de manera apreciable esa fuente primordial de alimento para los indios. Además de aprovechar su carne, los pies negros empleaban sus pieles para comerciar (eran expertos curtidores), abrigarse y cubrir las tiendas. Su cola se utilizaba para elaborar cuerdas y arcos, sus cuernos para fabricar armas y utensilios e incluso su cráneo era utilizado como objeto ritual en las celebraciones. Así pues, la desaparición del bisonte a manos del hombre blanco era contemplada como la condena de su propio modo de vida.

Estalla la tensión

La tensión entre indios y colonos se fue agravando hasta que a mediados de la década de los sesenta del siglo XIX se hizo verdaderamente insostenible. En medio de ese clima enrarecido, en 1867 aconteció el suceso que daría lugar finalmente a la masacre.

Pequeño Búho, un joven pie negro, robó algunos caballos al tratante blanco Malcolm Clarke, en contrapartida a la pérdida de sus propios caballos, que el indio achacó a Clarke. Éste y su hijo siguieron el rastro de Pequeño Búho, le localizaron y le propinaron una paliza, ante la presencia de un grupo de pies negros.

Pero Pequeño Búho no olvidaría nunca esa humillación. La venganza es un plato que se sirve frío, y esta vez no sería una excepción. El 17 de agosto de 1870, dos años después de que Pequeño Búho hubiese sufrido aquella afrenta, éste se tomaría cumplida revancha. Junto a un grupo de guerreros pies negros, Pequeño Búho fue al encuentro de Clarke y su hijo, dispuesto a darles su merecido. El indio disparó a ambos, causando la muerte del tratante y dejando al hijo malherido.

El asesinato de Clarke indignó a los blancos y comenzó a extenderse un arrebato generalizado clamando venganza. Los colonos acudieron al Ejército para que éste le diese un escarmiento al indio rebelde y su grupo. Los militares prefirieron no actuar directamente, para evitar que la tensión con los indios pudiese desembocar en un enfrentamiento abierto, así que pidió a los líderes de la Confederación de los Pies Negros que fueran ellos mismos los que aplicasen la justicia contra Pequeño Búho. La sentencia era clara e inapelable; el joven debía morir, por lo que el Ejército ordenó que los propios indios se encargasen de ejecutarlo. El cadáver de Pequeño Búho les debía ser entregado en el plazo de dos semanas.

Pero la orden del Ejército llegaba tarde. Pequeño Búho, consciente de que el asesinato del tratante iba a traerle consecuencias indeseadas, había huido junto a algunos de los que habían participado en la incursión que había acabado con la vida de Clarke. El joven buscó refugio acudiendo al campamento de Jefe Montaña, integrado por un grupo de guerreros que le podrían proporcionar protección

Cuando el plazo de dos semanas se cumplió, el Ejército reclamó el cuerpo de Pequeño Búho. Al conocer que éste había huido, el general Philip Sheridan envió en su búsqueda al Segundo Regimiento de Caballería, con el comandante Eugene Baker al frente. Los federales tuvieron conocimiento de que el fugitivo y sus cómplices se encontraban bajo el manto protector de Jefe Montaña. El comandante Baker se dispuso a encontrar la localización de su campamento.

Ataque al amanecer

Las órdenes que Baker recibió del general Sheridan eran claras: «Las vidas y las propiedades de los ciudadanos de Montana van a estar mejor protegidas si golpeamos a la banda de Jefe Montaña. Quiero que usted les golpee con dureza». Así pues, el objetivo de Sheridan no se limitaba a dar con el indio infractor y aplicarle el castigo, sino que era golpear de tal modo a los indios levantiscos que les disuadiese de oponer cualquier otro tipo de resistencia al dominio blanco.

La táctica que Sheridan recomendó a Baker era atacar antes de amanecer, cuando los indios, debido al intenso frío propio de esas fechas, se encontrasen durmiendo acurrucados en sus tiendas, es decir, el momento menos propicio para organizar la defensa del campamento.

Tras recibir esas consignas, Baker recibió un informe de los exploradores según el cual el grupo de pies negros liderado por Jefe Montaña estaba acampado en el río Marías.

Tal como le había indicado Sheridan, el comandante Baker atacó el campamento al amanecer del 24 de enero de 1870. Sin embargo, al llegar al galope al campamento, se encontró con la sorpresa de que no había nadie en las tiendas. Todos los guerreros, con Jefe Montaña al frente, habían huido durante la noche, gracias a que alguien les había prevenido de la acción que los federales iban a llevar a cabo a primera hora del día.

Masacre de mujeres y niños

Baker, frustrado por su fracaso e impelido por las palabras de Sheridan a «golpear con dureza», decidió atacar el vecino campamento del jefe Corredor Pesado, formado por un numeroso grupo de familias. Este jefe mantenía relaciones amistosas con los blancos y no tenía nada que ver con el asunto, pero su tribu iba a pagar la contrariedad de Baker al ver cómo su objetivo había volado.

Aunque los exploradores señalaron a Baker repetidamente que iba a atacar el campamento equivocado, el comandante dio la orden de atacar. Como la mayoría de los guerreros del campamento estaban fuera cazando, la incursión se convertiría en una masacre de mujeres y niños indefensos.

Un recuento apresurado de víctimas reflejó la cifra de 173 muertos, así como 140 mujeres y niños capturados. Los federales sufrieron únicamente una baja; la del teniente Gus Doan, que se cayó del caballo y se rompió una pierna, lo que le provocaría una infección que acabaría días después con su vida.

El mismo Corredor Pesado resultó muerto en el ataque; recibió un balazo en el momento en el que salía de su tienda enarbolando una bandera estadounidense que le había sido entregada por el Ejército para asegurar que su campamento nunca fuera atacado.

El campamento fue totalmente incendiado, muriendo en las llamas los recién nacidos, los ancianos y los enfermos que eran incapaces de escapar del fuego por sus propios medios. Algunos de los supervivientes morirían congelados en el río Marías, al intentar atravesarlo en su huida.

Los indios que habían sido apresados fueron más tarde abandonados a su suerte en mitad de la pradera, sin caballos ni alimentos. Estos iniciaron la marcha hacia Fort Benton, situado a unos 150 kilómetros de distancia, pero sólo unos pocos llegarían; la mayoría falleció por el camino a consecuencia del hambre y el frío. Mientras tanto, la tribu de Jefe Montaña, que se había librado por poco de la matanza, abandonó sus tierras y buscó refugio en Canadá.

Tras la matanza, los incidentes entre los pies negros y los colonos prácticamente desaparecieron. La nación de los pies negros, ya muy mermada por las guerras y las enfermedades, se quedaría sin capacidad de oponer resistencia a las exigencias cada vez mayores de los colonos.

El teniente Doan, la única víctima del ataque entre los federales, antes de fallecer calificó la deplorable acción del río Marías como «la matanza de indios más grande nunca cometida por el Ejército de Estados Unidos». El comandante Baker está considerado el gran responsable de esa masacre. Quizás influyó en su impulsiva decisión su conocida adicción al alcohol.

Sin embargo, en la posterior controversia, promovida por la prensa del este y que llegaría incluso al Congreso, el general Sheridan expresó su total apoyo a su subordinado e hizo todo lo posible para frenar cualquier investigación sobre el incidente.

Sheridan encontró el apoyo del general William Sherman, el gran héroe nordista de la guerra civil, quien mintió a la prensa asegurando que la mayoría de las víctimas del ataque al campamento indio eran guerreros armados.

El escenario

El objetivo de tapar con un manto de silencio lo ocurrido el 24 de enero de 1870 junto al río Marías tendría éxito, ya que nunca se emprendería ninguna investigación oficial y además, tal como se apuntaba, la historia ha acabado por ignorar este terrible episodio.

En la actualidad, ningún monumento o signo señala el lugar en el que tuvo lugar la masacre.

Litte Big Horn, 1876
La última derrota de Custer

*E*n el capítulo correspondiente a la guerra de Nube Roja, quedó señalado cómo ésta finalizó con el Tratado de Fort Laramie, firmado en 1868, por el que los sioux conservaban el dominio de las Colinas Negras de Dakota, consideradas como tierra sagrada por esta tribu.

Pero a partir de 1874 comenzaron a correr rumores de que había oro en las Colinas Negras. El coronel Custer fue enviado en julio de ese año a inspeccionar la región, al mando de una supuesta expedición científica y de exploración.

En contra de cualquier evidencia, Custer no sólo confirmó la existencia del oro, sino que aseguró que el precioso metal podía encontrarse de manera abundante. En su informe escribió esta inverosímil afirmación: «Hay oro hasta en las raíces de la hierba».

Ese anuncio coincidió con las secuelas del «Gran Pánico» financiero que había asolado el año anterior la economía del Este, por lo que en la primavera de 1875 miles de aventureros se desplazaron a la región en busca de fortuna. Surgió así una Fiebre del Oro en las Colinas Negras.

Ultimátum a los indios

El Ejército no supo o no quiso impedir que esta riada humana penetrase en las tierras sagradas de los indios. Estos, cuyo líder era entonces el pacífico Nube Roja, protestaron ante el Gobierno y calificaron a Custer como «el jefe de todos los ladrones».

Washington propuso a los indios comprarles el territorio por seis millones de dólares. Los nativos no aceptaron y exigieron la retirada de los blancos. Los colonos exigieron, a su vez, la expulsión de los nativos. El gobierno ofreció entonces a los indios reservas en otros territorios, pero el ofrecimiento se convirtió en un ultimátum que expiraba el 31 de enero de 1876. Si no se iban de sus tierras, serían declarados «hostiles», pudiendo ser perseguidos, apresados o muertos.

Los nativos, esgrimiendo sus derechos, rechazaron la oferta y se prepararon para la lucha. El jefe Toro Sentado (1831-1890) inspiró una coalición con otras tribus de las praderas que, dirigida por Caballo Loco, comenzó a atacar a los colonos y a los soldados que entraban su territorio.

El teniente General Phillip Sheridan, conocido por sus brutales acciones en anteriores campañas contra los indios, decidió enviar una expedición de castigo en marzo de 1876, bajo el mando del General George Crook. Este primer envío de tropas tenía como misión destruir las fuerzas de Caballo Loco en los valles de Yellowstone, pero fracasó debido a una inesperada ola de frío y a algunos errores tácticos. Crook regresó a Fort Laramie, a la espera de la llegada de la primavera.

Nueva misión para Custer

En mayo de 1876 partió de nuevo un ejército decidido a dar caza a los indios. Estaba compuesto por tres columnas:

La primera estaba dirigida por el general Crook; estaba compuesta por 1.300 soldados y partió desde dos fuertes de Wyoming. La segunda, formada por 1.300 hombres al mando del coronel John Gibbon, salió desde Montana. La tercera columna, encabezada por el general Alfred Terry, emprendió la marcha desde Dakota con 1.200 soldados.

En esta tercera columna se encuadraba el Séptimo Regimiento de Caballería, dirigido por el teniente coronel George Armstrong Custer, de quien ya se ha narrado la masacre que dirigió, a orillas del río Washita.

Pese al gran interés de Custer en participar en cualquier campaña militar, a punto estuvo de perderse ésta, debido a sus denuncias sobre irregularidades cometidas por el Departamento de Defensa en la administración de los puestos militares de la frontera, alcanzando en sus acusaciones incluso al hermano del presidente Ulysses S. Grant. Aunque ello le supuso una sanción del propio presidente, la presión de la prensa y de destacados generales, como Sherman y Sheridan, logró que el *atrevimiento* de Custer fuera perdonado y que se le permitiese participar en esa ambiciosa campaña contra los indios.

El Séptimo Regimiento de Caballería disponía de un total de doce compañías que sumaban 566 soldados y 31 oficiales, además de 15 civiles y unos cuarenta exploradores. Cada soldado iba armado con un fusil Springfield y cien cartuchos, así como un revólver Colt 45.

Por su parte, Caballo Loco dirigía un ejército formado por unos 1.200 guerreros de siete tribus: hunkpapas, sans arc, pies negros, miniconjou, brulé, cheyenes y oglala. Los guerreros iban acompañados de sus familias y el ganado; se cree que el número total de indios podía rondar los 9.000 individuos y el número de animales de carga y reses para alimentarse podía ascender a 30.000. Pese a esta engañosa composición, era la primera vez que los indios de las praderas lograban reunir un ejército tan poderoso.

El ejército estadounidense recibió la orden del presidente de reducir por la fuerza a los indios en pie de guerra y conducirlos a las reservas, por lo que estaba claro que no iba a eludir el enfrentamiento. La batalla estaba servida.

Custer persigue la gloria

La misión de derrotar a los indios parecía fácil para el Ejército, pero no sería así. La columna de Crook acampó en junio a orillas del río Rosebud. El día 16, un destacamento abandonó el campamento, lo que fue aprovechado por Caballo Loco para atacarlo. Aunque la batalla terminó en un empate, sirvió para que Crook se retirase.

Los indios instalaron su campamento en la orilla occidental del río Little Big Horn. Custer fue enviado hacia allí en solitario, pero con órdenes de que esperase a las columnas de Gibbon, a la de Crook —que se estaba reponiendo— y al resto de su columna, la dirigida por Terry. El plan consistía en que todas ellas cayesen al mismo tiempo sobre el campamento.

Custer llegó a Little Big Horn el 25 de junio. Pero en lugar de esperar a las otras columnas, se preparó para atacar de inmediato el campamento indio. Excitado por la posibilidad de alcanzar la gloria él solo, no esperó siquiera a conocer con exactitud las fuerzas a las que iba a enfrentarse. Desconociendo que se había reunido el mayor ejército indio que se hubiera visto jamás, Custer aplicó la receta habitual para atacar a una fuerza inferior, como era dividir su tropa en cuatro columnas.

La primera, con 210 hombres al mando del propio Custer, atacaría de frente; la segunda, al mando del mayor Reno, con 175 soldados, atacaría el campamento por el sur; la tercera, con 120 hombres dirigidos por el capitán Benteen, avanzaría hacia el oeste. La cuarta, compuesta por 135 hombres, quedaría en la retaguardia como fuerza de refresco y al cuidado de la caravana de provisiones, bajo supervisión del capitán McDougal.

Sobre las tres de la tarde de ese 25 de junio, Reno llegó a los limites del campamento. Medio centenar de guerreros salieron a recibirles, lo que les puso en fuga hacia una colina. Los indios continuaron llegando hasta que la situación se tornó desesperada. Ésta empeoró cuando Reno perdió la compostura; dio ordenes y contraórdenes apresuradamente, hasta que su grito de «¡quien quiera sobrevivir que me siga!» acabó con cualquier posibilidad de realizar un repliegue ordenado. El pánico se apoderó de sus hombres, que huyeron en desbandanda La única consigna era ya el «sálvese quien pueda».

Cuando la tropa de Reno consiguió ponerse a cubierto, ésta había perdido sesenta hombres. La fuerza de Benteen se encontró con los supervivientes y organizó con ellos una línea defensiva. De este modo, cualquier tipo de maniobra coordinada con la columna de Custer era ya imposible.

La astucia de Caballo Loco

Por su parte, Custer ya estaba a punto de lanzar su ataque contra el campamento indio. Pero aquí surgió el genio militar de Caballo Loco; astutamente, dejó un pequeño contingente encargado de seguir acosando a las tropas de Reno y Benteen, y con el resto acudió a toda prisa al encuentro de Custer, que había sido detenido momentáneamente por una pequeña fuerza dirigida por el jefe Gall.

De esta forma, Custer acabaría teniendo enfrente a más de un millar de guerreros, es decir, que la batalla se plantearía en una inferioridad de cinco a uno. Antes de que el choque tuviera lugar, la suerte ya estaba echada.

Para sorpresa de Custer, su flanco izquierdo fue masivamente atacado por los hombres de Caballo Loco, quienes iniciaron una maniobra envolvente que le cortó cualquier posible retirada. Los soldados se vieron obligado a poner pie a tierra y luchar cuerpo a cuerpo. Lo único que tenían que hacer los indios era estrechar el cerco cada vez más.

Algunos soldados, ante lo desesperado de la situación, arrojaron el fusil e intentaron escapar, pero fueron cazados en su fuga. Los demás irían sucumbiendo bajo las flechas y las balas de sus enemigos. En pocos minutos acabó todo.

La muerte de «Cabello Largo»

Los hombres de Custer fueron totalmente aniquilados.[9] Sus cuerpos fueron salvajemente mutilados y a todos ellos se

9. El único superviviente de la batalla fue un caballo llamado *Comanche*, perteneciente al capitán Myles Keogh. Unos días después de la batalla, el equino fue rescatado y transportado en un barco de vapor hasta Fort Lincoln. Al llegar a su destino, un soldado de la columna de Reno, Gustave Korn, fue el encargado de cuidar del animal. Durante los siguientes catorce años, el soldado Korn se ocuparía de que no le faltase nada a *Comanche*. Desde el día de la batalla, nadie volvió a montar al insigne caballo. En 1880, Korn murió en la batalla de Wounded Knee. *Comanche* acusó la ausencia de su atento ciudador; quedó sumido en la tristeza, falleciendo un año más tarde. Los homenajes a *Comanche* continuarían después de su muerte; fue disecado y sus órganos internos fueron enterrados con honores militares. El cuerpo de *Comanche* quedó expuesto en el Museo de Ciencias Naturales de la Universidad de Kansas, en donde puede ser admirado en la actualidad.

les arrancó la cabellera. El cuerpo de Custer —quien era llamado por los indios «Cabello Largo»— fue el único que no fue profanado, aunque unas mujeres indias perforaron sus tímpanos para que no pudiera oír nada en la otra vida. Si no se le arrancó la cabellera fue, según aseguraría posteriormente el guerrero Lluvia en la Cara, en reconocimiento al valor que demostró en la batalla. Se desconocen las circunstancias exactas de su muerte, puesto que hasta nueve guerreros se arrogaron el mérito de haber acabado con su vida.

Un indio arapajoe explicó después que vio a Custer en el suelo, «apoyado en sus manos y rodillas, con una herida de bala en el costado. Le salía sangre de la boca a borbotones, mientras contaba tan sólo con la protección de cuatro de sus hombres, mientras miraba desafiante a los indios que le tenían rodeado».

El teniente James Bradley, que llegó al lugar poco después de que se retirasen los indios, fue el primer hombre blanco que vio el cadáver de Custer: «La expresión del rostro de Custer no expresaba odio o terror, sino más bien una inmensa paz», explicaría el oficial

Bradley confirmó la apreciación del indio arapajoe, al comprobar el orificio de bala que tenía en el costado izquierdo. Según Bradley, esa bala fue disparada a cierta distancia por un rifle *Henry* o *Winchester*, y probablemente le ocasionó la muerte. Pero Custer presentaba otra herida de bala en la sien izquierda; nunca se sabrá si fue un tiro de gracia o si fue él mismo el autor del disparo, al verse irremisiblemente perdido.

Otro oficial, el sargento Knipe, ofreció una descripción de lo que encontró en el campo de batalla: «El cuerpo de Custer estaba desnudo, conservando tan sólo los calcetines. El cadáver descansaba sobre los cuerpos de tres soldados, y sólo una parte de su espalda estaba en contacto con el suelo».

Por su parte, los hombres de Reno y Benteen se libraron de ser aniquilados. Pudieron resistir a lo largo de dos días, hasta que los indios decidieron retirarse antes de que llegase el grueso del ejército.

Aunque Little Big Horn fue una gran victoria para los nativos, en realidad supuso su sentencia de muerte. Cuando, veinte días después de la batalla, la noticia de la muerte de Custer y sus hombres se extendió por todo el país, un sentimiento de venganza surgió de manera incontenible.

Los detalles de las atrocidades cometidas sobre los cuerpos de los soldados no ayudaría a reflexionar sobre las justas reivindicaciones de los indios, que estaban en el origen de su resistencia armada. Un informe del Congreso afirmaba: «La sangre de nuestros soldados exige que estos indios sean perseguidos».

La respuesta sería una larga, metódica y demoledora campaña en la que ya no habría consideraciones para ellos; los indios serían duramente tratados y ferozmente perseguidos hasta su sumisión definitiva, lo que se conseguiría tras una nueva masacre, la de Wounded Knee.

El escenario

El campo de batalla en el que tuvo lugar aquel choque determinante para los nativos norteamericanos se convirtió en Monumento Nacional en 1886, y sus alrededores en Parque Nacional en 1946.

En él se encuentra un cementerio y un monumento de mármol que recuerda los soldados muertos en el ataque de los indios. Se puede visitar Last Stand Hill, la colina en la que resistieron hasta el último momento Custer y sus hombres.

Wounded Knee, 1890
El epitafio de los indios norteamericanos

*E*l 29 de diciembre de 1990, medio millar de personas se reunió en Pine Ridge, en el Estado norteamericano de Dakota del Sur, para conmemorar el primer centenario de la matanza de Wounded Knee, uno de los episodios menos gloriosos de la historia de Estados Unidos. La ceremonia, que se ofició en dakota, el lenguaje de los sioux, contó con todos los ritos indios destinados a recordar los espíritus de los guerreros, las mujeres y los niños de esa tribu que fueron exterminados aquel día por las tropas federales.

Durante la ceremonia, celebrada en la helada pradera que atraviesa el riachuelo de Wounded Knee, se recordó también a Toro Sentado, el gran jefe que derrotó en 1876 al general George Custer y a sus tropas del Séptimo de Caballería en Little Big Horn.

El asesinato de Toro Sentado

Toro Sentado, que había marchado a Canadá, regresó a territorio estadounidense tras la promesa de indulto planteada por el Gobierno de Washington. Sin embargo, la posterior muerte de Toro Sentado a manos de agentes indios al servicio del Ejército fue el origen de la cadena de acontecimientos que culminaría con la masacre de Wounded Knee.

El asesinato de Toro Sentado provocó una auténtica convulsión entre los sioux. El líder indio había sido eliminado al temerse que encabezase una rebelión. En aquella época, la gran mayoría de los indios se hallaba confinada en reservas. Las condiciones en las que allí vivían eran pésimas; el hambre y las enfermedades se extendían sin freno y la corrupción de los agentes que debían de proporcionarles comida y cuidados médicos impedía cualquier mejora de la situación.

Toro Sentado apareció entonces como la única esperanza. Su enorme prestigio guerrero y su ascendiente sobre las tribus centraron en él la mirada de todos los indios, pero también de los colonos blancos, que vieron en él una amenaza. El 15 de diciembre de 1890, medio centenar de policías indios cercaron su casa dispuestos a detenerlo, mientras la caballería federal se mantenía prudentemente alejada para intervenir si los agentes indios no lograban cumplir con su misión. Como era de esperar, la detención de Toro Sentado provocó un enfrentamiento, que se saldó con la muerte de seis policías indígenas y ocho sioux, además del propio líder indio.

Aprovechando la confusión, varios centenares de indios, liderados por el jefe Pie Grande o *Big Foot*, pudieron escapar de la reserva y emprendieron una marcha a pie hacia la reserva de Pine Ridge, buscando la protección de otro gran jefe, Nube Roja.

Pero el Séptimo de Caballería no estaba dispuesto a que las fuerzas de Pie Grande se uniesen a las de Nube Roja, por lo que salió en persecución de los indios fugados. Tras tres días de marcha, los soldados, al mando del coronel James Forsyth, encontraron a esa partida de indios. Una vez rodeados a orillas del Wounded Knee, Forsyth se dispuso, cumpliendo con las órdenes asignadas, a conducirlos a un tren que los deportaría a Omaha, en Nebraska.

Un trágico forcejeo

Forsyth llevaba también órdenes de desarmar a los guerreros de Pie Grande antes de deportarlos. Para evitar incidentes, el mayor Withside, a quien se le había encargado incautar las armas, decidió esperar hasta la mañana del día siguiente, 29 de diciembre de 1890, para desarmarlos.

Al amanecer se procedió a la entrega de armas por parte de los indios, pero los soldados advirtieron que éstas eran muy es-

Esta imagen del jefe indio Big Foot muerto en Wounded Knee se convertiría en un símbolo del genocidio sufrido por los nativos norteamericanos.

casas, por lo que dedujeron que la mayoría habían sido probablemente escondidas durante la noche. Para comprobarlo, los soldados comenzaron a buscarlas en el interior de sus tiendas y entre sus escasas pertenencias.

La tensión entre militares e indios comenzó a crecer hasta que sucedió lo inevitable; un soldado y un guerrero indio se enzarzaron en una pelea cuando éste último se negó a entegar su rifle. En el forcejeo, el arma se disparó, lo que daría pie a un breve pero intenso tiroteo.

Un superviviente de la masacre relataría así lo sucedido:

«De pronto nadie supo lo que ocurría, salvo que los soldados hacían fuego y los fusiles de carro (las ametralladoras) diezmaban al pueblo. Muchos perecieron en el mismo sitio en que se encontraban. Las mujeres y los niños corrieron hacia la cañada, ascendiendo en dirección al oeste. Los soldados los cazaban durante la huida. Había únicamente un centenar de guerreros y casi quinientos wasichus (soldados). Los bravos se precipitaron al montón de fusiles y cuchillos (los que habían sido entregados al amanecer). Hasta que consiguieron recobrarlos, combatieron al enemigo con las manos desnudas». «Mujeres, muchachos y niñitos, muertos y heridos, sembraban los lugares por donde habían querido escapar. Los wasichus los habían acosado a lo largo de la cañada y los habían asesinado. A veces estaban amontonados, porque habían intentado acurrucarse en grupo, y algunos estaban aislados; otras veces, habían sido destrozados por el impacto de los fusiles de carro. Hallé a un pequeñín que intentaba mamar, pero su madre, cubierta de sangre, había muerto.»

«Dos niños, en la cañada, se habían defendido y habían matado soldados, cuyos cadáveres vimos. Los niños estaban solos e ilesos. Hombres, mujeres y niños, apilados o separados, cubrían el llano que había en la base de la colina en la que los wasichus dispusieron sus fusiles de carro, y hacia el oeste, subiendo por la cañada hasta la cumbre, se encontraban cadáveres aislados de mujeres, muchachitos y niños.»

«Al ver aquello deseé haber muerto también, aunque no me apené por las mujeres y los pequeños. Era preferible que gozasen de la felicidad del otro mundo. Anhelé estar con ellos. Pero ansiaba desquitarme antes de morir. Pensé que llegaría el día en que podríamos vengarnos.»

Cuando al fin cesaron los disparos, yacían muertos unos 320 sioux, incluido Pie Grande, y 50 más permanecían en el suelo, heridos. En cuanto a las tropas, 25 soldados habían resultado muertos y 39 heridos, aunque la mayoría de ellos por fuego amigo en la confusión de la refriega.

Algunos de los indios involucrados en la revuelta pudieron escapar y hubo que atraparlos de nuevo, pero ninguno de ellos albergaba deseos de continuar la resistencia armada, sino simplemente escapar con vida.

Cadáveres congelados

Aquella noche, una tormenta de nieve cubrió la pradera y muchos de los indios heridos que todavía yacían en el suelo murieron en la oscuridad a consecuencia del frío. Los cadáveres quedaron abandonados sobre la nieve durante tres días, antes de que una unidad de enterramientos del Ejército llegara al lugar.

No obstante, los fotógrafos llegaron antes que los enterradores, lo que permitió que podamos contar con estremecedores testimonios gráficos de las dramáticas posturas en las que quedaron los cadáveres. Los cuerpos fueron recogidos y transportados en carretas hacia una fosa común.

El Departamento de Guerra decidió proporcionar una falsa aura de heroicidad al que sería el último enfrentamiento armado con los indios. Los soldados del Séptimo de Caballería, que en privado alardeaban de que aquélla era su venganza por el exterminio de Custer y sus hombres, fueron condecorados en premio a su victoria en tan desigual batalla.

Sin embargo, los relatos en los que se explicaba la matanza de mujeres y niños, y las pruebas aportadas por las fotografías, arrojaron dudas sobre la actuación del Ejército. Para no alimentar esas sospechas, el Departamento de Guerra frenó toda investigación del incidente, concluyendo que no había sido una matanza deliberada, sino un accidente espontáneo. Según esa versión de los hechos, el Ejército no deseaba luchar, sino que simplemente perdió el control de la situación. Pese a esa exculpación oficial, el coronel Forsyth fue acusado de actuar con «ciega estupidez o criminal indiferencia», siendo relevado del mando.

Los incidentes de 1973

Un siglo después de estos hechos, en 1990, un líder espiritual del pueblo sioux pronunció estas palabras en el mismo escenario en el que habían sido asesinados sus antepasados: «Hoy rezamos por la paz, por toda la humanidad y por la unidad de nuestro pueblo».

Aunque la conmemoración del centenario de la masacre discurrió pacíficamente, en respetuoso recuerdo de los caídos en aquella infausta jornada, no ocurrió lo mismo diecisiete años antes.

En 1973, Wounded Knee fue el escenario de una concentración india no autorizada. El 27 de febrero de ese año, miembros armados del Movimiento Indio Americano tomaron la población del mismo nombre, para protestar por el incumplimiento por parte del gobierno norteamericano de los 371 tratados firmados en el pasado por las tribus indias. El gobierno envió agentes federales al lugar; el enfrentamiento acabó con dos indios muertos a consecuencia de los disparos de la policía y un agente gravemente herido. Aquel episodio dividió a los indios que aún vivían en la reserva de Pine Ridge, entre los que deseaban responder a la represión policial y los que apostaban por el entendimiento, siendo éstos últimos acusados de corrupción y connivencia con el gobierno.

Pese a que el movimiento indio de sublevación perdió el impulso adquirido entonces a rebufo de otros movimientos sociales, como el del rechazo a la guerra de Vietnam, Wounded Knee continúa siendo aun hoy el símbolo de la injusticia histórica cometida contra los indígenas norteamericanos, que les desalojó de las tierras en las que habían habitado durante generaciones y que les puso al borde del exterminio.

El escenario

A 24 kilómetros al nordeste de la población de Pine Ridge, en el condado de Shannon (Dakota del Sur), se extiende el terreno el que tuvo lugar la Masacre de Wounded Knee. Por desgracia, el lugar se halla fragmentado por varias carreteras, por lo que su aspecto es muy diferente del que tenía entonces.

Existe un museo privado que rememora la matanza, emplazado en un edificio que sirvió en el pasado de almacén militar. El lugar está dominado por la presencia de una iglesia moderna, levantada en una colina. En la parte posterior de la iglesia hay un cementerio en el que reposan los restos de los indios asesinados, enterrados en una fosa común. En el recinto, los indios sioux levantaron en 1903 el llamado Memorial de la Masacre de Big Foot.

San Petersburgo, 1905
El «Domingo Rojo»

$\mathcal{A}$ principios del siglo XX, la situación en Rusia era explosiva. Existía un grave descontento social, especialmente entre las clases trabajadoras. El principal foco de tensión se hallaba en la ciudad que entonces era la capital del país, San Petersburgo.

Los obreros reclamaban la jornada de ocho horas, la regulación de los sueldos, participar en un sistema de seguro estatal o la creación de comités en las fábricas para estudiar las peticiones y necesidades de los obreros.

A finales de 1904, las protestas obreras se hicieron cada vez más airadas. Ese año se había producido una escalada en los precios de los productos esenciales, mientras que los sueldos habían caído más de un veinte por ciento. El 16 de enero de 1905 los trabajadores de la fábrica Putilov, una de las más grandes de la ciudad, se declararon en huelga. El motivo era el despido de cuatro de sus compañeros, miembros de la Asamblea de Trabajadores Rusos de Talleres y Fábricas. Esta organización había sido creada en 1903 por el pope, o clérigo ortodoxo, Gueorgui Gapon, quien jugaba un papel ambiguo, al contar con el beneplácito de la policía; las autoridades consideraban a su Asamblea menos peligrosa para la estabilidad del régimen que otros sindicatos más politizados y partidarios de la revolución.

A la huelga de los obreros de la Putilov se unieron otras fábricas en los días sucesivos, como la gran empresa Semiannikov. El 20 de enero, la huelga en San Petersburgo era virtualmente general: 120.000 obreros se negaban a acudir a sus puestos de trabajo hasta que se atendiesen sus peticiones. Ya no se imprimían los periódicos y no había electricidad.

Manifestación reivindicativa

Surgió entonces la idea de convocar una gran manifestación, cuya fecha quedó fijada finalmente para el domingo 22 de enero (9 de enero, según el antiguo calendario ruso). Se discutieron entonces los términos de las reivindicaciones. Los socialdemócratas, que intervinieron activamente en el movimiento, lograron incorporar algunas consignas políticas, pero los obreros encuadrados en la organización encabezada por el pope Gapón desdeñaban esas pretensiones diciéndoles: «No es nuestro problema, el zarismo no nos interesa».

En los días previos, el gobierno se mostró extrañamente pasivo frente al crecimiento de la huelga y no reaccionó ante los anuncios de la manifestación. Las autoridades no lanzaron ninguna advertencia ni prohibieron la marcha. Esa inexplicable inacción hacía pensar a algunos que el régimen prefería dejar que los acontecimientos continuasen su marcha hasta dar lugar a una situación de enfrentamiento en la que el movimiento obrero pudiera ser reprimido de una forma tan brutal que sirviese de lección. Los que así pensaban no andaban descaminados.

El día anterior a la manifestación, el pope Gapon remitió esta carta al zar:

«El pueblo cree en vos. Se han decidido a reunirse en los jardines del Palacio de Invierno mañana a las dos de la tarde para presentaros sus peticiones. No temáis nada. Recibidnos y aceptad nuestras humildes peticiones. Yo, el representante de los trabajadores y mis camaradas, os aseguro la inviolabilidad de vuestra persona». Sin embargo, el zar no pensaba quedarse en el Palacio de Invierno para comprobar *in situ* las buenas intenciones expresadas por Gapon. Así pues, partió junto a su familia hacia Tsarskoe Selo ese mismo sábado.

Finalmente, y temiendo que la protesta organizada superase todas las previsiones, las autoridades de la ciudad prohibieron la manifestación. Las paredes fueron empapeladas con carteles en los que se anunciaba la prohibición de la marcha, pero fueron rápidamente arrancados.

A lo largo de la mañana de ese histórico domingo 22 de enero, una multitud se concentró en seis puntos diferentes de salida para converger sobre el Palacio de Invierno.

A mediodía comenzó la marcha. Entre 150.000 y 200.000 obreros, acompañados por sus esposas e hijos, se dirigieron hacia el Palacio de Invierno para entregar una petición al zar. Los manifestantes, encabezados por el pope Gapon, portaban iconos, velas y retratos del emperador, y entonaban canciones religiosas, así como el himno «Dios salve al zar».

Según relataría Leon Trotsky, los manifestantes «vestían sus mejores ropas de domingo, los viejos de cabellos blancos y los jóvenes; y las mujeres acompañaban a sus maridos. Los padres y las madres llevaban a sus niños de la mano. Así acudió el pueblo ante el zar».

El tono de la petición que pretendían presentar al emperador era decididamente respetuoso: «Señor. Nosotros trabajadores, nuestras esposas e hijos, los viejos desvalidos que son nuestros padres, venimos a ti en busca de justicia y protección».

La petición listaba todas las ofensas a los obreros, desde las fábricas sin calefacción a las arbitrariedades de la burocracia. Reclamaba la jornada de ocho horas, salarios justos, amnistía y libertades públicas, la entrega gradual de la tierra a los campesinos y la separación de la Iglesia del Estado. La reivindicación más ambiciosa —introducida por los socialdemócratas— era la creación de una Asamblea Constituyente elegida por sufragio universal.

Disparos contra multitud

Por toda la ciudad fueron apostadas tropas para bloquear el paso de los manifestantes en su intento de alcanzar el Palacio de Invierno, ignorantes éstos de que el zar y su familia ya no se encontraban ahí.

La marcha pacífica, en su camino, topó con los bloqueos que cerraban las calles. Cuando la multitud se acercó a las tropas, el tío del zar, el gran duque Vladimir, comandante de la Guardia Imperial rusa, dio orden de disparar al aire. Pero inmediatamente, sin previo aviso, el duque Vladimir ordenó disparar contra los manifestantes.

Trotsky describió así esos dramáticos momentos:

—¡Dejadnos llegar hasta el zar! —suplicaban los trabajadores.

Los viejos se hincaron de rodillas.

Las mujeres suplicaban y los niños suplicaban.

—¡Dejadnos llegar hasta el zar! —suplicaban los trabajadores.

¡Y entonces sucedió! Los fusiles tronaron... La nieve se enrojeció con la sangre de los trabajadores...

Cuando se produjo esa primera descarga de fusilería sobre la multitud, sobre las dos de la tarde, los huelguistas rompieron sus filas, huyendo por todos los lados. Al mismo tiempo, los jinetes cosacos descargaban sus sables sobre hombres, mujeres y niños, que caían segados entre gritos de dolor.

Pese a todo, los manifestantes no se dejaron llevar por el pánico y lograron a duras penas rehacer sus filas, reanudando así el avance. Los cosacos se detuvieron en su carga y retrocedieron hasta el puente Narva, reagrupándose tras la infantería. Apenas les distanciaban unos cincuenta metros, separararados por el puente del canal Tarakanovsky, cuando la infantería hizo fuego de nuevo sobre la multitud, pero en esta ocasión disparando descarga tras descarga, lo que provocó una desbandada en la que muchos manifestantes, sobre todo mujeres y niños, perecieron pisoteados.

Durante toda la jornada se repitieron los disparos sobre los obreros desarmados. Al término de la jornada, las calles de San Petersburgo estaban sembradas por los cuerpos de más de un millar de personas. Unos dos mil heridos trataban de restablecerse de las lesiones. La ciudad había sido el escenario de una matanza sin precedentes.

En cuanto al pope Gapon, el organizador de la manifestación, sería detenido unos días después, tras intentar sin éxito ocultarse en una pensión de la ciudad, disfrazado de obrero y sin su larga barba característica.[10]

10. Gapon fue forzado a exiliarse a Suiza, aunque se cree que en realidad trabajó como confidente de las autoridades rusas, encargado de vigilar de cerca a los activistas que residían allí, entre los que se encontraba Lenin. El pope dispuso de una cantidad importante de dinero para sus

Huelgas en todo el país

La noticia de la matanza no tardó en extenderse, detonando un tumultuoso movimiento huelguístico. De San Petersburgo a Moscú, y de ahí a todo el país, miles de obreros dejaron de trabajar.

El canal de movilización serían los ferroviarios, que se encargarían de contagiar el espíritu revolucionario a 122 ciudades y decenas de minas. Ese nuevo estado de ánimo se extendería también a los campesinos, que llevarían a cabo revueltas, con ocupación de tierras y expulsión de terratenientes. La agitación llegaría incluso a las Fuerzas Armadas, en donde se producirían insurrecciones y motines; el más célebre sería el protagonizado por la tripulación del acorazado Potemkin.

En 1906, Nicolás II trataría de apaciguar ese clima insostenible, accediendo a una de las peticiones de los manifestantes del 22 de enero, creando el parlamento ruso, la Duma. Pero el pueblo ya había dado la espalda definitivamente al zar, quien era considerado un enemigo de clase. La caída del régimen zarista debería esperar hasta 1917, tras el triunfo de la Revolución Bolchevique.

El escenario

El Palacio de Invierno, el lugar al que se dirigían los manifestantes cuando fueron disueltos por las armas, forma parte hoy del Museo del Hermitage, y es uno de los cinco edificios que lo conforman. El Palacio de Invierno pasó a formar parte del museo en el año 1922, después de ser durante dos siglos la

---

actividades pero, cansado de la monótona vida de Ginebra, marchó a la Costa Azul, en donde despilfarró esos fondos. Cuando se le acabó el dinero regresó a Rusia de incógnito, pero un grupo anarquista, conocedor del doble juego del clérigo, le tendió una trampa para que acudiese a una pequeña casa de campo de las afueras de San Petersburgo. Una vez allí, los anarquistas le propinaron una paliza y finalmente lo ahorcaron de una viga de la casa.

residencia principal de los zares. A pesar de que sus dependencias se convirtieron en salas de exposiciones, no han perdido todo su esplendor.

Las calles en las que tuvo lugar la masacre conservan el mismo aspecto que en la época y el puente en el que hubo disparos sobre la multitud, el de Tarakanovsky, continúa en pie.

Chicago, 1929
La Matanza de San Valentín

*E*l Chicago de los años veinte y treinta ha sido una fuente inagotable de inspiración para el cine. Las películas de gánsteres se convirtieron en un subgénero que es regularmente reinterpretado, con un éxito apreciable. Extorsiones, sobornos, venganzas, asesinatos... cualquier cara del crimen tuvo su expresión en aquella ciudad durante la llamada Ley Seca.

Uno de los episodios míticos de aquellos años fue el devastador ajuste de cuentas que el célebre gánster Al Capone llevó a cabo contra una banda rival, la liderada por Bugs Moran. Ese tan incontestable como brutal acto de autoridad se ejecutó el día de San Valentín de 1929.

Exitosa carrera criminal

Alphonse Gabriel Capone nació en el barrio neoyorquino de Brooklyn en 1899. Hijo de inmigrantes italianos llegados a Nueva York en 1894, tuvo ocho hermanos. Abandonó la escuela a los catorce años para ponerse a trabajar, desempeñando varios trabajos, entre ellos el de dependiente en una tienda de caramelos. Durante esa temporada, Capone conoció al gánster Johnny Torrio, quien lo introdujo en diferentes bandas juveniles de ladrones.

Torrió advirtió de inmediato las aptitudes del joven Al para desenvolverse con soltura en el proceloso mundo del hampa y lo tomó bajo su protección personal. Capone comenzó así su carrera criminal. Después, se convertiría en el guardaespaldas del mafioso Frankie Yale, de quien recibía encargos consistentes en extorsionar a los propietarios de negocios para comprar así su *protección*.

En una ocasión, Capone se peleó con el hermano de la camarera de un local nocturno de Yale. En la trifulca, Capone, que estaba bebido, recibió tres cortes de navaja en la cara. De las cicatrices que le quedaron en el rostro nació su apodo de *Scarface* o «Cara Cortada».

Capone se casó con una irlandesa en 1918, con quien tendría un hijo, Albert Francis. La pareja residió en Brooklyn, pero al año siguiente Capone, que aún trabajaba para Yale, fue enviado a Chicago para extender allí la red delictiva.

En 1920, una bienintencionada decisión del gobierno estadounidense proporcionó un espectacular impulso al crimen organizado, en todo el país, pero particularmente en Chicago. La promulgación de la Ley Seca, también llamada Prohibición, consistió en la ilegalización de la fabricación, elaboración, transporte, importación, exportación y la venta de alcohol.

Pese a esta restricción absoluta de la oferta de alcohol, la demanda seguía existiendo, por lo que el licor debía ser introducido ilegalmente y a un precio más alto. Por tanto, el gobierno cedió un campo abonado para las actividades delictivas. Los jefes mafiosos vieron llegado el momento de hacer grandes negocios, y Al Capone no se iba a mantener al margen precisamente. Casi inmediatamente, las bandas empezaron a disputarse el mercado clandestino de alcohol.

Capone acabaría imponiéndose en Chicago como el principal distribuidor de alcohol, pero sólo después de una sangrienta espiral de venganzas entre las diferentes bandas que culminaría aquel día de San Valentín de 1929. En menos de tres años, Capone logró controlar buena parte del tráfico de alcohol clandestino en Chicago, actuando siempre en nombre de Johnny Torrio, que seguía siendo su mentor. Con una fuerza de cientos de hombres como principal argumento, los grupos rivales fueron desapareciendo de la escena. Los que se resistían iban cayendo uno a uno en plena calle, en medio de charcos de sangre.

Al final, sólo una banda, la liderada por Dion O'Banion, disponía del potencial suficiente para disputarle el terreno a la

La prensa de Chicago publicó numerosas fotografías como ésta, mostrando en detalle el macabro resultado de la Matanza de San Valentín.

de Al Capone. El verdadero nombre de su cabecilla era Charles Dean O'Banion y era de origen irlandés. O'Banion, que era aficionado a confeccionar arreglos florales en una tienda de su propiedad, controlaba el distrito en el que residían las clases más acomodadas de Chicago, un territorio que resultó especialmente apetitoso para una banda aliada de Capone, los Gennas, unos hermanos de origen siciliano. Los Gennas estaban decididos a arrebatárselo a O'Banion como fuera, por lo que se inició una guerra sin cuartel entre ambos grupos.

Jonnhy Torrio no deseaba que las calles de Chicago se convirtiesen en un río de sangre, por lo que ofreció a O'Banion una salida digna que pusiera fin a su conflicto con los Gennas. Torrio le propuso comprar su *negocio* en condiciones ventajosas a cambio de que él y los suyos abandonasen Chicago. O'Banion no tuvo mejor ocurrencia que reírse en la cara de Torrio, despreciando así la propuesta y confiado en sus propias fuerzas. O'Banion pagaría caro el haber despreciado esa razonable oferta; el 10 de noviembre de 1924 murió al ser ametrallado por tres sicarios independientes.

Duelo a muerte

Parecía que Chicago iba a ser ya el coto de caza exclusivo de Capone y sus aliados, pero enseguida surgió alguien dispuesto a tomar el relevo de O'Banion en desafiar esa hegemonía italiana. Se trataba de Bugs Moran, hijo de inmigrantes polacos e irlandeses. Su verdadero nombre era Charles Clarence Moran, y había nacido en Minnesota. Católico practicante, sus convicciones le impedían entrar en el negocio de la prostitución, pero el quinto mandamiento no figuraba en su particular Tabla de la Ley.

Moran se reveló de inmediato como un serio rival para Torrio y Capone. Dispuesto a acabar de golpe con sus rivales, una de sus primeras acciones fue la de intentar el asesinato de Torrio. Él mismo le esperó cerca de su casa y le disparó varias veces; cuando se acercó a darle el tiro de gracia, su revólver se había quedado sin munición y tuvo que emprender la huida.

Torrio decidió alejarse por unos meses de Chicago para digerir el susto, dejando a Al Capone el encargo de organizar la guerra contra la banda de Moran. Capone se empleó a fondo, pero los hombres de Moran resultaron ser tan osados como su jefe. Las escaramuzas fueron de una gravedad ascendente, incluyendo el secuestro de uno de los guardaespaldas de Capone; éste fue torturado salvajemente y ejecutado. Había estallado la guerra total entre ambas bandas.

Sin embargo Al Capone tenía un punto a su favor: era carismático. Los periódicos lo trataban como un héroe. Esta aparente incronguencia se explica porque, en último término, los gánsteres eran los proveedores de alcohol a una ciudadanía sedienta a consecuencia de la Ley Seca, considerada mayoritariamente como una medida legal absurda. En esa guerra, la opinión pública estaba inequívocamente a favor de Capone.

Pero Moran, que había sido amigo de O'Banion, se fijó también como meta vengarse de los Gennas. Moran intentó la misma táctica que había empleado contra Torrio, pero en esta ocasión sí que funcionó. El líder de los Gennas fue asesinado tras una espectacular persecución por las calles de Chicago. Una vez descabezada, la banda de los sicilianos quedó sumida en la confusión, lo que fue aprovechado por Moran para descargar otro golpe selectivo sobre los cabecillas.

Al final, los Gennas dejaron Chicago. El control de la ciudad ya era un duelo casi personal entre Moran y Capone. El estallido de violencia entre las dos bandas fue brutal. Los asesinatos, secuestros, tiroteos y palizas estaban a la orden del día.

El momento álgido llegó cuando los hombres de Moran, dirigidos por él mismo, irrumpieron disparando con sus metralletas Thompson en un hotel de Cicero, Illinois, en donde estaba alojado Capone. Aunque el famoso gánster pudo escapar milagrosamente ileso, éste quedó traumatizado. Después de haber visto la muerte tan cerca, consideró que había llegado el momento de acordar una tregua, que sería aceptada por Moran tras la celebración de una *conferencia de paz* a la que asistieron los dos líderes.

La ciudad respiró al conocer que la guerra entre las dos bandas se había detenido. Al Capone, aunque fuera forzado por las circunstancias, apostó por la cohabitación con la banda de Moran, pero éste pronto demostró que su compromiso con la paz no era más que una táctica para ganar terreno a su rival.

Así, algunos cargamentos de licor pertenecientes a Capone eran asaltados por los hombres de Moran para ser luego revendidos, lo que provocaba las consiguientes represalias hasta que se acordaba reeditar la tregua.

Las rupturas de los armisticios siempre eran obra de la banda de Moran, a veces pocas horas después de comprometerse a ellos. Pero Al Capone ya no estaba dispuesto a ser objeto de más burlas por parte de Bugs Moran, y planeó el golpe definitivo que sacase del tablero a su antagonista de una vez y para siempre.

Matanza a sangre fría

El 14 de febrero de 1929 prometía ser un día como cualquiera. La banda de Moran se reunió en un almacén de la SMC Cartage Company, situado en el número 2.122 de la calle North Clark, para recibir un cargamento de alcohol. Ese local era habitualmente utilizado como garaje de los camiones que traían el licor de contrabando.

Esa mañana estaban: James Clark —cuñado de Bugs Moran—, Adam Meyer, John May, Al Weinshank, los hermanos Frank y Pete Gusenburg, y el doctor Reinhardt Schwimmer. El único ausente era precisamente Bugs Moran, quien tenía previsto llegar más tarde porque tenía cita con el barbero. El reloj marcaba las 10.25. A esa hora ninguno sospechaba lo que ocurriría en los próximos cinco minutos.

A las 10.26, un automóvil se acercó a la bodega, pero no era el contacto, sino un coche de la policía, seguido de cerca por un vehículo no identificado. Algo olía mal, pues los delincuentes habían pagado su habitual soborno a la policía para que los dejaran trabajar sin ser importunados.

Tres policías y dos civiles se bajaron de sus respectivos autos y ordenaron a los siete individuos ponerse contra la pared. Eran las 10.28. El cuñado de Moran pidió explicaciones: «¿Qué sucede?, ¡estamos al corriente con los pagos!». Pero la respuesta fue una risa burlona y el culatazo de una metralleta Thompson.

En ese momento, Bugs Moran estaba a punto de entrar al local pero, al ver el vehículo de la policía aparcado delante del garaje, se alejó prudentemente y prefirió esperar acontecimientos desde una cafetería cercana.

Mientras tanto, los siete hombres de Moran seguían contra la pared, temiéndose ya lo peor. No sabían que los tres policías eran en realidad pistoleros traídos de fuera de Chicago para que nadie los conociera. Los hombres de Moran estaban armados, pero a ninguno se le ocurrió enfrentarse a los policías. En Chicago, los gánsteres no solían enfrentarse a tiros con los agentes, ya que casi siempre estaban sobornados y se limitaban a hacer la vista gorda. De los dos civiles, uno era un esbirro de Capone llamado McGurn, más conocido como *Machine Gun* por sus habilidades con la metralleta; él era el encargado de capitanear el grupo.

A las 10.30 horas se produjo el desenlace. De repente, las metralletas comenzaron a tabletear y los siete miembros de la banda fueron acribillados. Las ráfagas se prolongaron durante treinta interminables segundos. Más de cuatrocientas balas de grueso calibre 45 penetraron en los cuerpos de aquellos siete hombres. El único superviviente de la masacre fue el perro del almacén.

El ruido de los disparos y los aullidos desesperados del perro llamaron la atención de los vecinos y los viandantes. Pero estos vieron como los tres «policías» introducían a los dos supuestos asesinos en el coche policial y abandonaban la escena, por lo que quedaron tranquilizados.

Cuando se conoció la matanza a sangre fría, todas las sospechas se centraron sobre Al Capone. «Sólo Capone mata de esta manera», dijo Bugs Moran a los periodistas que corrieron a su casa para conocer su reacción. Pero el mafioso se encontraba en ese momento en Miami, por lo que dijo desde la lejana Florida no saber absolutamente nada del asunto; difícilmente podía Capone disponer de una coartada mejor. Por su parte, el jefe de los asesinos, *Machine Gun*, aseguró haber pasado todo el día con su novia Louise.

El final de Al Capone

Pese a que no se pudo demostrar que Al Capone estuviera involucrado, nadie dudaba que él estaba detrás del asunto. Aunque ese decisivo golpe a la banda de Bugs Moran permitió que Al Capone consiguiese la ansiada hegemonía sobre el mercado del alcohol en Chicago, la que se conocería como Matanza de San Valentín supuso, paradójicamente, el principio de su caída.

Los periódicos usaron y abusaron de las fotos de los ametrallados, y la opinión pública se sintió conmocionada. La imagen carismática de Capone, la del chico salido de las calles de Brooklyn que vivía en una suite del Lexington Hotel de Chicago rodeado de lujo y guardaespaldas, se derrumbó de la noche a la mañana. La ciudadanía comenzó a verlo como un peligro público. El mismísimo presidente Hoover tomó cartas en el asunto y exigió que «se limpiara» Chicago.

Como la justicia y la policía locales eran inoperantes al estar corrompidas, el Departamento del Tesoro inició sus propias investigaciones sobre Capone. Su progresiva pérdida de apoyos culminaría con la acusación de evasión de impuestos por la que el mafioso sería condenado a once años de prisión el 17 de octubre de 1931. Parte de su condena la cumplió en Alcatraz y, por buena conducta, fue liberado en noviembre de 1939. Vivió sus últimos años en su mansión; vivió con alucinaciones y con el miedo de ser asesinado. Enfermo de sífilis, murió el 25 de enero de 1947.

Uno de los ejecutores de la masacre, *Machine Gun*, sufriría años después una curiosa venganza. Otro día de San Valentín, el de 1936, el antiguo sicario de Al Capone fue acribillado a tiros mientras estaba jugando tranquilamente a los bolos. Su asesino le dejó en la mano una típica tarjeta del Día de los Enamorados.

Bugs Moran, quien se libró por escasos minutos de morir ametrallado en aquel almacén, nunca se recuperó del golpe sufrido por su banda aquel trágico 14 de febrero. Sus hombres, aterrorizados por semejante castigo, desertaron en masa, y la pujante carrera criminal de Moran quedó truncada. El mafioso de origen irlandés tuvo que abandonar Chicago y acabó dedicándose a asaltar solitarias gasolineras, como un atracador de tres al cuarto. Sin embargo, Moran sobrevivió a su antiguo rival, falleciendo en 1957 de muerte natural mientras cumplía una pena de diez años por robo.

El escenario

El almacén de la Cartage Company en North Clarck Street, se convirtió de inmediato en uno de los puntos de atracción turística de Chicago.

En 1967, el edificio fue derribado, pero un avispado empresario canadiense compró los escombros, y en 1972 rehizo el muro contra el que fueron ametralladas las víctimas, emplazándolo en un *night club* temático, estilo años 20. Por alguna razón, la pared restaurada se hallaba en el servicio de caballeros, pero era tal la expectación que despertaba que tres noches a la semana se permitía que las mujeres entraran en el urinario masculino. Años después, el club cerró, pero los 417 ladrillos del muro de la muerte, marcados por los impactos, fueron desmontados y puestos a la venta a 1.000 dólares cada uno. En Chicago existe la leyenda de que esos ladrillos traen la desgracia a sus poseedores. También afirman los amantes de lo esotérico que cuando se pasa de noche por el solar donde estuvo el almacén, que ahora es el jardín de una clínica, se oyen gritos y detonaciones, y que los perros de los paseantes aúllan y se muestran aterrorizados.

Hebrón, 1929
El *Shabbat* más trágico

$\mathcal{A}$ treinta kilómetros al sur de Jerusalén, en Cisjordania, se halla Hebrón, un lugar de especial significación para el judaísmo, siendo el segundo lugar santo después del Templo de Jerusalén. Su relevancia viene dada por ser el primer trozo de tierra del país de Canaán —la tierra prometida— en el que se asentó Abraham.

En Hebrón se encuentra la llamada Tumba de los Patriarcas. Según el Génesis, es una cueva que excavó Abraham para enterrar a su esposa Sara. Para la tradición judía, el lugar oculta las tumbas gemelas donde están enterradas cuatro pares de parejas bíblicas: Adán y Eva, Abraham y Sara, Isaac y Rebeca, y Jacob y Lía. En la época de Herodes el Grande se construyó un monumento alrededor de las tumbas.

Un lugar disputado

Pero, tal como sucede con otros muchos lugares sagrados de esa disputada zona, su propiedad es objeto de eterno litigio entre judíos y musulmanes. Después de la conquista árabe de la ciudad de Hebrón, en el 638, el monumento construido por Herodes fue reconvertido en mezquita. Los musulmanes consideran a Abraham como un profeta que, según el Corán, construyó la Kaaba de la Meca; así pues, el lugar de culto resultante sería la «Mezquita de Ibrahim» (Abraham).

Los cristianos, durante las Cruzadas, transformaron la mezquita en iglesia, pero, tras la derrota y expulsión de éstos, el lugar pasó nuevamente a manos musulmanas. A partir de 1266 se prohibió a los judíos entrar a la cueva a orar. Sólo se les permitía subir siete escalones por el lado de la pared oriental. En el cuarto peldaño introducían papeles en la cueva con sus peticiones a Yavhé mediante un agujero practicado en la piedra de dos metros de profundidad. Usaban palos para empujar los papeles hasta que éstos caían, pero arriesgaban sus vidas al hacerlo, al depender de la tolerancia de los guardianes musulmanes, que podían llegar a castigarlos con la murte.

A lo largo de los siguientes siglos, en Hebrón se formó una comunidad judía firmemente enraizada en la ciudad. Fue decisiva la llegada de los sefardíes, procedentes de España y Portugal, de donde habían sido expulsados. A estos se sumarían a partir del siglo XIX los judíos askenazíes, es decir de origen alemán, ruso o centroeuropeo.

La población hebrea no disfrutaba de los mismos derechos que la musulmana. De todos modos, la indiscutida preeminencia del Islam y el resignado sometimiento de los judíos, hacían que la convivencia entre ambas comunidades fuera plácida, cuando no de franca amistad.

Pero todo cambiaría nada más acabar la Primera Guerra Mundial. La derrota de Turquía conllevaría el desmembramiento de su vasto Imperio. Los nacionalistas árabes habían apoyado a Gran Bretaña, pues confiaban en la promesa de Londres de lograr un Estado árabe independiente. Pero, por otra parte, los judíos habían obtenido el compromiso de Londres de conseguir un Hogar Nacional Judío en Palestina, cuya plasmación era la llamada Declaración de Balfour de 1917.

Mientras la guerra estaba en curso, los británicos no dudaron en prometer todo lo que les podía ayudar a recabar apoyos en su lucha contra las Potencias Centrales. Una vez alcanzada la victoria, los acreedores comenzaron a llamar a la puerta. Pero el gobierno de Londres ya no era tan receptivo a esas demandas. De hecho, se sintió liberado del compromiso de constituir un Estado árabe y, junto a Francia, se repartió los territorios del Imperio otomano. Por el Tratado de Sèvres, firmado en agosto de 1920, Siria y Líbano pasaban a manos francesas, mientras que los británicos se quedaban con la administración de Palestina y Mesopotamia. Los árabes se sintieron estafados, pero de nada servirían sus protestas.

Por otro lado, los judíos comenzaron a emigrar masivamente a Palestina. Londres se había comprometido a permitir allí su instalación, y los judíos no iban a dejar que se desdijesen; pese a las reticencias británicas, procedieron a comprar tierras y a crear y consolidar comunidades hebreas. Ante esta irrupción de cientos de miles de inmigrantes judíos, tolerada por los nuevos administradores, los árabes se sintieron doblemente engañados por los británicos.

Aumenta la tensión

Estas tensiones tendrían su expresión en la calle. Se abrió así en Palestina, y en Hebrón en particular, un período de acoso árabe hacia la comunidad hebrea, con insultos en las calles, agresiones, ataques con piedras a través de las ventanas de sus hogares y disturbios en los aledaños de la Tumba de los Patriarcas cuando los judíos acudían a orar. En ese período, los judíos acudieron repetidamente a la policía británica reclamando protección, pero ésta era poco efectiva.

Pero la tensión era aún mayor en Jerusalén. El emplazamiento del antiguo Templo de Jerusalén sería el escenario de los enfrentamientos. Mientras los musulmanes reclamaban los espacios utilizados por los judíos para el culto, éstos convocaban concentraciones masivas en esos lugares para reafirmar sus derechos. Las agresiones mutuas provocaron en 1929 una escalada de violencia entre las dos comunidades.

En agosto de ese año, se propagó la falsa noticia de que los judíos de Jerusalén planeaban atacar la mezquita de Al-Aqsa. El viernes 23 de agosto, creyendo que el asalto era inminente, los árabes atacaron a los judíos en la Ciudad Vieja de Jerusalén.

Comienza la matanza

A Hebrón llegaron ese mismo día rumores de que el ataque judío a la mezquita de Al-Aqsa había comenzado ya, respaldados por sermones inflamantes e incluso por la circulación de fotografías falsas que mostraban la mezquita ardiendo.

A la salida de la plegaria de aquel viernes, los musulmanes más exaltados se aprestaron a atacar a sus vecinos judíos. Mientras los aproximadamente ochocientos judíos de Hebrón estaban ya descansando en el *Shabbat*,[11] los miembros de esta comunidad comenzaron a ser brutalmente asesinados en las sinagogas o en sus propias casas por las masas árabes, pertrechadas de bastones o cuchillos.

La policía árabe, lejos de detener a la turba o, al menos, tratar de apaciguar los ánimos, colaboró en la localización y la caza de los judíos. Algunos de los agentes llegarían a emplear sus armas para matar a los hebreos.

Aunque la mayor parte de los judíos estaban indefensos, algunos habían sido precavidos y, previendo la posibilidad de un pogromo, se habían armado. De todos modos, la comunidad judía en su conjunto se había equivocado al rechazar en los días anteriores la presencia de miembros armados de la organización de defensa judía, la Haganá, que habían acudido desde Jerusalén para protegerles. El rabino de Hebrón pensó que la presencia de personas armadas únicamente iba a atizar el conflicto, por lo que confió en una resolución pacífica de la tensión creciente en la ciudad. El rabino erró en su apreciación y sus fieles lo acabarían pagando muy caro.

En total, 135 judíos fueron masacrados entre el viernes y el sábado, hasta que la autoridad mandataria británica logró frenar la ola de violencia. Sin embargo, los árabes también pagarían un precio muy alto, ya que 116 acabarían perdiendo la vida en los días posteriores, ya fuera a causa de la represión británica o de las represalias sionistas. En otra ciudad, Safed, se vivirían escenas similares; una veintena de judíos, incluidos mujeres, niños y ancianos, serían brutalmente asesinados.

Las consecuencias de la matanza de Hebrón serían muy profundas. La población hebrea huyó despavorida de la ciudad.

---

11. El *Shabbat* es el séptimo día de la semana judía. Según las prescripciones de la Torá, debe ser celebrado mediante la abstención de cualquier clase de trabajo. El *Shabbat* comienza el viernes con la puesta del sol y termina después del anochecer del sábado.

Los supervivientes se desplazarían a Jerusalén, mientras sus bienes eran incautados y ocupados por los residentes árabes. De este modo, Hebrón quedó despojada de su antiquísima comunidad judía.

La masacre de Hebrón supuso, además, un punto de inflexión irreversible en las relaciones entre judíos y árabes en Palestina. Cualquier proyecto común había quedado cercenado. Los judíos comprendieron que, si no se organizaban de una manera efectiva, serían barridos por los árabes. Así pues, esos acontecimientos llevarían a reorganización y el desarrollo de la Haganá, que más tarde se convertiría en el núcleo de las Fuerzas de Defensa de Israel.

Una nueva matanza

El 25 de febrero de 1994, Hebrón sería el escenario de una nueva matanza, en este caso ejecutada por una sola persona. Un colono judío nacido en Nueva York, Baruj Goldstein, entró en la mañana de ese día en la mezquita situada en la Tuma de los Patriarcas y comenzó a disparar contra los fieles allí reunidados de forma indiscriminada.

Los cuerpos de los fieles árabes fueron cayendo como marionetas, entre horribles escenas de pánico. Las alfombras que cubrían el compartimento islámico de la gruta quedaron hinchadas al absorber la sangre de las víctimas como si fueran esponjas. Goldstein no dejó de disparar, llegando a recargar su arma hasta tres veces, hasta que el cañón del fusil quedó inutilizado, al ponerse al rojo vivo; fue entonces cuando los palestinos se arrojaron sobre él, matándolo a golpes.

El resultado de la acción del colono fue de 56 muertos y varios centenares de heridos. En la calle se desató la furia de las masas y miles de palestinos se pusieron en pie de guerra, en lo que supondría un nuevo golpe al inalcanzable proceso de paz.

El escenario

Hebrón pasó a control israelí en 1967, tras la Guerra de los Seis Días. Desde entonces, unos seiscientos colonos judíos habitan en el centro histórico de la ciudad, y otros 7.000 judíos residen en los asentamientos adyacentes.

Sin embargo, el gobierno israelí no concedió a las autoridades religiosas judías la posesión de la Tumba de los Patriarcas. Así, los musulmanes controlan cuatro quintas partes de este lugar sagrado.

Bromberg, 1939
La primera matanza de la Segunda Guerra Mundial

*L*a ciudad polaca de Bydgoszcz se encuentra al norte del país, cerca de los ríos Brda y Vístula. Esta tranquila ciudad, cuyos orígenes se remontan al siglo XIII, sería el escenario de una cruel matanza en 1939, nada más comenzar la Segunda Guerra Mundial.

En Bydgoszcz, conocida por los alemanes con el nombre de Bromberg, residía un buen número de polacos descendientes de alemanes. De hecho, la ciudad ya había sido ocupada por los Caballeros Teutones entre 1331 y 1337, y desde entonces había sido habitual el establecimiento de alemanes en Bromberg. La convivencia entre ambas comunidades se había desarrollado por los cauces normales de una relación de buena vecindad.

Sin embargo, el ascenso de los nazis al poder en Alemania y los deseos de Hitler de expandir el Reich germano a costa de los países limítrofes, llevó a que los alemanes de Bromberg comenzasen a ser vistos con prevención por sus vecinos polacos. Para éstos, en el caso de que Alemania lanzase una invasión contra Polonia, estaba claro por quién iban a tomar partido sus vecinos de origen germano.

Polonia, invadida

El 1 de septiembre, los temores de los polacos se convirtieron en una trágica realidad. Los veloces *panzer* atravesaron las fronteras y penetraron rápidamente en territorio polaco, sin que las tropas locales lograsen detenerlos.

La situación geográfica de Bromberg, próxima al Vístula, la convertía en un objetivo primordial para la Wehrmacht. En efecto, el IV Ejército alemán, mandado por el general Von Kluge, avanzaba en dirección a la ciudad formando dos cuñas. Su objetivo era alcanzar el río para cortar en él la retirada de las unidades polacas.

La rabia y la impotencia de los polacos ante el avance incontenible de las fuerzas germanas tendría su dramática expresión en los acontecimientos que tendrían lugar el domingo 3 de septiembre en Bromberg. Ese día amaneció radiante de sol; la jornada se prometía, desde las primeras horas, como una apacible jornada de descanso dominical, salvo por el hecho de que las tropas germanas se estaban acercando a la ciudad. Con toda probabilidad, antes de veinticuatro horas Bromberg estaría en poder de los alemanes.

Desde las primeras horas de la mañana, grupos de paisanos polacos armados comenzaron a recorrer las calles de la población. La proximidad de la Wehrmacht hizo crecer de repente el odio contra los alemanes que tenían más cerca; sus propios vecinos. La propaganda polaca se había encargado de atizar la hoguera, logrando convencer a sus ciudadanos que los alemanes sacrificarían a las mujeres y a los niños polacos como si fueran reses. A la vista de los acontecimientos posteriores, la profecía de las autoridades polacas no estaba en absoluto descaminada, pero en ese momento lo único que conseguiría sería acelerar la incipiente espiral de odio, con terribles consecuencias.

¡Muerte a los alemanes!

Para los polacos, sus vecinos de origen alemán eran los «Hitlers», como se les llamaba despectivamente. Contra ellos se desató aquel día una implacable batida. La consigna fue: «¡Muerte a los alemanes!». La ciudad se convirtió en tribunal, y cualquiera se atribuyó jurisdicción para actuar de acusador, juez y verdugo.

Una joven alemana de 19 años, Vera Gannot, informaría más adelante al tribunal militar alemán constituido para la ocasión sobre los pormenores de la jornada sangrienta:

«El domingo, hacia las dos de la tarde, se acercaron a nuestra casa, distante cuatro kilómetros de la ciudad, varios soldados y paisanos polacos. Los paisanos dijeron que allí vivían alemanes. Automáticamente, los soldados comenzaron a disparar. Nos refugiamos en un cobertizo. El primero en abandonar el refugio, a instancias de nuestros atacantes, fue mi padre. Los polacos le preguntaron dónde tenía la ametralladora. Yo salí del cobertizo, porque podía expresarme en polaco. Entonces pregunté a los intrusos qué les habíamos hecho, e intercedí por mi padre. Los polacos gritaron enfurecidos: "Abajo los cerdos alemanes", y entonces le dieron varios culatazos en la cara y en todo el cuerpo. Mi padre cayó al suelo y le dispararon seis tiros. Una vez que comprobaron que había muerto, la horda se marchó».

Poco después apareció en la casa otro grupo de paisanos. Uno de ellos violó a la muchacha mientras los demás la sujetaban.

La búsqueda de armas respondía al convencimiento de los polacos de que sus vecinos alemanes formaban parte de una quinta columna encargada de preparar el avance de las tropas alemanas. Creían que sus vecinos disponían de armas preparadas para ser utilizadas cuando el ejército germano se hallase cerca de la ciudad y colaborar así en su captura.

Casi al mismo tiempo que el padre de Vera Gannot era asesinado, otro grupo de civiles y soldados penetraba en la casa parroquial del barrio de Jägerhoh, en la que un grupo de alemanes se había refugiado, con la esperanza de que las tropas germanas llegaran a tiempo para librarles de una muerte cierta. La casa parroquial fue registrada por los polacos en busca de armas, sin que se hallase ninguna. El jefe del grupo, un suboficial, se mostró indeciso sobre lo que debía hacer. Entonces, un paisano polaco propuso llevarse a los hombres, incluido el párroco, Richard Kutzer. Así lo hicieron. Días más tarde, los cuerpos de aquellos hombres, entre los que había un muchacho de catorce años, fueron encontrados sin vida. Al párroco le habían partido la mandíbula y después le habían disparado en la espalda. Los otros hombres también habían muerto por disparos de bala.

En otra casa, la del matrimonio Schmiede, se habían refugiado los miembros de otra familia, los Ristau. A las tres y media los polacos irrumpieron en la casa; un soldado les preguntó si tenían armas. Erwin Schmiede le contestó que nò; aun así, el soldado abrió fuego sobre él, matándolo. Los otros alemanes escaparon hacia la bodega de la casa y trataron de hacerse fuertes allí. Los polacos prendieron fuego a la casa. Cuando los alemanes trataron de escapar por las ventanas, fueron ametrallados desde el exterior.

Ese domingo, cientos de alemanes tuvieron el mismo final desgraciado que los Gannot, los Schmiede, los Ristau o el párroco Kutzer. Fueron apaleados, fusilados o acuchillados indistintamente, sin consideración alguna hacia edad o el sexo, la profesión, la posición social o la religión. No importó si era granjero o profesor, sacerdote, doctor, comerciante, trabajador o dueño de una fábrica; el ser de origen alemán era motivo suficiente para ser condenado y ejecutado al instante. Donde las armas automáticas proporcionadas por los soldados no fueron suficientes, los polacos utilizaron cuchillos, hachas, sierras, martillos, palas o barras de hierro.

La matanza continuaría, aunque con menor intensidad, durante la mañana del día siguiente, pero los alemanes ya estaban a las puertas de la ciudad y los polacos estaban más preocupados en escapar y ponerse a salvo que en poner el broche de horror a la aniquilación emprendida el día anterior.

Cadáveres en las calles

Cuando los alemanes entraron en Bromberg a última hora de ese lunes 4 de septiembre, la imagen que se ofrecía ante sus ojos era espantosa. Se podían ver decenas de cadáveres por las calles, pero lo peor llegaría a primera hora del día siguiente, cuando se comenzaron a abrir las fosas comunes en las que habían sido enterrados a toda prisa los cadáveres.

Según afirmaría un testigo, «en la fosa abierta en la Bülowplatz hallamos varios cadáveres tan mutilados que apenas eran reconocibles. Se les había cortado la cabeza, se les habían sacado los ojos y roto las piernas y brazos. Incluso les faltaban dedos. Ancianos, mujeres y niños...».

Unos doscientos cuerpos recuperados fueron alineados ante el edificio del ayuntamiento de Bromberg. Había hombres, niños y mujeres; entre éstas, una embarazada que había sido atravesada por una bayoneta. En los días sucesivos se fue localizando el paradero de los cuerpos. Los grupos de la Wehrmacht y la policía contaron en total 1.100 cadáveres.

Juicio a los culpables

Si aquella masacre hubiera ocurrido dos o tres años más tarde, lo más probable es que, en venganza, las tropas alemanas hubieran arrasado la ciudad y provocado una matanza aún mayor. Pero eran los inicios de la contienda, y en esos momentos aún existía la intención de respetar las leyes de la guerra. Así pues, los alemanes decidieron responder a ese asesinato masivo aplicando la justicia, al menos de un modo formal, puesto que la justicia nazi constituía un oxímoron.

Se seleccionó en Berlín un equipo de juristas de las tres armas de la *Wehrmacht* y se les trasladó a la ciudad. Abogados, jueces militares de la Marina, de la Aviación y del Ejército se instalaron en Bromberg para llevar a cabo su cometido. Con frialdad profesional, los magistrados iniciaron el interrogatorio de los testigos.

Apenas transcurrido un mes, comparecían los primeros polacos ante los tribunales especiales de los alemanes. El 11 de octubre se sentaron en el banquillo de los acusados tres polacos para responder de los cargos de asesinato, incitación al asesinato y grave quebranto de la paz nacional. Los tres fueron condenados a muerte y ejecutados.

De todos modos, los tribunales especiales encargados de juzgar a los presuntos autores de la masacre no participaron de la habitual dinámica de la justicia nazi, que en la mayoría de ocasiones no era más que una farsa. Tanto los jueces como los abogados se comprometieron con el esclarecimiento de los hechos y se esforzaron en observar al máximo lo establecido en el derecho vigente. Así pues, los inculpados de los que no se pudo demostrar su participación en los asesinatos no fueron condenados a muerte. Esta observancia de las más elementales normas del derecho provocaría las quejas de Hitler, partidario de ejecutar una venganza implacable y brutal.

La matanza de Bromberg no sería una excepción. El avance de las tropas alemanas por la geografía polaca provocaba la huida precipitada del poder militar y civil. Esa circunstancia sería aprovechada por algunos polacos para saldar viejas cuentas con sus vecinos de origen alemán. Se calcula que unos 7.000 alemanes fueron asesinados en toda Polonia durante esa ola de violencia.

Los hechos de Bromberg serían convenientemente utilizados por la propaganda alemana para justificar la invasión de Polonia; si ése era el destino que le había aguardado a los polacos de origen alemán, era difícil de imaginar lo que habría podido ocurrir en el caso de que los ejércitos polacos hubieran invadido territorio alemán. En 1940 se publicó un libro titulado *Dokumente Polnischer Grausamkeiten* (Documentos sobre Crueldad Polaca) para mantener fresco el recuerdo de la masacre.

Sin embargo, lo que no trascendió a la población alemana fueron los detalles de las brutales acciones de represalia emprendidas por el Ejército alemán contra los civiles polacos, en especial contra la comunidad judía, cuyo grado de crueldad superaría con creces lo sucedido el 3 de septiembre en Bromberg.

El escenario

La ciudad de Bydgoszcz, la antigua Bromberg, cuenta con unos 700.000 habitantes. Conserva buena parte de su patrimonio histórico, como el área de la plaza del mercado, rodeada de edificios medievales, y las iglesias de la Asunción, de San Vicente Paúl y San Pablo, de estilo gótico renancentista.

Sin embargo, no hay nada en Bydgoszcz que recuerde la matanza de 1939.

Jedwabne, 1941
Vecinos contra vecinos

*E*l 10 de julio de 1941 es un día grabado a fuego en la conciencia del pueblo polaco. Ese infausto día, 1.683 judíos de Jedwabne, un pequeño pueblo situado al este de Varsovia, fueron asesinados del modo más cruel. Las víctimas fueron arrastradas a la plaza y empujadas a un granero, donde fueron quemadas vivas. Los ancianos y niños que no podían trasladarse por sus propios medios fueron conducidos allí y arrojados sobre las brasas ardientes.

Desde 1962, en Jedwabne había una placa que decía: «*Lugar de martirio para el pueblo judío. La Gestapo y la Gendarmería de Hitler quemaron vivas a 1.600 personas*».

Durante muchos años, la masacre de Jedwabne fue adjudicada a un *Einsatzgruppen* de las SS, pero una investigación culminada en 2001, publicada por el historiador Jan Tomas Gross con el título de «Vecinos»,[12] reveló una realidad mucho más terrible. En realidad, el crimen había sido cometido por los propios vecinos del pueblo, con los que convivían desde siglos atrás.

Una convivencia rota

Jedwabne está situado en la intersección de dos valles fluviales, los de los ríos Narew y Biebrza. La región es célebre por sus pintorescos estanques, en los que pueden encontrarse in-

12. GROSS, Jan T. *Vecinos*. Editorial Crítica. Barcelona, 2002.

contables variedades de aves acuáticas y una vegetación frondosa.

En ese idílico marco, convivían en Jedwabne judíos y no judíos. Ya en el año 1770 los judíos habían construido la primera sinagoga y desde siempre habían trabajado hombro con hombro junto a sus vecinos, sin que surgiese ninguna fricción relevante.

Pero en ese verano de 1941, bajo la ocupación de las tropas alemanas, la convivencia entre ambas comunidades se rompería de la forma más dramática. Jedwabne había quedado bajo dominio soviético después del reparto de Polonia acordado entre Hitler y Stalin en 1939. Pero el lanzamiento de la Operación Barbarroja el 22 de junio de 1941, por la que la Wehrmacht emprendió la invasión de la Unión Soviética, puso a Jedwabne en manos germanas.

Desde el primer momento en el que llegaron los alemanes, éstos lanzaron una campaña de propaganda en la que se acusaba a los judíos de connivencia con los anteriores ocupantes. Sus mensajes consistentes en que la comunidad hebrea era cómplice de los crímenes cometidos por los soviéticos en la parte oriental de Polonia calarían rápidamente.

A finales de junio, los alemanes llevaron a cabo un ataque contra los judíos del pueblo, matando a algunos y destruyendo algunas propiedades. Pero ese 10 de julio, los ocupantes nazis anunciaron que llevarían a cabo el pogromo definitivo para acabar con los judíos de Jedwabne. Cuando anunciaron esta decisión, los mismos vecinos se propusieron para ejecutarla.

Con el fin de no estrangular la vida económica de la aldea, y en su propio beneficio, los alemanes pidieron que los vecinos seleccionaran algunas profesiones para no eliminar a los judíos que las desempeñaban, pero los vecinos les aseguraron que entre ellos había individuos que desempeñaban todas las profesiones necesarias para la vida diaria, por lo que no había necesidad de salvar a nadie.

Matanza de judíos

Así pues, la mitad de los vecinos de Jedwabne salieron de sus casas con hachas, machetes y cuchillos dispuestos a asesinar a los que hasta ese momento habían compartido la aldea.

Algunos judíos fueron capturados en sus hogares, otros perseguidos por las calles. El pogromo no estaba planteado como un trabajo, sino como una especie de fiesta popular. A las víctimas las hicieron entonar canciones como «La guerra es nuestra, la guerra es por nosotros» o hicieron bailar al rabino a la vez que ondeaba una bandera roja. Un grupo de cuarenta judíos fue obligado a derribar una estatua de Lenin erigida por los soviéticos y llevarla a hombros a las afueras del pueblo, mientras se les obligaba a cantar canciones rusas.

Finalmente, metieron a los judíos en un granero, hombres, mujeres y niños, echaron gasolina de unos barriles dejados por los rusos en su retirada y le prendieron fuego. Para los que intentaban escapar de esa hoguera colectiva, en la puerta había un hombre con un hacha para impedirlo y ocho soldados alemanes preparados para disparar.

En unas pocas horas se consumó la matanza, ejecutada con más entusiasmo que ira, mientras los alemanes admiraban la destreza de los polacos en ese trabajo asesino y se dedicaban únicamente a tomar fotografías e incluso filmar la tragedia que estaba ocurriendo a su alrededor. Posteriormente, los alemanes proyectarían esas imágenes en las salas cinematográficas de Varsovia para *demostrar* que la persecución contra los judíos polacos procedía de la propia población polaca. Por su parte, el clero católico del pueblo no hizo nada por impedir que sus fieles participasen en la masacre.

Después, los polacos saquearon los cadáveres, arrebatándoles las ropas, quedándose con las monedas y llegando incluso a arrancarles los dientes de oro. Además, se quedaron con sus casas, sus muebles y todas sus pertenencias. Los nazis les ordenaron que se deshicieran de los cuerpos pero, en vez de enterrarlos, mutilaron los cadáveres y esparcieron los pedazos por el campo.

Pero esta locura homicida no se circunscribió a Jedwabne. Las aldeas vecinas de Wasosz y Radzilow también fueron escenario en esas fechas de terribles pogromos contra los judíos locales.

En 1949 y 1950 se celebró un juicio contra veintidós polacos que participaron en la masacre, pero bajo la acusación de colaborar con los alemanes. Una persona fue condenada a muerte, aunque se le conmutó por una pena de prisión. Hubo nueve condenas más de prisión y doce acusados resultaron absueltos.

Tras la caída del comunismo saldrían a la luz las irregularidades producidas durante este juicio, organizado por las autoridades estalinistas para dejar sentada la culpabilidad alemana en ese asesinato masivo.

La tragedia, revelada

En 2001, la investigación llevada a cabo por Gross dio formato de denuncia histórica a la narración que todos conocían pero que había quedado velada por el transcurso de la historia. Esta revelación colocó a Polonia frente a su propio pasado, evidenciando que hubo polacos que colaboraron con el exterminio nazi, reavivando la discusión sobre las raíces del antisemitismo.

Surgieron incómodas reflexiones sobre la Polonia de entonces, recordando que en el período de entreguerras los polacos pretendieron crear un Estado étnicamente unificado, una vez recobrada su independencia tras cien años de partición. En los años veinte y treinta, el antisemitismo se adueñó de la escena y los judíos comenzaron a sentirse crecientemente discriminados e inseguros. La presión de ruidosos grupos antisemitas consiguió, por ejemplo, que los hebreos tuvieran asientos segregados en las universidades.

Para los nacionalistas, en esa nueva Polonia no había lugar para los judíos; la ocupación alemana proporcionaría un ambiente propicio para llevar a cabo esa brutal limpieza étnica. Por lo tanto, el crimen de Jedwabne no debía sorprender a nadie. Incluso, durante la ocupación, muchos creyeron que Polonía tenía dos enemigos: uno externo, los alemanes, y otro interno, los judíos.

El escenario

Jedwabne es hoy una tranquila población de poco menos de dos mil habitantes, en la que es difícil imaginar que una vez pudo haber una explosión de violencia como la ocurrida en 1941. Entre sus atractivos turísticos destaca la iglesia de San Jacobo, de un blanco luminoso.

En el emplazamiento de la antigua sinagoga hay un bloque de hormigón en el que se halla incrustada una de las maderas quemadas durante el pogromo, en recuerdo de las víctimas. Siguiendo la costumbre judía, los visitantes dejan pequeñas piedras sobre el bloque como homenaje a los muertos. En esta pieza conmemorativa se encontraba la placa que responsabilizaba de la masacre a los alemanes. A consecuencia de la revelación de Gross, esta placa fue sustituida por otra en la que la autoría era achacada ambiguamente a la guerra.

El cambio de placa llevó al gobierno polaco a celebrar un acto público de contrición; éste tendría lugar el 10 de julio de 2001, al cumplirse sesenta años de esos terribles hechos. Ese día, el presidente Aleksander Kwansiewski visitó la aldea de Jedwabne y pidió perdón a las víctimas en nombre del pueblo polaco.[13] La Iglesia católica se había adelantado a este acto del gobierno y el 27 de mayo de ese mismo año celebró una misa penitencial en Varsovia en la que los obispos pidieron perdón, de rodillas, por la inacción del clero de Jedwabne durante la matanza.

13. En su discurso, Kwansiewski afirmó ante unas 3.000 personas, entre ellas familiares de las víctimas: «Debemos implorar a las sombras de los muertos y a sus familias que nos perdonen por este crimen. En estos momentos, en tanto que hombre, ciudadano y presidente de la República polaca les pido perdón en mi nombre propio y en el de aquellos polacos cuyas conciencias sienten remordimientos por este crimen».

Lídice, 1942
La gran venganza de Hitler

El 27 de mayo de 1942 se produjo una de las acciones de resistencia antinazi más osadas de toda la Segunda Guerra Mundial. Dos jóvenes integrantes del denominado Ejército Libre Checoslovaco, Jan Kubis y Josef Gabcik, entrenados en Gran Bretaña y lanzados en paracaídas por la RAF, llevaron a cabo un atentado en Praga contra el *Obergruppenführer* de las SS Reinhard Heydrich.

El *Reichsprotektor* de Bohemia y Moravia y jefe del Servicio de Seguridad del Reich (la SD o *Sicherheitdienst*) era el hombre de confianza del comandante supremo de las SS, Heinrich Himmler, y uno de los más destacados jerarcas nazis. Pese a que no era muy conocido fuera de los círculos del poder, nada se movía en el Tercer Reich sin su conocimiento, y el poder que acumulaba en sus manos era inmenso.

Heydrich, un hombre tan brutal como inteligente, era aficionado al violín, el piano y la esgrima. Apodado «la bestia rubia» por su aspecto nórdico, tenía probablemente un antepasado judío, por lo que sus enemigos —empeñados infructuosamente en hundir su carrera por este motivo— le llamaban el «Moisés rubio» o «la cabra», por su estridente risa.

El Gobierno checoslovaco en el exilio de Londres dudaba en llevar a cabo acciones contra los alemanes, por miedo a represalias contra su pueblo, pero aun así decidió planear el asesinato del *Reichsprotektor*. La acción sería una advertencia a los nazis y representaría una esperanza para los resistentes de toda Europa. Pero otro objetivo menos confesable era provocar una serie de represalias que acabasen con el espíritu colaboracionista de algunos sectores de la población, que Heydrich estaba tratando de atraerse con relativo éxito.

La misión fue encargada a Kubis y Gabcik, quienes habían escapado de Checoslovaquia consiguiendo alcanzar Gran Bretaña, en donde se habían puesto a las órdenes de su Gobierno en el exilio. Ellos serían los encargados de llevar a cabo la Operación Antropoide; acabar con la vida de Heydrich.

Con este fin, el 28 de diciembre de 1941 despegaron a bordo de un bombardero *Halifax* desde el que se lanzarían en paracaídas al sobrevolar su país. Una vez allí se pusieron en contacto con un grupo de paracaidistas de apoyo que había saltado hacía cuatro horas y con la red local de la resistencia, con quienes planearon el atentado sobre el terreno.

Atentado contra Heydrich

A las diez de la mañana de aquel 27 de mayo, Heydrich salió de su casa de campo —situada a unos 25 kilómetros de Praga— en un automóvil Mercedes descubierto, en dirección al castillo de Hradcany, sede del gobierno del Protectorado. Al entrar en el casco urbano de Praga, había una curva muy cerrada que obligaba a los vehículos a disminuir notablemente su velocidad. Ese era el punto escogido para cometer el atentado, para el que contarían con la colaboración de dos resistentes locales.

Cuando el Mercedes de Heydrich frenó para tomar la curva, Gabcik —que había sido alertado por uno de los colaboradores— intentó disparar con su subfusil, pero el arma se encasquilló. Mientras, Kubis arrojó una granada contra el vehículo. La onda expansiva rompió las ventanillas de dos tranvías próximos pero, sorprendentemente, no afectó a Heydrich y su chófer, que salieron aparentemente indemnes y empuñando sus pistolas. Kubis, pensando en escapar del lugar lo más pronto posible, huyó en una bicicleta. Gabcik emprendió la huida a pie, perseguido por el chófer; tras mantener un breve tiroteo, el checo consiguió escabullirse.

Los resistentes checos estaban convencidos de que el atentado había fracasado. Sin embargo, Heydrich no había resultado ileso, en contra de lo que había parecido en un primer momento, sino que presentaba varias heridas en la espalda. Ayudado por una mujer y varios policías, fue trasladado en un camión al hospital más cercano. Un examen de rayos X reveló que tenía varias esquirlas alojadas junto a la columna vertebral, lo que le provocaba un terrible dolor, que era soportado estoicamente por el *Reichsprotektor*.

Aunque las autoridades nazis intentaron silenciar el atentado, unas horas después todos los checos conocían la noticia. El hospital fue tomado por las SS y toda la segunda planta, a la que no se permitió la entrada del personal checo, quedó reservada en exclusiva para su atención.

Pese a todos los cuidados, para los que se requirió incluso a cirujanos germanos que llegaron expresamente desde Alemania, nada se pudo hacer para salvar su vida. Heydrich falleció de septicemia ocho días después del atentado, al habérsele infectado las heridas. Su cadáver fue trasladado al castillo Hradcany, antes de salir para Berlín, donde fue enterrado con los máximos honores.

Resistencia dramática

La implacable maquinaria policial nazi se había puesto en marcha el mismo día del atentado. Se declaró el toque de queda y, durante la noche, cerca de 5.000 hombres, entre miembros de las SS, la Gestapo y la policía checa, registraron hasta el último rincón de Praga. Además, se ofreció una recompensa de un millón de marcos a quien proporcionase alguna pista que condujese a los asesinos.

Se practicó medio millar de arrestos, pero ninguno estaba relacionado con los autores ni con sus dos colaboradores locales. Los cuatro resistentes fueron pasando de una casa a otra hasta que se les buscó refugio en la cripta de la iglesia de San Cirilo y San Metodio, en la calle Resslova. Allí se les sumaron tres de los paracaidistas de apoyo.

Pero otro de los paracaidistas venido de Gran Bretaña decidió traicionar al grupo y se dirigió al Cuartel General de la Gestapo en Praga para cobrar la suculenta recompensa, delatando a una familia que había acogido a Gabcik en su huida. A partir de ese hilo, la Gestapo realizó numerosos registros y detenciones, desmantelando toda la red de la resistencia en Praga.

El 17 de junio, las pesquisas de la Gestapo le llevaron finalmente a la iglesia que servía de refugio a los resistentes. El general de las SS Karl von Trenenfeldt estableció un doble cordón de seguridad en torno al sagrado edificio y un superintendente de la Gestapo se presentó a la puerta de la iglesia. Viéndose perdidos, los checos abrieron fuego contra las tropas alemanas desde uno de los balcones.

La lucha duraría dos horas. Los soldados intentaban penetrar en la iglesia empleando granadas de mano y fuego de ametralladora, mientras los sitiados trataban desesperadamente de rechazarlos. Tres de los resistentes —entre los que se hallaba Kubis— resultaron muertos, pero los cuatro restantes se refugiaron en la cripta, cuyo único acceso era una angosta escalera.

Los alemanes sabían que la cripta era casi inexpugnable en un ataque directo, por lo que se requirió la ayuda de los bomberos de Praga para que la inundasen con sus mangueras, a través de una reja de ventilación que daba al exterior. Los sitiados, disparando a través de la reja, impidieron que este plan funcionase. Los alemanes arrojaron bombas de humo en el interior, pero los resistentes lograron devolverlas a la calle.

Por último, alguien reveló a los alemanes que existía un pasadizo que conducía a la cripta desde el suelo de la iglesia, pero que permanecia tapado con una pesada losa. Después de volarla con dinamita, pudieron penetrar en ella, mientras los bomberos hacían un nuevo intento para inundarla con sus mangueras. Los checos gastaron la escasa munición que les quedaba tratando de rechazar a las tropas de las SS que bajaban por el nuevo acceso, pero los cuatro resistentes —entre los que se hallaba Gabcik— reservaron para ellos sus últimas balas para quitarse la vida. Cuando los alemanes irrumpieron finalmente en la cripta, encontraron los cuatro cadáveres, casi cubiertos por el agua.

El suicidio de los cuatro resistentes había puesto el punto final a la tragedia, pero el atentado contra Heydrich había provocado una tragedia mucho mayor, que pasaría a la historia como una de las atrocidades más grandes jamás cometidas.

Un pueblo arrasado

Las represalias ordenadas por las autoridades nazis no sólo afectaron a los que participaron en el atentado y a sus colaboradores. Se cree que, sólo en Checoslovaquia, 1.300 personas fueron fusiladas y unos 3.000 judíos fueron enviados a los campos de exterminio de Polonia. En Berlín, la noticia del atentado sirvió de excusa para practicar numerosos arrestos, entre ellos los de 152 judíos, que serían también deportados.

Pero quien sufriría en máximo grado la venganza de los alemanes sería la pequeña población de Lídice. El sustituto de Heydrich, el *Obergruppenführer* Karl Hermann Frank, dictó su sentencia de muerte. El anuncio oficial afirmaba:

«Durante las investigaciones de los asesinos del general Heydrich se ha comprobado que la población de esta aldea ha apoyado y ayudado a los culpables, y ha cometido actos de hostilidad como el de tener un depósito clandestino de municiones, armas y una emisora clandestina, así como haber acaparado una cantidad enorme de productos racionados».

«Por tanto —continuaba la nota oficial—, los varones adultos han sido fusilados, las mujeres deportadas a campos de concentración y los niños sometidos al cuidado educativo necesario. Los edificios del municipio han sido arrasados completamente y el nombre del municipio cancelado».

En realidad, estas apreciaciones no se ajustaban en absoluto a la realidad. En Lídice no había depósitos de armas ni radios clandestinas, ni nadie había prestado ayuda a los autores del atentado. Pero Lídice había quedado señalada antes del atentado, después de que apareciese una carta en la que uno de los paracaidistas checos de apoyo, Josef Horak, enviaba un saludo a su familia, residente en Lídice. Al parecer, el paracaidista había interceptado a una joven del pueblo vecino de Slany para que les llevase la carta. La misiva fue descubierta por casualidad por el jefe del taller en el que trabajaba la joven, y se apresuró a entregarla a la policía checa que, a su vez, la presentó a la Gestapo.

Los alemanes comprobaron que el remitente de la carta, efectivamente, había desaparecido en 1939 y que con casi total seguridad había escapado hacia Gran Bretaña, por lo que las piezas de la historia encajaban. Aunque tanto la familia del paracaidista como otros vecinos de Lídice fueron detenidos e interrogados, después de que el pueblo fuese rodeado y registrado por las tropas de las SS, no se pudo ir más allá y nada se averiguó sobre la misión que había llevado al paracaidista allí.

Sin embargo, para desgracia de Lídice, el nombre del pueblo ya estaba en boca de todos. Cuando se conoció la noticia del atentado contra Heydrich, Lídice se convirtió en el principal foco de atención de las investigaciones.

Pese a que siguió sin poderse establecer ningún vínculo entre la localidad y los autores del atentado, las informaciones hablaban ya de que el comando enviado por los británicos había contado con la colaboración de los habitantes de Lídice. Esos rumores infundados llegaron a oídos de Hitler. El dictador germano, furioso por el desafío que suponía el intento de asesinato de su máximo representante en Praga, ordenó el 9 de junio lanzar una brutal represión contra el pueblo.

El Führer decidió que la población masculina de Lídice fuera ejecutada y que la localidad fuese arrasada hasta los cimientos, en vista de que «los paracaidistas que habían asesinado a Heydrich habían sido ayudados por los habitantes del poblado».

En la tarde del 9 de junio, en el pueblo vecino de Kladno fueron reunidos destacamentos de la Gestapo, de la Wehrmacht y de la gendarmería local, concentrándose un centenar de hombres. Como este número no parecía suficiente para acometer la misión ordenada por Hitler, se requirió la presencia de otros doscientos soldados.

Venganza implacable

A las nueve de la noche las tropas llegaron a Lídice. Las diferentes unidades se distribuyeron por el pueblo. Un grupo se dirigió a la escuela elemental, en donde serían concentrados las mujeres y niños. Sobre la medianoche todo estaba preparado. El oficial al mando leyó la sentencia: «Orden del Führer. Lídice será arrasado hasta el suelo y la población masculina fusilada».

A las dos de la madrugada del miércoles 10 de junio, policías y soldados comenzaron a recorrer el pueblo, llamando a todas las puertas y ventanas bajas. A las mujeres y niños se les ordenó vestirse rápidamente y salir llevando mantas y todos los objetos de valor. Los adultos fueron concentrados en una granja y allí se comprobó la identidad de cada uno gracias al padrón municipal. Al alcalde se le comunicó que los fondos de la caja y el dinero depositado en los bancos, que ascendía a más de 700.000 coronas, quedaban confiscados, siendo destinados a los «trabajos de limpieza» del pueblo y a la Gestapo en concepto de «gastos de represalia».

Tres policías condujeron a los niños y a las mujeres a la escuela, cuatro de las cuales se hallaban embarazadas. Una vez dentro, se cerraron puertas y ventanas, y los agentes de la Gestapo se apoderaron de todos los objetos de valor: trece pares de pendientes, dos relojes de oro, diez de plata, dieciséis de níquel, dieciséis brazaletes, cuarenta anillos de oro, cinco anillos de plata, un collar de oro, tres collares de plata, ocho cadenitas de oro y una de plata, tres brazaletes de oro y tres de níquel, dos medallones de plata, además de una dentadura de oro. A las cinco de la madrugada, las mujeres y niños fueron cargados en camiones y llevados a Kladno.

El fusilamiento de los varones adultos comenzó a las ocho de la mañana. Al principio iban siendo ejecutados de cinco en cinco, colocados contra un muro. Pero, como las ejecuciones iban demasiado lentas, se reforzó el pelotón para que pudiera matar a diez personas cada vez. Un grupo de policías colocó unos colchones sobre el muro para que no rebotasen las balas.

A las diez y media de la mañana había 171 cadáveres, pero según el padrón tenían que haber 192 varones adultos, por lo que faltaban 21. Ocho estaban en Kladno porque habían sido arrestados durante la investigación, por lo que fueron sacados de la cárcel, conducidos a Praga y fusilados allí. Otros once no estaban en el pueblo, pero fueron localizados uno a uno y fusilados. Al final faltaban dos adultos, el molinero y un operario metalúrgico que hacía el turno de noche en Kladno. Ambos escaparían al pelotón de fusilamiento, pero no a la muerte. Sabiéndose perseguidos de ese modo implacable, el primero se ahorcó en su molino, mientras que el segundo se cortó las venas en el sótano de su casa cuando estaba a punto de ser capturado por los alemanes, quienes le remataron con disparos de fusil.

A las once y media de la mañana, se prendió fuego al pueblo ya totalmente deshabitado. La iglesia fue incendiada tras ser despojada de su oro. Tras cumplir con su tarea, los asesinos almorzaron con la comida que habían sacado de las casas.

Por la tarde llegó un grupo de judíos del campo de Theresienstadt con la misión de cavar las fosas comunes que debían acoger los cuerpos sin vida de los fusilados. En plena noche, los judíos registraban los cadáveres y entregaban a los agentes de la Gestapo los documentos y objetos de valor. Las fosas fueron llenadas con los cuerpos y colmadas de tierra. Encima se colocaron grandes terrones de hierba para que no quedase rastro de dónde habían sido sepultados los hombres de Lídice.

Mientras tanto, las mujeres encerradas en Kladno, que ascendían a 196, esperaban ansiosas las noticias de sus familiares. Sin saber lo que había sido de ellos, la noche del 12 de junio fueron conducidas a la estación del ferrocarril. Allí subieron a un tren especial que las llevaría al campo de Ravensbrück, donde murieron 53 de ellas.

De los niños secuestrados en Lídice y sometidos a un «control de raza», los expertos nazis escogieron a dos niñas y a un niño, que serían enviados a Alemania. Los otros fueron deportados a Lodz, en Polonia y de éstos algunos fueron entregados a familias alemanas con documentos falsos. Los niños restantes fueron enviados al campo de exterminio de Chelmno, en donde serían gaseados nada más llegar.

Arrasado hasta los cimientos

Karl Hermann Frank visitó Lídice, mostrándose satisfecho por el cumplimiento de las órdendes de Hitler. El Führer había ordenado también que la superficie ocupada por el pueblo se convirtiese en una finca rústica que debía ser entregada a la viuda de Heydrich. Frank estableció que antes de seis meses cualquier construcción fuera removida para que «el arado pueda surcar esta llanura y que nadie recuerde nunca que existió una vez un pueblo llamado Lídice».

El pueblo fue totalmente arrasado, pero el objetivo de que el nombre de Lídice fuera olvidado fracasó. El eco de sus letras se extendió de uno a otro continente. «Una cosa tan horrenda no había ocurrido desde la Edad Media» escribió el *Daily-Telegraph*.

Al conocerse los pormenores de la tragedia, hubo ciudades que cambiaron su nombre por el de Lídice, como San Jerónimo Aculco, en México, que pasó a ser San Jerónimo Lídice. Otras poblaciones de Venezuela, Brasil, Panamá, Chile o Estados Unidos tomaron el nombre de la localidad checa. Además, numerosas niñas fueron bautizadas Lídice en Iberoamérica.

En cuanto a los instigadores y autores de la matanza, casi todos ellos pagaron por su crimen. Aunque quien ordenó el asesinato masivo, Hitler, escapó a la justicia suicidándose en su búnker de Berlín, Karl Hermann Frank fue ahorcado el 22 de mayo de 1946, después de ser capturado en Praga mientras intentaba huir. El jefe de la Gestapo de Kladno y un ayudante también fueron condenados a muerte y ejecutados. Otros doce acusados fueron sentenciados a penas de cárcel. Entre ellos se hallaba el jefe de taller que había entregado a la policía la carta de su empleada, y que había señalado a Lídice como objetivo de la brutal represión, siendo condenado a cadena perpetua.

El escenario

Pese haber sido completamente destruido, el pueblo fue reconstruido en 1949 gracias a los fondos que llegaron de todo el mundo, aunque se levantó en un emplazamiento contiguo al original.

En el lugar que ocupaba la antigua Lídice hoy existe un gran parque-monumento en memoria de las víctimas de la masacre.

Gardelegen, 1945
Los estertores de la barbarie nazi

Gardelegen es una pequeña y agradable población del estado de Sajonia-Anhalt, en el centro de Alemania. Asentada a orillas del río Milde, sus orígenes se remontan al siglo X, y en ella puede encontrarse un antiguo hospital del siglo XIII. Aunque quedó prácticamente destruida durante la guerra de los Treinta Años y en 1775 fue incendiada por los franceses, Gardelegen supo recuperarse hasta convertirse en una próspera localidad, gracias a su pequeña industria de maquinaria agrícola, pero sobre todo por la extraordinaria calidad de su cerveza, conocida en toda Alemania.

Sin embargo, Gardelegen es tristemente célebre por un hecho que tuvo lugar poco antes de que finalizase la Segunda Guerra Mundial, cuando la barbarie nazi que había sometido casi toda Europa a un régimen de terror durante cinco largos años estaba dando sus últimos estertores.

En abril de 1945, las tropas aliadas estaban penetrando rápidamente en el territorio del Reich. Siguiendo las órdenes de Heinrich Himmler, jefe de las SS, los prisioneros de los campos de concentración comenzaron a ser evacuados hacia el interior del país. Debido al lamentable estado físico de los internos, esas evacuaciones se convertirían en auténticas marchas de la muerte. Los prisioneros que no podían avanzar al ritmo marcado por los guardianes de las SS eran ejecutados allí mismo, y dejados al borde las carreteras.

Evacuación mortal

Este desplazamiento masivo era un esfuerzo desesperado por proseguir la lucha, ya que en teoría los prisioneros iban a ser empleados como trabajadores esclavos en la industria de guerra. Pero en realidad el motivo último era evitar la caída de los prisioneros en manos de los enemigos, donde podrían testificar contra sus perseguidores.

Ante la incontenible progresión de las fuerzas aliadas hacia el corazón de Alemania, la administración del campo de Dora-Mittelbau ordenó el 3 de abril la evacuación de los internos del campo principal y de varios de los campos que dependían de él. El objetivo era transportar a los prisioneros por tren o a pie a los campos de concentración de Bergen-Belsen, Sachsenhausen, o Neuengamme. En pocos días, unos 4.000 prisioneros de Dora-Mittelbau, sus campos satélites y un subcampo de Neuengamme llegaron a la estación de Letzingen, donde los trenes quedaron detenidos debido al daño causado a las vías por los bombardeos aéreos.

A los prisioneros se les hizo descender de los vagones. Al verse superados por ese gran número de prisioneros, los guardias empezaron a reclutar fuerzas auxiliares del cuerpo de bomberos, la Fuerza Aérea, las Juventudes Hitlerianas y otras organizaciones, para que colaborasen en las tareas de vigilancia. Los prisioneros formaron una columna y se les hizo caminar doce kilómetros hasta llegar a Gardelegen. Una vez allí, fueron confinados en los barracones militares de un cuartel de entrenamiento para la caballería situado en la Bismarker Strasse.

Mientras tanto, llegó otro tren a Letzingen, con 1.400 trabajadores esclavos de los campos de Rottleberode y Stempeda. También se les encaminó hacia Gardelegen pero centenares de ellos se desmayaban por la sed y el hambre, siendo asesinados a sangre fría en el lugar donde caían. Posteriormente, soldados norteamericanos encontrarían 86 cadáveres en tumbas excavadas en torno a la estación. La llegada de los nuevos prisioneros al cuartel de caballería de Gardelegen hizo que las instalaciones quedasen saturadas. Los guardias de las SS encargados de que el contingente llegase a pie a su destino decidieron acabar con la vida de los que, una vez reemprendida la marcha, la retrasarían debido a sus precarias condiciones físicas.

Quemados vivos

Así pues, en la tarde del viernes 13 de abril, más de un millar de prisioneros fueron obligados a caminar hasta la granja Isenschnibbe, que se encontraba a unos dos kilómetros del pueblo, y que disponía de un enorme granero. Los prisioneros fueron encerrados dentro del edificio, cuyo suelo había sido previamente empapado de gasolina. Los guardias ahí reunidos bloquearon las puertas y prendieron fuego al granero.

Mientras el calor y llamas crecían dentro del edificio, los prisioneros buscaban escapar del incendio rompiendo las gruesas paredes de madera o incluso excavando apresuradamente por debajo de éstas. Los que lograron salir al exterior fueron acribillados a balazos, salvo 22 supervivientes que lograron llegar hasta al techo y escapar sin que los guardias pudieran darles caza. El resto murieron asfixiados por el humo o quemados vivos.

Al día siguiente, las SS y los auxiliares locales regresaron para eliminar la evidencia de su crimen. Además de asesinar a cualquier posible superviviente del incendio, habían planeado quemar lo que quedaba de los cuerpos y de la estructura del granero, y enterrar en zanjas los restos carbonizados de los cadáveres.

Pero la noticia de que la 102º División de Infantería del Ejército norteamericano avanzaba hacia el pueblo hizo que las labores de ocultación se precipitasen. Sin tiempo para proceder a la cremación ordenada de los cuerpos, abrieron unas zanjas y comenzaron a introducir en ellas los cadáveres. La rápida aproximación de las columnas norteamericanas, y la inminencia de su aparición en la zona, hizo que los SS abandonasen su tarea y se marchasen a toda prisa.

Descubrimiento del crimen

El 14 de abril, la 102º División entró en Gardelegen y al día siguiente los soldados descubrieron la atrocidad cometida en la granja Isenschnibbe. Horrorizados, encontraron los cientos de cadáveres que permanecían entre los restos del granero, en el que todavía no se habían apagado los rescoldos. También descubrieron las zanjas en donde los guardias habían intentado enterrar los cuerpos quemados.

Para documentar las evidencias del crimen, un equipo de fotógrafos del Cuerpo de Señales del Ejército estadounidense fue enviado al lugar. El 19 de abril, la historia de la masacre de Gardelegen empezó a aparecer en la prensa occidental. Ese día, el *New York Times* y el *Washington Post* publicaron sendos artículos sobre la matanza.

En esas informaciones se recogía el testimonio de un soldado americano, en el que afirmaba: «Nunca estuve tan seguro antes de por qué exactamente estaba luchando. Antes de esto, hubiera dicho que esas historias eran propaganda, pero ahora, después de ver los cuerpos de los que allí han sido asesinados, uno sabe que no lo eran».

El 21 de abril de 1945, el comandante local de la 102º División quiso que fueran los habitantes del pueblo de Gardelegen los que se encargasen de enterrar los cuerpos, para que adquiriesen plena conciencia del horrible crimen cometido por sus compatriotas. Así, un grupo de unos trescientos hombres de Gardelegen fueron desplazados a la granja para proporcionar un entierro digno a los prisioneros asesinados. Durante los siguientes días, los civiles alemanes exhumaron 586 cuerpos de las zanjas y recuperaron 430 cuerpos del granero, y cavaron una tumba individual para cada uno. En total, habían sido asesinadas 1.016 personas.

El 25 de abril, la 102º División ofició una ceremonia para honrar a los muertos. En el lugar de la matanza se colocó una lápida en memoria de las víctimas; en ella quedó grabado que los ciudadanos de Gardelegen tendrían la responsabilidad de que las «tumbas se mantengan por siempre verdes como la memoria de estos desafortunados será mantenida en los corazones de los amantes de la libertad».

En ese emotivo acto, el coronel George Lynch se dirigió los ciudadanos de Gardelegen con estas palabras:

«Se le ha dicho al pueblo alemán que las historias de las atrocidades alemanas eran propaganda de los Aliados. Aquí pueden ver por ustedes mismos. Algunos dirán que los nazis son los responsables de este crimen. Otros apuntarán a la Gestapo. La responsabilidad no es de ninguno de ellos; la responsabilidad es del pueblo alemán. La llamada Raza Superior ha demostrado que es superior solamente en el crimen, la crueldad y el sadismo. Ha perdido el respeto del mundo civilizado».

El escenario

En el lugar en el que se perpetró la matanza se levanta hoy un Memorial, construido en 1950. En la explanada pavimentada se pueden ver los restos de los muros del edificio que fue quemado por los alemanes.

En el conjunto destaca una figura humana representando a un desnutrido prisionero. La escultura de bronce fue esculpida por el escultor Jochen Sendler en 1971. El prisionero mira al frente con gesto desafiante; su puño cerrado simboliza tanto su dignidad como su exigencia de justicia.

Una placa recuerda a los que murieron aquel trágico día y advierte a los visitantes a no olvidar a los que murieron luchando contra el nazismo.

Detrás del cementerio militar se conserva una gran piedra natural, con letras doradas, que fue colocada en 1946 en recuerdo de las víctimas judías. Ese fue el primer memorial dedicado a los asesinados aquel infausto 13 de abril de 1945.

Jerusalén, 1946
El atentado del Hotel Rey David

*E*l 22 de julio de 1946, sobre las once y media de la mañana, unos hombres entraron en el Hotel Rey David de Jerusalén. Disfrazados de lecheros y de camareros del hotel, descargaron varios bidones de leche y los entraron en el establecimiento por la puerta de servicio.

La misión de este grupo no era otra que volar el edificio; los recipientes no contenían leche, sino 350 kilos de explosivos. Mientras, un grupo de apoyo, cuyos miembros iban disfrazados de árabes, permanecía fuera del hotel. Los falsos lecheros actuaron con rapidez. Bajaron los bidones al sótano y los colocaron junto a las columnas de mayor soporte estructural.

Parte de los hombres que participaban en la acción no se conocían con anterioridad. Para evitar fugas de información, o confesiones en caso de ser capturados, los participantes habían acudido en dos grupos a las siete de la mañana a un lugar preestablecido, en donde se reconocieron con la contraseña *Malonchik*, una clave que sería la que denominaría la operación. Allí fueron informados del objetivo por los *cerebros* de la misión, pues hasta el mismo día del atentado no conocieron el blanco.

El ala sur del Hotel Rey David había sido ocupada por los británicos para albergar las instituciones centrales del régimen de administración del Mandato Británico de Palestina, incluyendo el cuartel general del Ejército y el gobierno civil. Además, servía de sede para una oficina de la ONU. Para proteger las instalaciones, se construyeron nidos de ametralladoras alrededor del hotel. En toda la zona, soldados, policías y detectives vigilaban constantemente. Pero, aun así, no lograron detectar a los hombres que habían entrado para dejar los explosivos.

Potente explosivo

Una vez que el artefacto fue colocado en el lugar previsto, los activistas salieron del hotel. Eran las doce del mediodía cuando uno de los miembros del grupo de apoyo arrojó en la calle un petardo inofensivo pero muy ruidoso, que provocó una gran denotación, y gritó a la multitud: «¡Aléjense, el hotel está a punto de volar por los aires!». Sin embargo, el estruendo atrajo a los curiosos, no sólo a los que pasaban por la calle, sino a los que se encontraban en las otras alas del hotel, por lo que el efecto de esta advertencia sería precisamente el contrario del buscado.

Unos minutos después, esa misma persona llegó donde esperaba una telefonista de 16 años, Adina Hay (alias *Tehia*), quien llamó al Hotel Rey David para informar —en hebreo y en inglés— que se acababan de colocar unos explosivos en el edificio y que éstos no tardarían en estallar. El mensaje conminaba a que el hotel fuera evacuado de inmediato para evitar víctimas civiles, pero el aviso fue ignorado.

Inmediatamente después, la misma persona telefoneó a la redacción del *The Palestine Post* para avisar de lo que iba a ocurrir. La tercera y última advertencia se hizo al consulado francés, próximo al hotel, aconsejando que abrieran las ventanas y corriesen las cortinas para disminuir los efectos de la onda expansiva y evitar la rotura de los cristales. Los funcionarios de la sede consular francesa hicieron caso de la advertencia y abrieron las ventanas. Pero las autoridades británicas ignoraron el aviso.

Cuando pasaban exactamente 37 minutos de las doce del mediodía, se disparó el temporizador que había dentro de los recipientes cargados de explosivo. Repentinamente, toda Jerusalén se estremeció, como si de un terremoto se tratase. El artefacto había hecho explosión de acuerdo al plan fijado, pero la fuerza del estallido había superado todos los cálculos. La explosión destruyó los siete pisos del ala sur del hotel, desde el subsuelo hasta el techo.

Tras los primeros minutos de terror y desconcierto, comenzaron a llegar los equipos de emergencia. Los gritos de los heridos surgían de entre los escombros y por todas partes podían verse cadáveres. El momento elegido para cometer el atentado era el de mayor afluencia de las oficinas de la administración británica. Cientos de funcionarios y oficiales estaban en ese momento en el interior del edificio, y muchos de ellos se encontraban ahora muertos o heridos entre los cascotes del hotel derrumbado.

Al lugar acudieron los *Royal Engenieers* del Ejército británico, provistos de material pesado para localizar a las víctimas. Sólo serían rescatadas con vida seis personas; el último sería encontrado veinticuatro horas después de derrumbe, aunque fallecería días después a consecuencia de las heridas. Las operaciones de rescate se prolongarían dos días más, en los que dos mil camiones salieron cargados de escombros, pero nadie más sería hallado con vida.

Luz verde al plan

La acción había sido cometida por el Irgun, cuyo líder era el futuro primer ministro y Premio Nobel de la Paz en 1978, Menahem Beguin (1913-1992). Este grupo clandestino, partidario de la lucha armada, había presentado a las autoridades judías el plan para destruir el edificio, pero el plan no fue aceptado, al considerarse que no era el momento adecuado. Sin embargo, la propuesta no fue descartada ni prohibida, por lo que el Irgun siguió adelante con el plan.

Pero en junio de 1946, los británicos ocuparon las oficinas de la Agencia Judía,[14] llevándose importantes documentos se-

---

14. La Agencia Judía para Israel es una organización gubernamental sionista creada en 1923 con el objetivo de ejercer como representante de la comunidad judía durante el dominio británico, recibiendo reconocimiento oficial en 1929. En los años treinta se convirtió en el gobierno *de facto* de la población judía, cuyos líderes eran elegidos por todos los

cretos, que quedarían custodiados en el Hotel Rey David. Las autoridades judías consideraron prioritario que esa información fuera destruida, puesto que, al parecer, revelaba la conexión de los grupos clandestinos con la Agencia Judía, por lo que ésta dio luz verde a la acción propuesta por el Irgun.

En el brutal atentado contra el Hotel Rey David morirían 91 personas. De ellas, sólo 28 eran británicas. Los más afectados fueron los árabes, con 41 muertos, y después hubo cinco muertos más de diferentes nacionalidades. Paradójicamente, y como consecuencia de la acción indiscriminada, 17 judíos perdieron también la vida en el atentado. Algunas de las víctimas eran viandantes que en ese momento pasaban por delante del edificio.

Como consecuencia de este suceso, la Haganá detuvo temporalmente su cooperación con el Irgun. A esta organización se le recriminó el gran número de víctimas civiles; si el objetivo era volar el ala del Hotel destinada a oficinas sin causar derramamiento de sangre, la opción más razonable hubiera sido regular el temporizador para que la explosión se hubiera producido por la noche, cuando las oficinas estaban vacías.

La Agencia judía condenó públicamente el atentado, expresando su «sentimiento de horror por ese acto sin precedentes cometido por una banda de criminales». Si esta posición era sincera, al no contar con que se produjese tal cantidad de bajas civiles, o si, por el contrario, se correspondía a un cínico cálculo político es algo que queda a consideración de cada cual. El diario judío *Hatsofeh* abundó en esta descalificación de los autores del atentado, al catalogarlos de «fascistas».

Sin embargo, desde el punto de vista del objetivo de los terroristas y, en último término, de la Agencia Judía, el ataque sería un completo éxito, al conseguir que se extendiera el terror entre los administradores británicos. Éstos sabían que, a partir de ese momento, no podían sentirse seguros en ningún lugar. El atentado contra el Hotel Rey David sería determinan-

---

judíos residentes en el territorio. Fue el embrión del futuro gobierno israelí proclamado en 1948. Actualmente todavía existe, pero su función es proporcionar ayuda económica y cultural a movimientos judíos del mundo.

te para forzar a los británicos a abandonar el Mandato, acelerándose así la evacuación del personal británico destinado en Palestina.

La controversia sigue abierta

Las circunstancias en las que se produjo el atentado abrieron una polémica que aún hoy continúa viva. Después de aquella acción, los británicos afirmaron que nadie les había avisado que iba a estallar la bomba, mientras los israelíes aseguraron que sí, pero que, según testigos presenciales, los británicos no permitieron que el edificio fuera desalojado alegando: «No aceptamos órdenes de los judíos».

Una posible explicación es que la llamada de advertencia se efectuó a la centralita del hotel, situada en la recepción, que era diferente de la que correspondía a las oficinas de la administración británica. Supuestamente, el personal del hotel no dio cuenta del aviso al ala del edificio destinado a las oficinas. Una investigación del gobierno británico, efectuada cinco meses después del atentado, concluyó de manera un tanto ambigua que «ningún aviso llegó a nadie del Secretariado en una posición oficial que le permitiera tomar la decisión de evacuar el edificio».

Recogiendo la indignación británica por la presunta inadvertencia, el entonces primer ministro, Clement Attlee, dijo ante la Cámara de los Comunes que el atentado contra el Hotel Rey David había sido «uno de los más devastadores y cobardes crímenes que se habían reportado en la historia». Incluso Winston Churchill, defensor de las posiciones sionistas, crítico el ataque.

La controversia también alcanza a la propia calificación del ataque. Los teóricos del terrorismo lo presentan como un ejemplo de acto terrorista saldado con éxito, puesto que los autores consiguieron sus objetivos. Sin embargo, en Israel no está considerado como un acto terrorista, ya que se trató de un ataque contra un objetivo militar; además, se distingue de ese tipo de acciones en que existió un intento de aviso para que la zona fuera evacuada. Menahem Beguin escribió, años más tarde, que la acción había sido «una explosión dentro de unos cuarteles fortificados de un régimen militar».

En julio de 2006, las autoridades israelíes y ex miembros del Irgun asistieron a la celebración del 60 aniversario de aquel suceso. El embajador británico en Israel y el Cónsul General en Jerusalén presentaron protestas por la conmemoración de ese atentado que costó la vida a cerca de un centenar de personas.

El escenario

El Hotel Rey David, de cinco estrellas, está ubicado en el corazón mismo de Jerusalén. Fue erigido en 1931 por el británico Frank Goldsmith (1878-1967), propietario de una cadena de hoteles de lujo, pero la mayor parte de la inversión correspondió a un banquero egipcio judío, Albert Mosseri, director del Banco Nacional de Egipto. El proyecto de construcción fue encargado al arquitecto suizo Emile Vogt. El estilo aglutinaba motivos asirios, hititas y fenicios, para proporcionarle un carácter «bíblico». El encargado de diseñar al interior de las habitaciones manifestó que el objetivo era «evocar las reminiscencias el antiguo estilo semítico y el ambiente del período glorioso del Rey David».

Tras el atentado y la guerra árabe-israelí de 1948, el establecimiento se convirtió en una fortaleza militar, que quedaría situada en tierra de nadie, en la línea de armisticio que dividió Jerusalén entre Israel y Jordania. En 1958, el edificio recuperó su función original y desde entonces suele servir de alojamiento para reyes, jefes de Estado, gente del espectáculo, magnates y miembros de la *jet set* internacional. Sus cuidados jardines, su piscina al aire libre y la terraza desde la que se puede admirar la ciudad vieja amurallada de Jerusalén, hacen que el visitante difícilmente pueda pensar que un día aquél fue el escenario de una masacre.

En el lugar en donde se levantaba el ala sur, objeto del atentado, se colocó en el 2006 una placa conmemorativa en la que se sostiene que aquellas 91 personas murieron porque los británicos hicieron caso omiso de las llamadas de alerta: «Por razones conocidas sólo por los británicos, el hotel no fue evacuado». En la misma placa se puede leer: «Advertencias a través de llamadas telefónicas se hicieron al hotel, al *The Palestine Post* y al Consulado francés, instando a los ocupantes del hotel a salir de inmediato. El hotel no fue evacuado y 25 minutos después las bombas explotaron. Para el pesar del Irgún, 92 personas murieron».

Deir Yassin, 1948
La aldea de la que sólo queda el recuerdo

El conflicto entre árabes e israelíes está jalonado por una serie de fechas, marcadas en rojo sangre. Una de ellas es el 9 de abril de 1948. Ese día tuvo lugar un terrible acontecimiento en la aldea árabe de Deir Yassin, situada a cinco kilómetros al oeste de Jerusalén.

Lo que allí ocurrió es, aún hoy, objeto de controversia. Para unos, allí se produjo una brutal masacre, llevada a cabo por guerrilleros judíos, que se saldaría con unos 450 palestinos muertos. Para otros, Deir Yassin fue simplemente el escenario de una escaramuza militar que provocaría bajas indeseadas entre la población civil. Sea como fuere, está admitido que, al menos, un centenar de palestinos perdió la vida en el incidente.

Jerusalén, bloqueada

Los hechos tuvieron lugar durante la Guerra de Independencia de Israel. Las fuerzas árabes tenían bloqueado el acceso a Jerusalén, que se encontraba sitiada. Los convoyes judíos trataban de llegar a la Ciudad Santa para aliviar la escasez de alimentos que, en abril, ya se había convertido en crítica. El 6 de abril se puso en marcha la Operación Nachshon, que debía permitir ganar el control del camino a Jerusalén.

La localidad de Deir Yassin, que contaba entonces con unos 750 habitantes, fue incluida en la lista de aldeas árabes que debían ser ocupadas, como parte de la operación de apertura de esa línea de aprovisionamiento a los hebreos cercados en Jerusalén. La población estaba compuesta por familias de agricultores que se dedicaban al cultivo del olivo, además de cereales y hortalizas.

Como la aldea se encontraba cerca de varios asentamientos judíos, el líder árabe local había establecido un pacto de no-agresión con los hebreos que residían en ellos. Apoyados en ese pacto, los habitantes de Deir Yassin habían negado el permiso para que las fuerzas árabes usaran la ciudad como base. Por su parte, los comandantes judíos dieron comienzo a la operación destinada a abrir un corredor entre Jerusalén y Tel Aviv, la única vía de abastecimiento.

Asalto a la aldea

En la noche del 9 de abril, 132 paramilitares judíos, pertenecientes a las organizaciones clandestinas Irgun y Lehi, se apostaron alrededor de Deir Yassin, divididos en tres grupos. El encargado de liderar el ataque era Menahem Beguin, quien, tal como se ha indicado en el capítulo anterior, ya había estado involucrado en el atentado contra el Hotel Rey David.

La versión de los árabes asegura que a las dos de la madrugada los grupos sionistas irrumpieron en la aldea, penetrando en las casas y obligando a sus ocupantes a salir a la calle. Los aldeanos, temerosos y crédulos, les hicieron caso y salieron de sus casas en la oscuridad de la noche.

Cuando ya se encontraban en las calles, los palestinos vieron a los paramilitares que se dirigían hacia ellos, y fue entonces cuando comenzaron a recibir ráfagas de fusil de asalto. El pánico se apoderó de los árabes. Los guerrilleros entraron en las casas de aquéllos que intentaban refugiarse y los sacaron a la calle para asesinarlos, mientras lanzaban granadas a las casas para destruirlas.

Según la versión de los palestinos que lograron esconderse entre las ruinas o escapar, los judíos descuartizaron a algunas de las víctimas; cortaron miembros viriles y abrieron los vientres de las mujeres embarazadas. A juzgar por las señales de los cadáveres, muchos fueron matados directamente con cuchillos. Con ellos degollaron a los más jóvenes y a las mujeres, según decían, «para no gastar balas». Siguiendo con esta versión, en total fueron masacradas más de cuatrocientas personas. No obstante, la prensa redujo esa cifra a unas 250 personas.

El testimonio de Reynier

Un observador de la Cruz Roja destinado en Jerusalén, el franco-suizo Jacques de Reynier, fue alertado por los árabes al mediodía del 10 de abril de que se estaba produciendo una masacre en Deir Yassin. Reynier se dirigió rápidamente hacia la aldea pero, al aproximarse a ella, los guerrilleros le impidieron el paso. Dando un gran rodeo, y contando con la colaboración de un soldado judío que estaba muy agradecido a la Cruz Roja por la ayuda recibida por esta institución internacional mientras estuvo prisionero en Alemania, pudo finalmente entrar en la aldea.

Reynier quedó horrorizado por lo que allí vio. En las casas en las que entró sólo encontró cadáveres ya fríos, algunos ametrallados y otros pasados a cuchillo. Sin embargo, cuando se disponía a salir de una de las casas, oyó un leve quejido; empezó a buscar en todas partes y tropezó con un pie pequeño que aún estaba caliente. Era una niña de diez años, herida de gravedad por una granada, pero que aún estaba viva. El observador de la Cruz Roja quiso llevársela consigo pero el oficial al mando se interpuso y cerró la puerta de salida; afortunadamente, con la ayuda del soldado que estuvo prisionero en Alemania, pudo salir con la niña y conducirla a un hospital.

Reynier también dejó constancia en su informe de un grupo de judíos, armados con metralletas, rifles y granadas, que tanto sus armas como sus uniformes estaban llenos de sangre. Según él, éste era el grupo encargado de asesinar a los supervivientes.

Durante los dos días siguientes se enterraron cadáveres en grandes fosas comunes, sin comprobar la identidad. Después, los guerrilleros del Irgun abandonaron la aldea, siendo sustituidos por fuerzas regulares, pero muchos de los cuerpos permanecerían insepultos durante unos días más.

La versión israelí

Como es previsible, la versión de lo sucedido desde el lado israelí diferiría bastante de este relato. De hecho, las autoridades israelíes negaron el hecho por unos días y, tal como se ha apuntado, impidieron el acceso de la Cruz Roja a la zona. Cuando trascendieron detalles de lo que había ocurrido en la aldea, gracias sobre todo al testimonio de Jacques de Reynier, los representantes judíos afirmaron que en realidad se había producido un choque militar, en el que los civiles habían resultado dañados.

Según esta versión, Deir Yassin no estaba libre de combatientes árabes, sino que alojaba un grupo armado procedente del Mandato Británico de Mesopotamia, la actual Irak. Este contingente tenía como misión impedir la toma de la carretera entre Jerusalén y Tel Aviv. El objetivo de los paramilitares judíos —unos 120 hombres en total— era desalojar a los iraquíes para despejar la ruta.

Los judíos se acercaron a la aldea por el norte y el sur. Aunque los guardias del pueblo ya habían dado la alarma, no atacaron a la espera de un camión que, con un altavoz, avisase a los aldeanos para darles la oportunidad de rendirse o retirarse hacia el oeste. Supuestamente, ésta fue una exigencia expresa de Beguin para evitar bajas civiles. Pero los supervivientes no recordarían nada del mensaje lanzado por el altavoz; los judíos explicarían posteriormente que el camión, debido a la oscuridad, cayó a una zanja y no pudo entrar en el pueblo, pero que aún así emitió desde la lejanía el mensaje de advertencia.

Aunque otras fuentes afirman que el camión llegó una vez comenzada la batalla y otros ponen en duda la propia existencia del vehículo, a los habitantes de la aldea no les hizo falta escuchar el mensaje para saber que, si querían conservar la vida, era mejor escapar del pueblo lo más rápido posible. Según los israelíes, más de tres cuartas partes de los habitantes de Deir Yassin pudieron huir.

Entonces comenzó la batalla. Los atacantes encontraron una inesperada resistencia, siempre según la versión israelí. Recibían nutrido fuego de los aldeanos que se habían quedado en el pueblo. Incluso las mujeres comenzaron a disparar, ya que ocultaban sus armas debajo del amplio chador.

La lucha se prolongó durante dos horas. El caos desatado generó una especie de histeria colectiva y muchos civiles cayeron bajo el fuego cruzado. Las bajas árabes, incluyendo los soldados iraquíes, fueron 120. Por su parte, entre los combatientes judíos hubo que anotar cuarenta bajas.

Según esta versión, las horribles masacres relatadas por los supervivientes nunca tuvieron lugar, sino que fue un choque militar confuso en el que murieron muchos civiles. De todos modos, las autoridades judías, un mes después de proclamarse el Estado de Israel, condenaron los hechos y enviaron una carta de disculpa a Abdullah, rey de Jordania.

Las fuentes israelíes destacan que cuatro días después del asalto a Deir Yassin tuvo lugar una sangrienta venganza por parte de los árabes. Un convoy humanitario que se dirigía al hospital Hadassah de Jerusalén fue interceptado, siendo asesinados setenta médicos y enfermeras, todos ellos no combatientes. Para asegurarse de que no quedaran supervivientes, los árabes rociaron los vehículos con gasolina y convirtieron a sus ocupantes en antorchas humanas.

Protesta de Einstein

Sea cierta una u otra versión, la captura de Deir Yassim fue presentada por la causa sionista como una «victoria». El propio Menahem Beguin señalaría años más tarde: «Lo que ocurrió en Deir Yassin y su divulgación ayudó a triunfar en batallas decisivas y allanó el camino al futuro». Es posible que así fuera; los guerrilleros judíos ocuparon varias poblaciones y los árabes ya no hicieron otra cosa que retroceder. En ese mismo año, la ONU dio el visto bueno a la constitución de Israel.

No obstante, el 4 de diciembre de 1948, el científico Albert Einstein y otros 27 destacados intelectuales judíos firmaron una carta de protesta contra la visita que Menahem Beguin efectuó a Estados Unidos. La misiva, publicada por el *New York Times*, condenaban la participación de Beguin y los miembros del Irgun en estos duros términos:

«Ataque a una aldea árabe. El 9 de abril, bandas terroristas atacaron la pacífica aldea de Deir Yassin, que no era un objetivo militar. En la acción murieron muchos de sus habitantes —240 hombres, mujeres y niños— y algunos de ellos fueron capturados para que desfilasen como cautivos por las calles de Jerusalén. La mayor parte de la comunidad judía se horrorizó, pero los terroristas, lejos de avergonzarse de sus actos, estaban orgullosos de su masacre».

El escenario

Hoy no queda nada de Deir Yassin. Un año después del incidente, la aldea fue arrasada y sobre una parte de los terrenos se construyó el asentamiento judío de Givat Shaul Bet. Algunas de las calles recibieron los nombres de los que tomaron la aldea en 1948. En 1951 se construyó también un hospital mental.

En 1980, las últimas ruinas que quedaban del poblado árabe fueron removidas para permitir la construcción de nuevas casas para los colonos y una zona industrial. El cementerio árabe también fue removido, en este caso para facilitar la construcción de una carretera.

Sharpeville, 1960
El principio del fin del *apartheid*

$\mathcal{D}$esde 1966, cada 21 de marzo de celebra el Día Internacional de la Eliminación de la Discriminación Racial. El origen de esta fecha hay que buscarlo en 1960, en Sharpeville, una localidad sudafricana cercana a Johannesburgo. Ese día murieron 69 manifestantes negros a manos de la policía, cuando protestaban por el régimen de *apartheid* vigente entonces en aquel país.

En *afrikaans*, variante sudafricana del holandés, *apartheid* significa separación. Este término apareció en Sudáfrica en los años cuarenta, y pasaría a definir el régimen oficial en 1948, tras la victoria electoral del ultraconservador Partido Nacionalista Unificado. A partir de ese momento se adoptó una política de segregación racial, diseñada para regular la vida de la mayoritaria población negra y mantener el dominio de la minoría blanca.

La legislación aprobada regulaba dónde podían vivir y trabajar los negros e imponía numerosísimas restricciones al ejercicio de las libertades civiles, que quedaban reservadas para menos de cinco millones de blancos, mientras se negaban a más de veinticinco millones de negros, mestizos e indios. Para ello se estableció el Registro de Población, que obligaba a los individuos a ser clasificados según su raza.

Un régimen abominable

El régimen de *apartheid* suponía la prohibición de los matrimonios mixtos. También surgió la Ley de Áreas de Grupo, por la que se creaban lugares de convivencia para los miembros de un mismo grupo racial. A los trabajadores negros se les prohibió participar en huelgas o cualquier otro mecanismo de reivindicación laboral.

En 1954 se aplicaría una de las ordenanzas más monstruosas del *apartheid*: la Ley de Educación Bantú. Esta disposición condenaba a los jóvenes negros a seguir un plan de estudios elemental, cerrándoles las puertas a cualquier aspiración personal que les permitiese entrar en competencia con los blancos. Además, los fondos estatales destinados a las escuelas para niños negros debían, a partir de entonces, ser extraídos exclusivamente de los impuestos recaudados entre la población negra, obviamente mucho más pobre que la blanca. Con esta calculada estrategia se garantizaba la inferioridad de las nuevas generaciones de negros a la hora de desempeñarse laboralmente, perpetuando así el dominio económico y social de los blancos.

La justificación de esta abominable política discriminatoria se basaba en una lectura negativa del concepto de raza. Para los ideólogos del Partido Nacionalista Unificado, las diferencias biológicas y culturales impedían el desarrollo conjunto de las etnias; por tanto, si se deseaba garantizar la felicidad de cada una de ellas, era imprescindible vivir separados.

Antes de que se instituyese oficialmente el *apartheid*, en Sudáfrica ya existía la segregación racial, como herencia del colonialismo. En 1910, sólo los blancos podían acceder al Parlamento, y una ley de 1913 sobre las tierras indígenas limitaba a un trece por ciento de la extensión del país la tierra que podía estar en manos de la población negra.

Uno de los aspectos del régimen de *apartheid* que despertaban más rechazo entre la población negra era la Ley de Pases (*Pass Laws*), por la que se controlaban sus desplazamientos en zonas tanto urbanas como rurales. Mientras estuvo vigente la esclavitud, hasta 1834, los nativos debían ir provistos de un pase cuando se encontraban fuera de la propiedad de su dueño, pero tras su abolición esta práctica se mantuvo, como instrumento de control. Así pues, los negros necesitaban el pase para efectuar cualquier desplazamiento e incluso para ir a trabajar.

En cualquier momento y lugar, los negros podían ser requeridos a mostrar su pase y, en caso de existir alguna irregularidad, se arriesgaban a ser detenidos; en el mejor de los casos, se les solía enviar a una granja para que trabajasen en régimen de semiesclavitud para un terrateniente blanco, pero también se arriesgaban a ser detenidos, juzgados y condenados a penas de prisión. Pero la Ley de Pases no sólo servía para controlar los movimientos y la vida diaria de la población negra, sino que proporcionaba la excusa perfecta para cometer sobre ellos cualquier tipo de arbitrariedad.

Pero no todos los blancos estaban a favor de la segregación racial. Un grupo de mujeres blancas de clase media combatió el *apartheid*, denunciándolo y dando refugio y asesoramiento legal a las víctimas. Su símbolo era una faja negra que lucían en público, por lo que esta organización era conocida como la *Black Sash* (Faja Negra).

Protesta contra el apartheid

Durante la década de los cincuenta arreciaron las protestas contra el régimen de segregación racial. En 1952 surgió el primer movimiento de desobediencia civil de la población negra, impulsado por el Congreso Nacional Africano (ANC). En 1958, los elementos más radicales del ANC se escindirían para crear el Congreso Panafricano (PAC).

A principios de 1960, el PAC hizo un llamamiento nacional contra la Ley de Pases, convocando manifestaciones en todo el país para el 21 de marzo de ese año. A pesar de las constantes amenazas y la brutal represión, la población negra se movilizó con fuerza.

En Sharpeville, en donde el PAC gozaba de más implantación, la convocatoria obtendría un gran seguimiento. A las diez de la mañana de ese 21 de marzo, un grupo de entre 5.000 y 7.000 personas se concentraron alrededor del cuartel local de la policía, ofreciéndose voluntariamente a ser arrestados, asegurando no disponer de su pase. Esta acción se coordinó con un corte de líneas telefónicas y el lanzamiento de octavillas por las calles de la ciudad conminando a la gente a no acudir a sus lugares de trabajo. Los conductores de autobús fueron coaccionados para que no circulasen durante esa jornada reivindicativa.

La protesta, de todos modos, poseía un tinte festivo y ninguno de los manifestantes iba armado, pero la policía comenzó a tomar posiciones para evitar disturbios. Conforme fue discurriendo la mañana, la concentración fue siendo cada vez más numerosa, hasta que una masa de africanos, que fuentes oficiales cifrarían en más de 15.000 manifestantes, comenzó a avanzar por las calles de la localidad. La gente se movía hacia delante y hacia atrás al ritmo de un canto africano cuya música provenía de los silbatos que medio millar de jóvenes hacían sonar a la cabeza de la manifestación.

Al mediodía, las autoridades decidieron que la protesta había llegado demasiado lejos. Varios reactores Sabre sobrevolaron la zona para intimidar y dispersar a los manifestantes, tal como se había hecho con éxito poco antes en una localidad próxima que también amenazaba con ser escenario de disturbios, Evaton.

Ataque contra la multitud

Pero los habitantes de Sharpeville no se dejaron impresionar por los ensordecedores vuelos rasantes de los aviones militares y continuaron con su protesta cada vez más multitudinaria. Finalmente, la policía dispuso varios carros blindados Saracin a lo ancho de la calle para impedir el paso de los manifestantes. Cuando éstos se aproximaron a la línea de policía, a la una y cuarto de la tarde, los agentes comenzaron a disparar bombas lacrimógenas. Poco después se oyó el tableteo de los fusiles ametralladores, lo que hizo que el pánico se apoderase de los manifestantes. Según los testigos, algunos policías disparaban sobre la marcha, barriendo la calle de lado a lado.

Las cifras oficiales fueron 69 muertos, incluyendo 8 mujeres y 10 niños, y más de 180 heridos, incluyendo 31 mujeres y 18 niños. Según los informes de la policía, la multitud había comenzado a arrojar piedras contra ellos y sus vehículos, y los agentes que se encontraban en la zona reaccionaron de manera espontánea disparando sus armas.

En cuanto comenzaron a conocerse los detalles de lo que había ocurrido en Sharpeville, explotó la indignación entre la población negra de todo el país. Las manifestaciones se intensificaron y se convocaron huelgas y boicots. La respuesta del gobierno sudafricano a esta revuelta generalizada fue aplicar el estado de emergencia, que entraría en vigor el 30 de marzo.

Represión implacable

Toda la furia del aparato represivo del régimen se abatió sobre los líderes de la revuelta, lo que llevó a la detención de cerca de 20.000 personas y pena de cárcel para un total de 11.727 personas. El ANC y el PAC fueron prohibidos y sus miembros obligados a pasar a la clandestinidad o a exiliarse. Desde ese momento, ambas formaciones abandonaron la tradicional estrategia de protesta no violenta y eligieron el camino de la lucha armada, dotándose de sendos brazos militares.

A la matanza de Sharpeville sucedió una oleada de protestas en todo el mundo contra el gobierno de Pretoria, incluida una condena de las Naciones Unidas el 1 de abril de 1960 y, al año siguiente, la expulsión de Sudáfrica de la Commonwealth.

Sharpeville supondría un punto de inflexión en la historia sudafricana, ya que durante las tres décadas siguientes el país se encontraría cada vez más aislado por parte de la comunidad internacional. Aunque todavía debía pasar mucho tiempo para que el execrable régimen del *apartheid* fuera abolido, de lo que no hay duda es que ese día, en Sharpeville, comenzó la lenta cuenta atrás para su desaparición.

En 1998, la Comisión por la Verdad y la Reconciliación investigó los hechos. El teniente coronel Pienaar, que estaba ese día al mando de las fuerzas policiales de Sharpeville, negó haber dado la orden de disparar. Pienaar justificó el nerviosismo de sus hombres refiriéndose a la muerte de nueve policías tres meses antes, en unos incidentes ocurridos en la localidad de Cato Manor. De todos modos, el hecho de que la policía continuase disparando después de que la multitud diese la vuelta para huir, como lo demuestra el que la mayoría de muertos y heridos presentasen heridas de bala en la espalda, confirma que existió voluntad de provocar una masacre.

El escenario

En 2002, el entonces presidente sudafricano Nelson Mandela inauguró en Sharpeville un Memorial dedicado a las víctimas de la matanza de 1960. Está situado en la calle Seeiso, enfrente de la comisaría de policía, en donde dieron comienzo los disparos contra la multitud.

Tres años más tarde, junto al Memorial, se construyó un centro de exposiciones (*Sharpeville Exhibition Centre*) en el se pone al alcance de los visitantes toda la información relativa a aquel trágico acontecimiento.

Hué, 1968
Horror en la Ciudad Imperial

$\mathcal{A}$l comienzo de la guerra de Vietnam (1965-1975), la milenaria ciudad de Hué, que había sido durante siglos la residencia de los reyes vietnamitas, se encontraba bajo el control de las fuerzas norteamericanas. Pese a que la presencia militar estadounidense era mínima, sus 100.000 habitantes se sentían seguros.

Pero todo cambiaría en la madrugada del 31 de enero de 1968. A las cuatro menos veinte, el silencio de la noche se vio rasgado por disparos de mortero. Los proyectiles comenzaron a abrir enormes agujeros en los muros de los palacios de Hué, así como en las fachadas de las bellas casas coloniales francesas. La ofensiva del Tet, emprendida por el Ejército nordvietnamita y cuyo más renombrado éxito sería el asalto a la embajada estadounidense en Saigón, había llegado a la antigua capital imperial.

Los escasos militares norteamericanos que se encontraban en la ciudad, en su mayor parte simples asesores, nada pudieron hacer para frenar la irrupción de las tropas enemigas, por lo que sus habitantes confiaron en la pequeña fuerza sudvietnamita que se hallaba en Hué esa mañana. Pese a su número reducido, se trataba de la compañía de élite «Panteras Negras». Aunque lucharon como demonios tratando de detener el avance de la infantería nordvietnamita, eran claramente superados en número y no pasó mucho tiempo antes de que las fuerzas atacantes, integradas por unos 12.000 hombres, controlaran toda la ciudad. La bandera del Vietcong, una estrella amarilla sobre fondo azul, pasó a ondear victoriosa sobre el antiguo palacio imperial.

Reconquista de la ciudad

El 4 de febrero de 1968, cinco días después de haber tomado la ciudad, Radio Hanoi anunciaba haber «rodeado y castigado a docenas de crueles agentes». Pero en ese momento nadie podía imaginar los extremos a los que había llegado ese castigo. Eso se conocería tres semanas después, cuando las tropas norteamericanas lograron reconquistar la ciudad.

Desalojar de Hué a las fuerzas nordvietnamitas no resultó nada fácil. El primer intento se había lanzado durante la primera semana, por parte de los marines. Se llegó a capturar el hospital, la prisión y el cuartel general provincial, pero la renuncia a utilizar armamento pesado en la Ciudad Imperial, para no dañar sus históricos edificios, resultó determinante para el fracaso de la operación. Los acosados soldados, inmovilizados entre los escombros, maldijeron esa falta de fuego pesado de apoyo.

Al final de la tercera semana de febrero se pudo completar el cerco de la ciudadela. Ante las dificultades que entrañaba el asalto a la ciudad, fuertemente defendida por los nordvietnamitas, se autorizó finalmente el fuego de apoyo de las unidades navales, de la artillería y de la aviación. Fue necesario disparar 5.000 proyectiles navales, casi 20.000 de artillería y arrojar 150.000 kilos de bombas desde el aire. Incluso se arrojaron sobre la ciudad bidones de *napalm* de 250 kilos.

En la ciudad en ruinas se libraron combates que pusieron a prueba la fortaleza física y psíquica de los soldados norteamericanos. El enemigo planteó focos de resistencia en todas partes. Los francotiradores, agazapados en los pisos superiores de los edificios parcialmente derribados, sólo esperaban que algún desafortunado soldado asomara su cabeza, mientras los nidos de ametralladora disparaban a nivel del suelo. Los morteros, semienterrados para evitar que fueran detectados, cubrían las vías de entrada a la Ciudad Imperial. Además, los nordvietnamitas lanzaban continuos contraataques locales y se arrastraban furtivamente durante la noche para colocar trampas explosivas. Como si todo esto fuera poco, era la temporada de los monzones; la atmósfera húmeda y fétida suponía un castigo añadido para los soldados norteamericanos.

Tras encarnizados combates, en la mañana del 21 de febrero el palacio imperial fue reconquistado por los marines. Los soldados sudvietnamitas que combatían junto a los marines rasgaron con rabia la bandera comunista que había ondeado sobre el palacio e izaron la suya. Los combates se prolongarían hasta la noche del 25 de febrero, cuando Hué fue declarada ciudad segura.

Unos 2.500 soldados nordvietnamitas murieron durante la batalla y un número similar encontraría la muerte en su retirada hacia el norte. Entre norteamericanos y sudvietnamitas, las bajas ascendieron a cerca de 400 hombres. Por su parte, los civiles se llevaron la peor parte; muchos murieron en sus casas por el fuego de artillería y las bombas.

La batalla que se libró en Hué en aquellos largos días de febrero fue absolutamente diferente a cualquier otra librada en Vietnam. El carácter urbano de los combates colocó a los soldados norteamericanos al límite de su resistencia. Para muchos, Hué fue «la batalla más amarga».

Terrible purga

Una vez recuperada Hué, se supo que los nordvietnamitas, en cuanto tomaron la ciudad, empezaron a buscar elementos supuestamente colaboradores del enemigo. Los encargados de la purga llegaron con listas en la mano. En la primera oleada fueron detenidos funcionarios públicos, maestros y líderes religiosos. Una segunda purga alcanzó a otros líderes de la comunidad, a intelectuales, a aquellos relacionados de un modo u otro con las fuerzas norteamericanas y, en general, a cualquiera al que se le considerase simpatizante del régimen sudvietnamita. Una tercera y definitiva purga eliminó a todos los testigos de las anteriores, incluyendo tres médicos alemanes y dos misioneras francesas.

El paradero de todos ellos se comenzaría a conocer el 26 de febrero, cuando se descubrió una fosa en el patio de la escuela secundaria Gia Hoy. En ella estaban enterrados 170 cadáveres. En los siguientes días, se localizaron más fosas en el interior de la ciudad, conteniendo cada una de ellas alrededor de un centenar de cuerpos, llegando en dos casos a más de doscientos. Muchos de ellos aparecían salvajemente mutilados.

Pero la lista de desaparecidos era mucho mayor. El destino de todos esos detenidos quedó claro en los días y meses sucesivos, cuando se descubrieron más de 3.000 cuerpos enterrados en fosas comunes situadas en los alrededores de la ciudad; se trataba principalmente de civiles a los que habían disparado, golpeado hasta la muerte o enterrado vivos. Estas tumbas habían sido cavadas en claros de la selva, lechos de los ríos y bancos salinos costeros.

Radio Hanoi ridiculizaría la búsqueda de los cadáveres de las víctimas, a quienes intentaba degradar calificándolos despectivamente de «gamberros aduladores que habían pagado su deuda de sangre». Pese a la localización de todos estos cadáveres, en una labor que se prolongaría hasta noviembre de 1969, aún quedarían pendientes de encontrar 1.946 desaparecidos.

Muchos de los que se oponían a la participación de Estados Unidos en la guerra aseguraron que dichas víctimas lo fueron en realidad de los bombardeos norteamericanos previos a la entrada de la infantería. Cuando esta tesis se demostró falsa, se atribuyó la masacre a las frustradas tropas nordvietnamitas en retirada; esta afirmación tampoco encontró argumentos, ya que un ejército que escapaba del avance enemigo era poco probable que trasladase a tal cantidad de personas fuera de la ciudad y hubiera tenido tiempo de cavar las fosas. El análisis de los restos, en los que se demostraba que la tortura y la mutilación habían precedido al asesinato, indicaba claramente que la matanza había sido ejecutada de forma fría y planificada por las autoridades comunistas.

El terror era un rasgo común de la estrategia de intimidación desplegada por Hanoi, pero el que se practicaba en las zonas rurales de forma rutinaria no era difundido. Lo sucedido en Hué fue diferente, tanto en términos de su magnitud como en la publicidad que mereció. El presidente norteamericano, Richard Nixon, diría después de llegar a la presidencia en enero de 1969 que la masacre de Hué había sido un preludio de lo que pasaría en Vietnam del Sur si los comunistas tomaban alguna vez el poder.

Sin embargo, el infierno de la guerra no distinguiría entre un bando u otro, tal como se demostraría fatalmente tan sólo tres semanas después de descubrirse los terribles crímenes de Hué, en una aldea llamada My Lai.

El escenario

La histórica ciudad de Hué fue durante siglos la residencia de los reyes vietnamitas. Los chinos gobernaron Vietnam alrededor de mil años, por lo que no es de extrañar que esta ciudad imperial se construyese bajo la influencia cultural del poderoso vecino. A orillas del río Perfume, y protegida por una muralla, se encontraba la Ciudad Imperial, en la que el emperador y los mandarines de rango llevaban a cabo sus tareas de gobierno y donde se celebraban las ceremonias imperiales.

La Ciudad Imperial se comenzó a construir en 1804 y se terminó treinta años después. Dentro, protegida por otra muralla y a semejanza de la que se encuentra en Beijing, se hallaba la Ciudad Prohibida, donde vivía el emperador y su familia, un lugar al que sólo los sirvientes eunucos tenían acceso. A su vez, toda la ciudad de Hué estaba rodeada por una muralla de diez kilómetros de largo, en lo que fue la fortificación más grande construida por la monarquía vietnamita. Medio millar de cañones asomaban los muros para su defensa y diez puertas, cada una con su atalaya de dos pisos, controlaban el acceso a este mundo restringido.

Hué es hoy una ciudad pequeña y tranquila, en la que abundan lagos y canales rodeados de vegetación frondosa, todo en medio de un ambiente poético. Pero del antiguo esplendor de Hué no queda prácticamente nada. La guerra de Vietnam se cebó especialmente con esta ciudad, resultando casi totalmente arrasada. Su belleza monumental pereció bajo las bombas de ambos bandos pero, aun así, por su relevancia histórica —fue la capital de Vietnam hasta 1945— es una parada obligada en los recorridos turísticos por el país.

La tarea de reconstruir Hué fue muy lenta, prolongándose a lo largo de dos décadas, pero en 1993 recibió un impulso al declararla la UNESCO Patrimonio de la Humanidad, lo que le sirvió para conseguir ayudas internacionales y llevar a cabo una serie de proyectos, desde la reconstrucción de palacios

—como el espectacular Thai Hoa (Suprema Armonía)— hasta la recuperación de las artes tradicionales. Pese a esta labor, la mayoría de los edificios de la Ciudad Imperial no han sido reconstruidos. Salvo el mencionado palacio de Thai Hoa, el encantador Palacio de Lectura Real y un par de pabellones octogonales, la extensión que ocupaba la Ciudad Imperial se reduce hoy a una extensión cubierta de hierba, donde aún pueden encontrarse marcas de bala en los muros.

En Hué se encuentra el «Museo de la Resistencia contra los Invasores Estadounidenses (1954-1975)». Este museo contiene mucha información sobre la guerra en Hué. Fotos, documentos y fragmentos de filmaciones originales abarcan desde las manifestaciones budistas de 1953 hasta la batalla de 1968, incluido el metraje del histórico izamiento de la bandera del Frente de Liberación Nacional sobre la ciudadela. Asimismo, se expone un diorama de la batalla, con modestos efectos de sonido.

Hué acoge también el Museo Ho Chi Minh, dedicado al líder vietnamita, puesto que pasó buena parte de su infancia en esta ciudad.

My Lai, 1968
Masacre en una aldea vietnamita

$\mathcal{U}$no de los factores principales que llevó a Estados Unidos a perder la guerra de Vietnam fue la pérdida del apoyo de la población norteamericana. A esta desafección del frente interno contribuyó poderosamente la revelación de algunas acciones criminales llevadas a cabo por las tropas en suelo vietnamita. Las matanzas indiscriminadas contra la población civil restaron cualquier legitimidad que se pudiera poseer en esa confrontación contra las fuerzas comunistas que pretendían apoderarse de todo el país. El ejemplo que tendría más repercusión en la opinión pública estadounidense sería el de la masacre de My Lai.

Búsqueda y destrucción

La mañana del 16 de marzo de 1968, tres compañías de la 11ª Brigada de Infantería iniciaron una operación de «búsqueda y destrucción» (*Search and Destroy*) en el área de Son My. Este tipo de acciones consistía en el envío, habitualmente en helicóptero, de un contingente reducido a un sector de la jungla en el que se sospechaba que existía una concentración de guerrilleros del Vietcong, para localizarles y golpearles con contundencia.

El objetivo de la Compañía C en esa operación de «búsqueda y destrucción» era el 48º Batallón del Vietcong que, según los Servicios de Inteligencia, tenía su base en una aldea, la de Tu Cung, que figuraba en los mapas militares estadounidenses con el nombre de My Lai-4, aunque era conocida de manera informal como *Pinkville* (aldea rosa).

Los norteamericanos comenzaron lanzando un asalto con helicópteros. No encontraron resistencia en la zona de aterrizaje y, en cuanto tomaron tierra, el capitán Ernest L. Medina envió a las Secciones 1.ª y 2.ª al poblado.

Asesinatos y violaciones

Al ver la llegada de los norteamericanos, algunos aldeanos comenzaron a correr y fueron abatidos a tiros. La 2.ª Sección arrasó la mitad norte de My Lai-4, arrojando granadas dentro de las chozas y matando a todo el que salía de ellas. Los soldados violaron y asesinaron a las jóvenes del poblado, rodearon a los civiles y los mataron.

Al cabo de media hora, Medina envió a la 2.ª Sección al poblado de Binh Tay, donde los soldados violaron a más muchachas antes de capturar una veintena de mujeres y niños para asesinarlos.

Mientras tanto, la 1.ª Sección, bajo las órdenes del teniente William Calley, arrasó la zona sur de My Lai-4, disparando a todo el que intentaba escapar, asesinando a otros con las bayonetas, violando mujeres, matando al ganado y destruyendo los cultivos y casas. Los supervivientes fueron reunidos y apiñados dentro de una acequia de desagüe. En ese momento, el teniente Calley abrió fuego contra los indefensos aldeanos y ordenó a sus hombres que hicieran lo mismo. Descargaron una lluvia de balas sobre aquella montaña de carne humana hasta que todos los cuerpos quedaron completamente inmóviles. Un niño de dos años consiguió salir gateando de entre los cuerpos; Calley lo empujó y disparó contra él, matándolo.

Media hora más tarde, la 3.ª Sección entró en acción para terminar de liquidar al «enemigo». Mataron a los aldeanos heridos para evitarles el sufrimiento, quemaron las casas, dispararon sobre el ganado que aún quedaba vivo y sobre cualquiera que intentara escapar. Luego reunieron a un grupo de mujeres y niños y los acribillaron con sus fusiles de asalto M16.

El periodista Neil Sheehan describiría así la terrible carnicería:

«Los soldados estadounidenses y los oficiales jóvenes disparaban a ancianos, mujeres, niños, niñas y bebés. Un soldado disparó dos veces con una pistola del 45 a un bebé que yacía en el suelo, sin llegar a matarlo. Miró al bebé y le disparó una tercera vez. Los soldados pegaban a las mujeres con las culatas, violaban a algunas y maltrataban a otras antes de dispararles. Mataron a búfalos, cerdos y gallinas. Arrojaron a los animales muertos en los pozos para envenenar las aguas. Muchos de los habitantes volaron en los refugios en los que habían puesto bombas. Los que se asomaban para escapar de los explosivos eran asesinados. Prendieron fuego a todas las casas».

Civiles desarmados

En total, murieron entre 172 y 347 personas, todos ellos ancianos, mujeres y niños desarmados. El capitán Medina informó que habían contado 90 cuerpos de elementos del Vietcong no civiles. El oficial de prensa de la División anunció que «se había dado muerte a 128 enemigos, detenido a 13 sospechosos y capturado tres armas» (!).

Pese a que, según el oficial de prensa, los aldeanos contaban con tres armas, en realidad no se disparó un solo tiro a los soldados estadounidenses como respuesta, y la única herida de la que quedó constancia fue la de un soldado que se disparó en el pie a propósito para evitar tener que participar en aquella carnicería.

El mando militar pudo, durante un tiempo, omitir la información de la masacre, y el periódico del Ejército, *Stars and Stripes*, e incluso el *New York Times*, apoyaron el éxito de la misión.

El problema fue que dos reporteros, el fotógrafo Ronald Haeberle y el periodista del Ejército Jay Roberts, que habían sido asignados a la Sección de Calley, habían sido testigos de la masacre.

Según revelarían los dos periodistas posteriormente, una mujer recibió tantas ráfagas que sus huesos saltaron en astillas. Otra mujer fue muerta a tiros y su bebé destrozado a culatazos de M16, mientras otro bebé era atravesado con una bayoneta. Un soldado que acababa de violar a una joven, le introdujo la boca del cañón de su M16 en la vagina y apretó el gatillo. Un anciano fue arrojado a un pozo con una granada. Un niño que escapaba de la masacre fue derribado de un disparo. También recogieron el testimonio del piloto de un helicóptero de observación, que comenzó a lanzar granadas de humo para que pudiera localizarse a los civiles heridos y evacuarlos, pero que se quedó atónito y horrorizado cuando vio que sus compañeros en tierra se guiaban por el humo para llegar hasta los heridos y rematarlos.

Gradualmente, las descripciones de los dos periodistas fueron divulgándose dentro del Ejército, pese a lo cual los hombres de la Compañía C pregonaban orgullosos su victoria en My Lai. Los vietcong distribuyeron panfletos denunciando aquella atrocidad y el Ejército investigó con indiferencia los rumores de la masacre que se habían difundido a través de toda la cadena de mando, pero se decidió que no había indicios suficientes para una investigación.

El empeño de Ridenhour

Un soldado, Ronald Ridenhour, oyó también los rumores de la masacre y se interesó por el caso. Mostrando un denonado empeño por conocer la verdad, reunió a algunos miembros de la Compañía C, entre los que se encontraba el objetor más destacado de aquella atrocidad, Michael Bernhardt.

A medida que llegaban los informes, la euforia inicial de la gran victoria se iba diluyendo y muchos de quienes tomaron parte en ella comenzaron a preguntarse cómo podrían vivir, cuando volvieran a casa, con aquello que habían hecho. Sabían que no podían explicar lo ocurrido sin provocar que se les acusara de asesinato, pero necesitaban hablar con Ridenhour.

Ridenhour reunió las declaraciones, aunque estaba seguro de que si las presentaba al Ejército se volvería a realizar una investigación superficial y otra vez todo quedaría encubierto. No obstante, cuando volvió a casa después de su período de servicio, se dio cuenta de que le era imposible olvidar todo lo que había oído. Así que escribió una carta describiendo los testimonios que había reunido y envió 30 copias a los políticos más importantes. El congresista Morris Udall, de Arizona, presionó al Ejército para que enviara un equipo de investigación a entrevistarse con Ridenhour.

Juicio a Calley

Seis meses más tarde de la denuncia pública efectuada por Ridenhour, y unos 18 meses después de la matanza, el teniente Calley fue acusado formalmente del asesinato de 109 «seres humanos orientales». La noticia de la acusación apareció en algunos periódicos, pero sin especificar el número de muertos ni las terribles circunstancias en que se produjeron, por lo que pasó prácticamente inadvertida.

El asunto hubiera podido mantenerse alejado de la opinión pública, de no ser porque un periodista tenaz, Seymour Hersh, alertado por un abogado, captó las posibilidades de la historia y comenzó a investigar. En noviembre de 1969 publicó el relato completo de los hechos en 36 periódicos, incluyendo las principales cabeceras. El *New York Times* sacó a la luz su propia versión y la revista *Life* publicó las fotografías tomadas por Ronald Haeberle durante la matanza. La masacre apareció en la portada de la revista *Newsweek*, bajo el llamativo titular «Tragedia americana». El asunto de la masacre de My Lai pasó a convertirse en un escándalo mayúsculo.

El juicio a Calley dividió al país en dos. Los que estaban a favor de la guerra decían que sólo había cumplido con su deber. Los que estaban en contra afirmaban que Calley no era más que el chivo expiatorio, puesto que masacres como la de My Lai habían ocurrido en muchas más ocasiones; para ellos, quienes debían sentarse en el banquillo eran los altos dirigentes militares, incluido el que era presidente en el momento de los hechos, Lyndon B. Johnson.

Gracias al juicio, la opinión pública tuvo conocimiento en detalle de cómo se estaba llevando a cabo la lucha en Vietnam. En muchas zonas, los soldados norteamericanos combatían contra una población hostil, en la que era imposible distinguir entre civiles y guerrilleros. Las minas y trampas explosivas causaban constantes muertes, sin que fuera posible capturar a los que las habían colocado. En estas circunstancias, nada resultaba más tentador que vengarse en las aldeas, cuyos habitantes seguramente simpatizaban con el Vietcong o eran incluso combatientes esporádicos.

El juicio dio la oportunidad al teniente Calley de explicar, a modo de atenuante, sus circunstancias personales. Relató que en el mes anterior al ataque a My Lai, su Compañía, integrada por unos 100 hombres, había sufrido 42 bajas a causa de los francotiradores y las trampas explosivas, sin que lograran ver a ningún enemigo. Sólo dos días antes, cuatro de sus hombres habían volado en pedazos al caer en una trampa explosiva. Durante ese tiempo, Calley había visto también todo tipo de atrocidades cometidas por los guerrilleros. Una noche, los vietcong capturaron a uno de sus hombres y estuvieron oyendo sus gritos durante toda la noche. Como pudieron comprobar a la mañana siguiente, le habían despellejado vivo, dejándole sólo la piel de la cara, para sumergirle después en agua con sal y arrancarle los genitales.

Pero los propios vietnamitas también eran víctimas de los excesos del Vietcong cuando se mostraban remisos a colaborar con los guerrilleros. Calley había visto al jefe de una aldea al borde de la locura después de encontrar en la puerta de su casa una tinaja de barro dejada por los guerrilleros, llena de un líquido que parecía salsa de tomate. Dentro había fragmentos de huesos, pelo y trozos de carne humana flotando; era su hijo.

Su descripción del horror de la lucha en Vietnam, además de sus fervientes demostraciones de patriotismo y anticomunismo, acabó convirtiendo a Calley en víctima en lugar de verdugo. Cuando la vista del juicio llegaba a su final, las encuestas revelaban que ocho de cada diez norteamericanos estaban a favor de su absolución.

A lo largo del proceso, Calley se había mostrado como un muchacho normal. Nacido en Miami, trabajaba como tasador de seguros en San Francisco cuando recibió la orden de alistamiento. Su paso por tres centros de instrucción no fue suficiente para adquirir las habilidades mínimas que se le debían exigir a un oficial; de hecho, se graduó sin saber siquiera interpretar correctamente un mapa. Una vez en Vietnam, Calley se encontró con que no era capaz de controlar a sus propios hombres ni de resistir la creciente presión de sus superiores para incrementar los recuentos de víctimas. Su testimonio dejó claro que los mecanismos del Ejército para escoger y formar a los oficiales que debían estar al frente de las tropas habían fracasado estrepitosamente.

El juicio a Calley concluyó el 16 de marzo de 1971, exactamente tres años después de la masacre. Después de deliberar durante quince días, el jurado lo declaró culpable de asesinato. Calley fue condenado a cadena perpetua y trabajos forzados. Sin embargo, poco después la pena se redujo a veinte y luego a diez años. Finalmente, el 19 de noviembre de 1974 Calley fue liberado, después de cumplir solamente tres años y medio de arresto domiciliario.

En cuanto al resto de los hombres que participaron en la matanza, de la docena de oficiales y soldados que fueron inicialmente imputados sólo cinco fueron llevados a juicio. Ninguno sería condenado.

También fueron imputados lo oficiales que habían encubierto la masacre, incluyendo a todo un general de división, Samuel Koster, pero todos ellos resultarían también absueltos.

Nadie acabó pagando por aquel crimen. Pero, a buen seguro, los que participaron en él se arrepintieron mil veces de haber actuado así. Lawrence C. La Croix, uno de los soldados que dispararon ese día contra los civiles vietnamitas, afirmaría años después: «Resultó fácil. Es sencillo matar cuando se enseña a odiar al enemigo. Pero desde entonces, sólo oigo los gritos de angustia».

El escenario

La aldea de My Lai, o Tu Cung para los locales, pertenece a la población de Son My. La infame matanza se recuerda en el Parque en Memoria de los Caídos, emplazada en la aldea en la que tuvo lugar ese sangriento episodio de la Guerra de Vietnam. En ese parque hay decenas de tumbas, muchas de ellas de miembros de la misma familia.

Al pasear por ese espacio tranquilo y digno, rodeado de arrozales, al visitante le invade la sensación de la presencia de los difuntos que le rodean. En el jardín pueden advertirse las cicatrices que dejaron las atrocidades cometidas en el lugar: marcas de bala en los árboles, restos de casas incendiadas con un epitafio de piedra en memoria de las familias que las habitaban, así como algunos de los refugios que no sirvieron a los habitantes de My Lai para protegerse de los soldados norteamericanos.

Después de pasar tres estatuas de cuerpos agonizantes, el camino central del jardín conduce hasta una estatua grande de estilo soviético de una mujer acunando un bebé entre los caídos, con el puño derecho levantado en señal de desafío.

Al oeste de este camino se levanta un pequeño edificio. En él se exhibe una truculenta galería de fotografías que muestra los terribles acontecimientos de aquel día a través de instantáneas tomadas desde los helicópteros norteamericanos. También se muestran objetos que fueron testigos de la matanza, como una tetera y una taza hechos añicos por el impacto de las balas mientras sus propietarios estaban desayunando.

En la aldea pueden verse aún las zanjas en las que decenas de civiles vietnamitas fueron alineados y asesinados por los soldados estadounidenses.

Ciudad de México, 1968
La matanza de la plaza de las Tres Culturas

*E*l sábado 12 de octubre de 1968, el presidente mexicano Gustavo Díaz Ordaz inauguró los XIX Juegos Olímpicos, que tuvieron como sede Ciudad de México.

De esos Juegos inolvidables quedaría para la historia el estratosférico salto de longitud del norteamericano Bob Beamon. La altitud de la capital mexicana, el viento a favor —al borde del límite de homologación— y las propias condiciones del atleta se conjuntaron el 18 de octubre para alumbrar el que fue calificado de inmediato como el «salto del siglo». Los jueces, al no disponer de material para medir un salto tan largo, se retrasaron en certificar el nuevo récord. Cuando en el marcador manual apareció un 8,90, nadie se lo podía creer, ni el propio Beamon. Su mejor salto hasta ese momento había sido de 8,33 y, de hecho, desde entonces ya no superaría el 8,22.

Con la hazaña de Beamon, el anterior récord de salto de longitud había quedado pulverizado en 55 centímetros, cuando la media de las mejoras anuales no pasaba de seis centímetros. La marca de Beamon se mantendría durante 22 años, 10 meses y 22 días, cuando el también norteamericano Mike Powell la superó por cinco centímetros en el Mundial de Atletismo disputado en 1991 en Tokio.

Los Juegos de México 68 también serían recordados por otra imagen, la de los atletas afroamericanos Tommie Smith y John Carlos en el *podium,* tras ganar respectivamente el oro y el bronce en los 200 metros lisos. Ambos subieron al cajón sin las zapatillas puestas y con un guante negro. Cuando comenzó a sonar el himno de Estados Unidos, ambos bajaron las cabezas y levantaron el puño enguantado, como protesta por el racismo imperante en su país. La instantánea de ese momento se convertiría en uno de los iconos más reconocibles de la década de los sesenta.

La plaza Tlatelolco

Pero aquellos Juegos Olímpicos serían también recordados por un hecho que tuvo lugar en la plaza de Tlatelolco de la capital, diez días antes de su inauguración. Esa plaza enlosada es el lugar en el que se condensa la historia de México.

Tlatelolco era el emplazamiento de un próspero centro de comercio del Imperio azteca; hoy día, unos muros de piedra negra unidos por argamasa blanca son su perdurable testimonio. Cuando en 1519 los españoles sometieron a los aztecas, Tlatelolco fue destruido y en su lugar se edificó una iglesia franciscana, que ha sobrevivido hasta la actualidad, permaneciendo incólume ante los frecuentes terremotos que padece la zona. En la década de los sesenta, el México contemporáneo aportó la alta torre del Ministerio de Relaciones Exteriores y un enorme complejo de viviendas compuesto de largos bloques de cemento. Esas tres aportaciones inspiraron la denominación oficial de plaza de las Tres Culturas.

Esa plaza sería el lugar escogido por los estudiantes mexicanos para llevar a cabo el 2 de octubre de 1968 una concentración de protesta contra el gobierno de Díaz Ordaz, del sempiterno Partido Revolucionario Institucional (PRI), un acto multitudinario que, como veremos, acabaría en una terrible tragedia.

Espiral de violencia

Tres meses antes de esa concentración en la plaza de las Tres Culturas, en el mes de julio, se había iniciado una creciente espiral de violencia en las calles de Ciudad de México, cuando la policía y unidades especiales antidisturbios disolvieron brutalmente un pequeño enfrentamiento entre dos grupos estudiantiles rivales.

Tres días después, los estudiantes se manifestaron para exigir la liberación de los que habían sido arrestados; casualmente, la marcha coincidió en el centro con otra de partidarios de Fidel Castro. El Ejército intentó segmentar la heterogénea manifestación resultante, desviándola hacia las calles laterales, pero los manifestantes permanecieron unidos y los más extremistas comenzaron a lanzar piedras a la policía y quemar autobuses. Las luchas callejeras se prolongarían durante tres días.

El gobierno culpó de la violencia a las juventudes del Partido Comunista, aunque se cree que algunos actos violentos pudieron ser realizados por agentes militares infiltrados. Pero la represión de la policía y del Ejército tan sólo lograba que la siguiente manifestación fuera más multitudinaria. Ante el crecimiento del movimiento de protesta, los estudiantes decidieron coordinar sus esfuerzos creando el Consejo Nacional de Huelga, el CNH.

En el mes de agosto, las manifestaciones de estudiantes y la violencia represora se extendieron a otras ciudades mexicanas. Desde París llegaron activistas del Mayo francés, que adiestraron a los mexicanos en la confección de carteles en serigrafía en los que aparecían, por ejemplo, siluetas de soldados atacando con bayonetas a los estudiantes. Pero los carteles que tuvieron más éxito fueron los dedicados al presidente Díaz Ordaz, en el que éste era representado como un simio con un casco de combate.

En ese mes de agosto, la violencia no paraba de crecer. Algunos estudiantes fueron asesinados por disparos de bala cuando pegaban carteles o trataban de realizar pintadas en las paredes. Por su parte, los estudiantes —o los agitadores infiltrados— quemaron cientos de autobuses y algunas tiendas fueron saqueadas.

Con la fecha de inauguración de los Juegos Olímpicos a tan sólo dos meses vista, estaba claro que el gobierno no iba a permitir que la imagen de México al exterior fuera la de unas calles tomadas por estudiantes levantiscos y unas fuerzas del orden incapaces de desalojarlos. La prensa estadounidense, en lugar de destacar los preparativos que se llevaban a cabo en el país azteca para conseguir que los Juegos fueran un éxito, resaltaba la resistencia estudiantil con titulares como «Disturbios en la víspera de las Olimpiadas».

Para mejorar su imagen internacional, el gobierno reaccionó organizando una gran manifestación de apoyo en Ciudad de México, a la que se forzó a los funcionarios a acudir con el fin de garantizarse un éxito de asistencia. Esta decisión acabó por producir el efecto contrario al deseado, ya que muchos funcionarios ignoraron la orden de acudir a la manifestación y algunos incluso llegaron a quejarse formalmente de las presiones recibidas para asistir a ella.

Pero el acto más contundente destinado a disuadir a los estudiantes de su propósito de deslucir los Juegos fue el asalto del Ejército a la Universidad de México; los edificios destinados a la docencia fueron cercados y evacuados como si de una operación militar se tratase. Esta acción del gobierno, pese a cumplir su objetivo, también resultó un fiasco, ya que transmitió al mundo una imagen represiva escasamente compatible con el espíritu olímpico.

El 23 de septiembre, las mismas escenas se vivieron en la Universidad Politécnica. En este caso fue la policía la que invadió el recinto y los estudiantes se defendieron con palos y otros objetos. Pero, ante las dificultades de la policía para imponerse, se reclamó la presencia del Ejército. Por primera vez, los soldados dispararon contra los estudiantes, causando una cuarentena de heridos.

El tiempo se echaba encima, y la violencia estudiantil seguía amenazando con convertir los Juegos en el escaparate mundial de sus reivindicaciones. El 2 de octubre, el gobierno se reunió con el Consejo Nacional de Huelga, pero el encuentro no fue más que un diálogo de sordos. Si el gobierno pretendía realmente alcanzar un acuerdo con el CNH o si, por el contrario, no era más que una pantomima para justificar la represión posterior, es algo que no se sabrá.

Tras el fracaso de las negociaciones, el CNH convocó una concentración en la que iban a anunciar una huelga de hambre por los prisioneros políticos durante los diez días siguientes hasta la inauguración de los Juegos. Como se ha indicado, el lugar escogido para la concentración fue la plaza de Tlatelolco, la fecha, el 2 de octubre, y la hora, las cuatro en punto de la tarde.

Una plaza convertida en ratonera

Los estudiantes cometieron un gran error decidiéndose por la plaza de Tlatelolco como lugar de concentración. Para cualquier organizador político con experiencia, ése hubiera sido el último escenario elegido para reunirse. Debido a la singular configuración de la plaza, la policía no tenía más que bloquear unos cuantos pasajes entre edificios para que el lugar quedase sellado. Si en el asalto a los recintos universitarios muchos estudiantes tuvieron la oportunidad de escapar al asedio de las fuerzas militares y policiales, de Tlatelolco no había escapatoria posible.

Pese a que en los alrededores de la plaza se estaba desplegando el Ejército y la policía, lo que no auguraba nada bueno, entre cinco y doce mil personas se decidieron a acudir a la concentración convocada en Tlatelolco. Algunos acudieron en familia, incluso con niños pequeños; no se preveía marchar en manifestación, sino simplemente leer la convocatoria de la huelga de hambre. Pero, en realidad, lo que estaban haciendo era meterse en la boca del lobo.

Una vez iniciado el acto a las cuatro de la tarde, los organizadores se dirigieron a los concentrados desde el balcón de la tercera de planta de uno de los edificios que daban a la plaza, conocido como «Chihuahua». El acto discurría en un ambiente tenso, pero nada hacía pensar que se pudiera desencadenar la tragedia que tendría lugar en unos minutos.

Fuego contra la multitud

Sobre las seis de la tarde, casi finalizado el evento, varios helicópteros sobrevolaron la plaza lanzando algunas bengalas. De repente, comenzaron a escucharse disparos aislados y el tableteo de armas de fuego automáticas.

Al mismo tiempo, soldados del Batallón Olimpia,[15] vestidos de civil pero identificados con un guante blanco, irrumpieron

15. Mientras que el Ejército regular informaba a la Junta de Estado Mayor y al Ministerio de Defensa, el Batallón Olimpia contaba con una cadena de mando propia e informaba directamente al presidente.

en la tribuna, apartaron a los oradores, y abrieron fuego contra la multitud que había debajo. Algunos soldados, e incluso un general, resultaron heridos por estos disparos, por lo que las tropas regulares comenzaron a disparar contra la tribuna. Los miembros del Batallón Olimpia, presas del pánico, mostraban sus guantes blancos y gritaban: «¡No disparen! ¡Somos el Batallón Olimpia!».

Los concentrados intentaron escapar por el pasaje existente entre la iglesia franciscana y el edificio «Chihuahua», pero estaba bloqueado por la policía. Paradójicamente, algunos soldados se decidieron a ayudar a los supervivientes a escapar de la plaza. El sonido de las armas continuó durante dos interminables horas. En varios lugares de la plaza se amontonaron los cadáveres. La policía arrestó a cientos de los concentrados, algunos de ellos sangrando por heridas de bala, siendo conducidos a la cárcel.

El balance de víctimas, un misterio

Todo lo relacionado con la Matanza de la plaza de las Tres Culturas está envuelto en una impenetrable oscuridad. La versión de los hechos aquí transcrita es la más aceptada, pero las versiones de los testigos y los protagonistas difieren de forma espectacular.

La cuestión más enigmática es la del balance de víctimas. El gobierno mexicano aseguró entonces que el número de muertos había sido únicamente de veinte. En el 25 aniversario de la matanza, se creó una comisión formada por supervivientes, historiadores y periodistas que trató de buscar el nombre de todas las personas que perdieron la vida aquel día, pero no lograron identificar más de veinte nombres. Un esfuerzo posterior aportaría tan sólo algunos nombres más a la lista, lo que parecía confirmar los datos aportados entonces por el gobierno mexicano.

Mientras que, en su día, el prestigioso rotativo británico *The Guardian* aseguró que los muertos habían ascendido a 325, y que algunas fuentes independientes llegarían a incrementar esa cifra a varios miles, no hay pruebas de que el número de manifestantes asesinados pase de una treintena.

Pero si tenemos en cuenta que en esos momentos había, como mínimo, cinco mil personas concentradas en la plaza y que los disparos contra la multitud se efectuaron a lo largo de dos horas, cuesta creer en unas cifras de muertos tan reducidas. Los investigadores que más se han dedicado a desentrañar ese enigma apuntan a que pudieron ser entre cien y doscientas las personas que murieron esa sangrienta tarde en Tlatelolco.

Este misterio sobre el número de muertos alcanza también a los supervivientes. Dio la sensación como si, esa tarde, un agujero negro hubiera absorbido el destino de miles de personas sin dejar rastro. Cientos de ellos cumplieron penas de cárcel y regresaron luego con sus familias, pero de otros muchos no se sabe absolutamente nada. Se cree que los que pudieron escapar de la ratonera de Tlatelolco se unieron a grupos guerrilleros armados que actuaban en zonas rurales y que, quizás, murieron a manos de los militares en los años siguientes.

A este desconocimiento del destino de los supervivientes de la masacre contribuyó el miedo que se instaló en sus familias; si se atrevían a preguntar, recibían llamadas telefónicas anónimas en las que se les instaba a no seguir por ese camino. Otro motivo para no preguntar por un hijo o hija desaparecido era porque con ello se ayudaba involuntariamente al gobierno para poder identificarlos en el caso de que se hubiera unido a algún grupo guerrillero.

Pero está claro que, para la mayor parte de los supervivientes, no estaba a su alcance o en su ánimo integrarse en una guerrilla rural. Así pues, ¿qué fue de todos ellos? Por ahora no se han encontrado fosas comunes ni han surgido testimonios de que el Ejército los hiciera desaparecer utilizando los métodos de los regímenes militares del Cono Sur, por lo que todo son especulaciones.

Los interrogantes sobre lo que ocurrió en la plaza de las Tres Culturas ese 2 de octubre de 1968 continúan vigentes, cuatro décadas después de ese trágico acontecimiento.

Pero quizás algún día puedan esclarecerse esos enigmas pendientes. Esa tarde, alguien fue visto filmando desde uno de los pisos altos del Ministerio de Exteriores que da a la plaza, pero la película nunca se ha encontrado; el día que aparezca, estaremos más cerca de la verdad.

Una matanza impune

El presidente bajo cuyo mandato se perpetró la masacre, Díaz Ordaz, acabó su presidencia en 1970. Su sucesor sería precisamente el que había sido su primer secretario de Gobernación, Luis Echevarría Álvarez, el responsable del orden público y, por tanto, un hombre directamente involucrado en la matanza.

En abril de 1977, Díaz Ordaz fue nombrado embajador en España, al reanudarse las relaciones diplomáticas entre ambos países tras el paréntesis del franquismo. Pero la sombra de la masacre le persiguió hasta España; la controversia que le acompañaba por su presunta responsabilidad en aquellos hechos, unida a su carácter despótico, del que no se desprendió pese a su cometido diplomático, hizo que Díaz fuera relevado de su cargo tan sólo unos meses después de tomar posesión. El ex presidente murió en 1979, sin haber rendido cuentas ante un tribunal.

No sucedería lo mismo con su sucesor, Luis Echevarría. En 2002 fue el primer político citado a declarar ante la justicia mexicana por la matanza de 1968. En febrero de 2006, con 84 años, estuvo hospitalizado por un problema de irrigación sanguínea en el cerebro, pero eso no le libró en junio de ser arrestado por orden de un juez federal por su papel en la masacre de Tlatelolco. Aun así, Echevarría fue absuelto dos meses después, debido a que el presunto delito había prescrito en noviembre de 2005.

Parecía que los problemas habían terminado para Echevarría, pero en noviembre de 2006 un juez logró que la matanza fuera calificada legalmente de genocidio, por lo que no había lugar a la prescripción. Se decretó un auto de prisión para Echevarría por ese delito, pero en marzo de 2007 un tribunal le concedió la suspensión definitiva del auto y la libertad absoluta, así como su exoneración del cargo de genocidio por los hechos de 1968.

El escenario

La plaza de las Tres Culturas presenta hoy prácticamente el mismo aspecto que tenía entonces. En 1993, con ocasión del 25 aniversario de la matanza, se colocó una estela rectangular de piedra encabezada con la frase «A los compañeros caídos el 2 de octubre de 1968 en esta plaza». A continuación figuran los nombres de las víctimas de la masacre que han podido ser identificadas.

Derry, 1972
El «Domingo Sangriento»

*E*l 30 de enero de 1972 pasaría a la historia con el nombre de «Domingo Sangriento» (*Bloody Sunday*). Ese trágico día marcaría el punto sin retorno del conflicto civil en Irlanda del Norte entre republicanos —favorables a la integración de ese territorio en la república de Irlanda— y unionistas —partidarios de continuar formando parte del Reino Unido—.

A inicios de los años setenta, el conflicto se encontraba en su punto álgido; eran frecuentes las muertes de uno u otro signo, ya fuera en atentados de las diversas facciones del Ejército Republicano Irlandés (IRA) o en intervenciones de la policía del Ulster o del Ejército británico.

Manifestación por los derechos civiles

Aquella tarde, en la ciudad de Derry (Londonderry para los unionistas) estaba convocada una manifestación a favor de los derechos civiles y en contra de las medidas consideradas opresoras por parte de la población católica. Una de ellas era el *internment*, el encarcelamiento sin juicio a los sospechosos de pertenecer al IRA, aprobada en agosto de 1971 por el gobierno de Irlanda del Norte.

Amparándose en ese decreto, centenares de personas, muchas de ellas inocentes, fueron detenidas. Además, cientos de soldados británicos peinaban a diario las calles de los barrios católicos, cacheando a los viandantes, rebuscando en las bolsas de la compra de las amas de casa, o efectuando registros en los hogares sin orden judicial.

La manifestación había sido convocada por la Asociación por los Derechos Civiles de Irlanda del Norte (NICRA). Esta organización se había constituido en 1967 para hacer frente a la discriminación contra la población católica que venía ejerciendo el Estado unionista desde los años veinte, y contaba con un fuerte apoyo popular. La NICRA se dedicaba a convocar multitudinarias movilizaciones pacíficas en apoyo a sus reivindicaciones, siguiendo el modelo pro derechos civiles de la comunidad afroamericana en Estados Unidos.

En Derry, en aquellos momentos, los nacionalistas habían establecido un área llamada *no-go*, donde no permitían operar a las fuerzas del orden británicas, que sería conocida como *Free Derry* o Derry Libre. Abarcaba los barrios católicos del Bogside y Creggan, y estaba delimitada por una cadena de barricadas.

Los manifestantes tenían intención de acabar la marcha en el centro de Derry, frente al Ayuntamiento, pero para evitar incidentes en la ciudad les prohibieron que la marcha traspasara el *Free Derry*. Los organizadores tampoco deseaban que se produjesen disturbios, como lo demuestra el que consiguieran el compromiso de las dos facciones del IRA activas en aquel momento (el IRA Oficial y el IRA Provisional) de suspender la lucha armada ese día, para conseguir una marcha pacífica y multitudinaria.

Ese domingo, el día de la manifestación, la ciudad amaneció sitiada por la policía. Para reforzar la seguridad, un regimiento de paracaidistas del Ejército británico había sido enviado a Derry, con la misión de tomar posiciones cerca de la ruta prevista para el recorrido de la marcha, para intervenir en caso necesario.

Por la tarde, unas 15.000 personas acudieron a la convocatoria del NICRA y se concentraron en barrio de Bogside, dando inicio a la manifestación. La mayoría de los asistentes eran católicos, aunque a la cabeza marchaba el líder de los defensores de los derechos civiles Ivan Cooper, de religión protestante.

Paracaidistas británicos

A la vista de la prohibición de salir del *Derry Libre*, la marcha debía terminar en el *Free Derry Corner*, la esquina de las calles Fahan y Lecky, que se había hecho famosa por su espectacular y desafiante mural *You are now entering Free Derry*. Cuando los asistentes comenzaron a llegar a ese punto, en el que la manifestación debía disolverse, un centenar de manifestantes se desgajó del grupo principal y se dirigió hacia una de las barricadas que marcaban los límites de la zona y en la que se hallaba apostado un grupo de soldados del Primer Batallón de Paracaidistas. Los católicos increparon a los soldados que las ocupaban, lanzándoles piedras y botellas.

Ante ese ataque, los soldados respondieron al principio con gas, balas de goma y agua a presión. Pero esta reacción, lejos de conseguir ahuyentar a los más exaltados, caldeó aún más los ánimos. Unos minutos después, las tropas británicas salieron de las barricadas y abrieron fuego abiertamente contra los manifestantes.

Un breve recuento de las circunstancias en las que murieron las víctimas es suficiente para mostrar el carácter de la matanza llevada a cabo por los paracadistas británicos.

Un joven de 17 años fue abatido mientras corría desarmado huyendo de los disparos; hasta tres testigos afirmaron haber visto a un soldado apuntar deliberadamente hacia él. Otro joven de la misma edad fue igualmente abatido cuando huía de los disparos; tenía heridas de bala en la parte derecha y la parte izquierda del pecho, además de en el brazo derecho.

Un hombre fue tiroteado por la espalda mientras se arrastraba buscando refugio; aunque el testimonio de un soldado le señalaba como portador de un arma que habría disparado contra las tropas británicas, posteriormente se reconoció que iba desarmado, y las pruebas forenses buscando residuos de haber utilizado un arma fueron negativas. Otro manifestante salió agitando un pañuelo blanco para advertir que iba a socorrer a un herido que estaba en mitad de la calle; en su camino recibió un disparo en la cabeza.

Un joven fue alcanzado por disparos en la espalda mientras se arrastraba buscando refugio; dos testigos declararon que iba desarmado. Un muchacho recibió un tiro en el estómago mientras permanecía junto a una barricada de escombros; después se demostró que iba desarmado, al igual que otros dos chicos, que fueron alcanzados por un disparo en la cabeza y en el pecho respectivamente.

Otro joven fue herido de bala; se cree que pudo ser abatido por un tirador desde las posiciones que las tropas ocupaban sobre las murallas de la ciudad. Una de las víctimas fue herida y posteriormente rematada por disparos a corta distancia, cuando yacía en el suelo; los testigos afirman que estaba pidiendo ayuda, gritando que no podía mover las piernas, cuando fue disparada por segunda vez.

Un hombre fue herido en el estómago y llevado a una casa vecina, donde le examinó un doctor. Allí se le vaciaron los bolsillos, intentando identificarlo, pero una fotografía posterior de la policía mostraba el cadáver con varias bombas de clavos en los bolsillos; ni los que le registraron en la casa ni el oficial médico que certificó su muerte poco después declararon haber visto que llevase en sus bolsillos ninguna bomba.

Un manifestante fue abatido justo después de gritar «¡no disparen!, ¡no disparen!», recibiendo un tiro en el pecho. Otro hombre fue tiroteado por la espalda cuando intentaba ayudar a un herido. Por último, un hombre de 59 años que no participaba en la marcha, sino que iba a visitar a un amigo, recibió el impacto de una bala en una pierna quince minutos después de haberse iniciado el tiroteo, falleciendo a causa de la herida cuatro meses más tarde.

En total, las 108 balas disparadas por los soldados británicos mataron a catorce personas e hirieron a más de treinta. La matanza se había producido delante de decenas de testigos y periodistas, que dejarían testimonio escrito de lo ocurrido aquella sangrienta tarde de domingo.

Protestas por la matanza

Durante la semana siguiente se produjeron graves incidentes en todo el mundo en protesta por lo ocurrido: la embajada británica en Dublín fue incendiada y en Belfast se produjeron varios atentandos con bomba. Se convocaron manifestaciones de protesta en varias ciudades europeas y se produjeron atentados contra intereses británicos en Berlín Occidental. En Nueva York también se registraron amenazas a los establecimientos comerciales británicos.

En el parlamenteo de Londres, el ministro del Interior británico fue abofeteado por una impulsiva diputada independiente, mientras ésta le espetaba: «¡Hipócrita asesino!». Unas 15.000 personas asistieron a los funerales por las víctimas.

El primer ministro británico, Edward Heath, encargó una investigación inmediata tras los incidentes. El encargado de dirigirla sería el presidente del Tribunal Supremo, Lord Widgery. Los resultados de la investigación —llamada comisión Widgery—, que concluyó en menos de tres meses, no sorprendieron a nadie. Se exoneró a las tropas que participaron en la represión de la manifestación, estableciéndose que los soldados actuaron en defensa propia, haciendo uso de las armas porque «se sintieron en peligro». Pese a la precipitación de los trabajos de la comisión y al hecho de que se impidiese la comparecencia de numerosos testigos, el Gobierno de Edward Heath se dio por satisfecho con las conclusiones. La reina Isabel II llegaría a condecorar al jefe del Primer Regimiento de Paracaidistas, el teniente coronel Derek Wilford.

La política del Ulster se vio gravemente afectada por las consecuencias de la masacre; la Asamblea de Irlanda del Norte fue suspendida en sus funciones, imponiéndose la *Direct Rule*, es decir el gobierno directo desde Londres, una medida que contribuiría a exaltar aún más los ánimos de los nacionalistas irlandeses contra el gobierno británico.

La consecuencia más destacada de aquella masacre fue la revitalización del IRA. En aquellas fechas, la organización terrorista todavía era débil y pequeña y, de hecho, era criticada por su inactividad y supuesta falta de valentía. Pero la matanza del 30 de enero de 1972 provocaría una oleada de apoyo al IRA, aumentando sensiblemente el número de reclutamientos de la banda. Un año después del *Bloody Sunday*, el IRA comenzó a exportar sus acciones armadas al corazón de Inglaterra, dando inicio a una espiral de terror que acabaría a su vez con la vida de otros inocentes.

Tendrían que pasar veintiséis años para que se intentase esclarecer la verdad de lo que ocurrió aquel domingo de enero. En 1998, el entonces primer ministro británico Tony Blair encargó una «nueva investigación judicial completa». El encargado de dirigirla sería, en este caso, Lord Saville, de quien la comisión resultante tomaría el nombre.

La comisión Saville sí contó con los testigos que habían sido rechazados en su día por la comisión Widgery. También incluyó algunas pruebas que fueron ignoradas entonces, como una grabación realizada por un radioaficionado durante unos incidentes producidos dos días antes del *Bloody Sunday*, en la que un soldado recibía por parte de un oficial la orden de disparar a un manifestante que supuestamente había arrojado una bomba, aunque el soldado aseguraría después a su superior haber errado el tiro «por cinco centímetros». La grabación probaría que se contemplaba la posibilidad de disparar a matar, lo que hacía suponer que órdenes de este tipo pudieron cursarse durante el Domingo Sangriento.

La recogida de pruebas documentales y testimonios por parte de la Comisión Saville concluyó en 2004. Cinco años después, las conclusiones finales aún no habían sido redactadas.

El escenario

En el lugar de la matanza se levanta un Memorial, consistente en un obelisco gris de unos tres metros de altura, en el que figuran los nombres de las víctimas.

En Derry, así como en otras ciudades del Ulster, es habitual encontrarse con grandes murales que recuerdan el *Bloody Sunday*, reproduciendo a gran tamaño algunas de las fotografías en blanco y negro tomadas ese día.

Lod, 1972
El atentado más extraño de la historia

*E*l 30 de mayo de 1972, tres jóvenes japoneses abordaron en Roma un avión de Air France que provenía de París con destino a Tel Aviv. El viaje fue amenizado por los cánticos de un grupo de 68 peregrinos cristianos de Puerto Rico, que formaban parte de un grupo de unas 250 personas que se dirigían también a Tierra Santa en otros dos aviones. Algunos debieron pensar que a los tres nipones debían agradarles las canciones, ya que aparentemente se dedicaban a la música; llevaban como equipaje de mano sendos estuches de violín. Pero los que en ese momento pensaban eso, estaban terriblemente equivocados.

El aparato llegó sin ninguna novedad a su destino: el aeropuerto israelí de Lod. El pasaje descendió del avión y se dirigió a la sala de recogida de equipajes. Eran las diez y media de la noche, y los viajeros recién aterrizados ya sólo pensaban en recuperar sus maletas y llegar pronto a sus respectivos hoteles para descansar.

Pero, en ese momento, los tres japoneses abrieron sus estuches para violín. De ellos sacaron tres rifles VZT-58 —la versión compacta del mítico AK-47— así como una docena de granadas. De repente, y sin mediar palabra, comenzaron a disparar contra los otros pasajeros y a arrojarles las granadas. El pánico y el terror se adueñaron inmediatamente de la terminal. Los nipones vaciaron los peines de sus armas sobre todo contra el grupo de puertorriqueños con los que habían compartido el vuelo.

Uno de los puertorriqueños explicó: «Todo fue muy rápido. Nosotros estábamos listos para recoger nuestro equipaje cuando de repente escuchamos el ruido potente de ametralladoras, carabinas y granadas. Nos tiramos al suelo y yo resulté herido».

Las balas no sólo alcanzaron a los peregrinos. En ese momento había unas 250 personas en la terminal, puesto que acababan de aterrizar dos aviones más. Aunque los asesinos estuvieron varios minutos disparando, sólo acabaron con la vida de 26 personas. El grupo de puertorriqueños fue el más afectado, ya que 16 de ellos resultaron muertos. También fueron asesinados nueve ciudadanos israelíes y una canadiense. Otros 78 pasajeros resultaron heridos.

Al parecer, los tres japoneses se habían conjurado para llevar a cabo una misión suicida, ya que cuando uno de ellos agotó la munición, los otros dos le dispararon, matándolo al instante. Poco más tarde, uno de los dos nipones se colocó una granada a la altura del pecho y tiró de la anilla, quedando su cuerpo destrozado. Pero el último asesino vio flaquear su ánimo para quitarse la vida y salió corriendo para mezclarse con la multitud que huía despavorida. Evidentemente, este intento desesperado fracasó y el japonés fue inmediatamente detenido por la policía.

En las horas siguientes a la masacre, un descompuesto Simon Peres, en ese tiempo ministro de Transportes, diría: «Estábamos preparados para cierto número de eventualidades, pero no a esta nueva arma: los japoneses».

El Ejército Rojo Japonés

El suicida frustrado, Kozo Okamoto, no tardaría en confesar a la policía israelí quiénes eran y cuál era el motivo que les había llevado a asesinar a todas aquellas personas inocentes. El japonés explicó que él y sus dos compañeros eran miembros del Ejército Rojo Japonés.

Esta organización había nacido en los ambientes universitarios nipones a finales de los años sesenta. En aquel tiempo, los estudiantes más comprometidos arremetían contra los partidos políticos tradicionales, al considerarlos incapaces de solucionar los problemas de la gente. En el creciente movimiento de protesta juvenil convivían formaciones tan diversas como la

Liga Marxista Leninista, la Federación Trotskista y las Juventudes Comunistas, pero había quien consideraba a estas organizaciones tan inútiles como los grandes partidos para forzar un cambio en la sociedad.

De esa frustración surgiría un minúsculo grupo de activistas, liderados por una mujer llamada Fusako Shigenobu, nacida en 1945. Tras abandonar un pequeño partido de extrema izquierda, Fusako se llevó consigo a los miembros más fanáticos, apenas un centenar, para crear el Ejército Rojo Japonés. A estos activistas, la mayoría de origen burgués, les unía su desprecio por las inacabables discusiones ideológicas y su deseo irrefrenable de «pasar a la acción».

Fusako, apodada la «Emperatriz», demostraría poseer un carácter de hierro para dirigir el grupo terrorista. Por ejemplo, en una ocasión reuniría a todos los miembros en un retiro de montaña, para someter a juicio a los que ella consideraba que se estaban apartando de la línea marcada por ella; catorce de ellos serían condenados a muerte y ahorcados allí mismo.

El *estreno* del Ejército Rojo Japonés se produjo el 31 de marzo de 1970; nueve de ellos abordaron un avión de la Japan Airlines (JAL) y lo desviaron a Corea del Norte. Se les intentó engañar aterrizando la nave en la capital de Corea del Sur, Seúl, pero la maniobra no resultó y los secuestradores llegaron finalmente a Pyongyang. Allí se comprobó que las pistolas y bombas que habían exhibido para apoderarse del avión eran de juguete, pero las katanas y los cuchillos con los que habían amenazado a la tripulación sí que eran reales.

Este primer éxito les animó a perpetrar nuevos secuestros de aviones de la misma compañía en los cielos japoneses. El ERJ comenzó a forjarse cierta *reputación* en la escena internacional, lo que atrajo la atención de grupos más veteranos, como el Frente Popular para la Liberación de Palestina (FPLP).

Los palestinos les abrieron las puertas de las escuelas de guerrilla popular que mantenían en Oriente Medio, donde los nipones recibieron entrenamiento. Pero ese ofrecimiento no era desinteresado; los palestinos propusieron a los japoneses colaborar en el secuestro de un aparato. El ERJ aceptó la propuesta de sus anfitriones y el objetivo fue nuevamente un avión de JAL, pero en este caso la acción tendría lugar en Europa.

Así, ambos grupos secuestraron un vuelo de JAL y lo desviaron hacia Libia. Una vez allí, el pasaje fue desembarcado y el avión, volado con explosivos. La única víctima fue, paradójicamente, una terrorista palestina que no logró salir a tiempo del aparato.

Pese a la baja inesperada de la activista, esa colaboración inicial fue calificada como muy positiva por los palestinos, que propusieron a los japoneses otra misión: estudiar las extraordinarias medidas de seguridad de los aviones de El Al, la línea aérea de Israel. Gracias a que, al ser japoneses, no levantaban ningún tipo de sospecha entre el personal de seguridad de El Al, esa tarea informativa la pudieron desempeñar sin contratiempos, proporcionando la información a los palestinos.

Un insólito atentado

Pero los palestinos decidieron proponer a los japoneses que llevasen a cabo una acción de mucha más envergadura que la de recabar información. El objetivo era provocar un baño de sangre en suelo israelí, concretamente en el principal aeropuerto del país.

El plan, impulsado por un terrorista palestino llamado Georges Habash, no podía fallar. Un comando compuesto por tres jóvenes japoneses trajeados, educados y con aspecto inofensivo, iban a pasar desapercibidos para los avezados servicios de seguridad israelí. Fusako no dudó en poner a tres de sus mejores hombres al servicio de los palestinos.

El sangriento resultado de su acción demostraría que los palestinos no se habían equivocado en su apreciación. Tal como se ha relatado al principio, los tres terroristas nipones pudieron disparar contra la multitud que se hallaba en ese momento en la terminal, en lo que sería uno de los atentados más extraños de la historia.

El hecho de que ni los verdugos ni buena parte de las víctimas tuvieran nada que ver con el conflicto árabe-israelí, japoneses unos y puertorriqueños los otros, hace que esta acción terrorista pueda ser considerada casi como un esperpento, si no fuera porque 26 seres humanos perdieron esa noche la vida.

El único terrorista que sobrevivió, el referido Kozo Okamoto, fue condenado a cadena perpetua, una pena que cumpliría en una prisión israelí hasta 1985, cuando fue liberado en un intercambio de prisioneros entre las autoridades israelíes y el FPLP. Okamoto fue enviado a Libia, donde le recibieron como un héroe.

Pero la Matanza de Lod no sería la última acción del Ejército Rojo Japonés. En agosto de 1975, una decena de miembros de esta organización ocupó el consulado norteamericano en Kuala Lumpur, Malasia, capturando a 52 rehenes y amenazando con matarlos si no eran liberados siete camaradas detenidos en Japón; cinco de ellos serían puestos en libertad.

En 1986, activistas del ERJ atacaron con varios lanzacohetes las embajadas de Estados Unidos y Canadá en Yakarta, Indonesia. Al año siguiente atacaron del mismo modo las embajadas de Estados Unidos y Gran Bretaña en Roma y, en abril de 1988, el ERJ se atribuyó un ataque con bomba contra un club nocturno de Nápoles frecuentado por soldados norteamericanos, donde murieron cinco personas. Al mismo tiempo, un activista del ERJ fue detenido en una autopista de Nueva Jersey con el maletero de su coche repleto de bombas; su intención era atacar una base militar el mismo día del atentado de Nápoles para multiplicar así el eco mediático. En 1990 llegaron a atacar con cohetes de fabricación artesanal los palacios imperiales en Tokio y Kyoto.

A lo largo de la década de los noventa, los miembros del ERJ fueron siendo atrapados uno a uno. La detención de Fusako se produjo en Osaka, en noviembre de 2000. La «Emperatriz» había burlado a la policía de tres continentes durante más de 25 años. Durante el juicio al que fue sometida en 2005 en Tokio, la histórica líder del grupo anunció su rechazo a la violencia y su deseo de entrar en política para alcanzar el poder por medios legales. Sin embargo, ese tardío arrepentimiento no le sirvió de mucho, ya que fue condenada a veinte años de prisión.

El escenario

El Aeropuerto de Lod, situado a 15 kilómetros al suroeste de Tel Aviv, cambió su nombre en 1973 por el de Aeropuerto

Internacional Ben Gurion, en honor al primer ministro de Israel fallecido en diciembre de ese año. En la actualidad recibe anualmente más de diez millones de pasajeros.

Nada recuerda en la Terminal 1 la masacre que tuvo allí lugar el 30 mayo de 1972. Hoy sería muy difícil que pudiera repetirse un atentado similar, ya que el Ben Gurión está considerado como uno de los aeropuertos más seguros del mundo. Los guardias de seguridad operan en gran número en el interior y en el exterior de las instalaciones, tanto uniformados como de paisano, lo que les permite la detección inmediata de cualquier amenaza. A pesar de que las medidas son a veces tomadas por excesivas por los usuarios del aeropuerto, ningún avión que ha despegado del Aeropuerto Ben Gurión ha sido nunca secuestrado.

En Puerto Rico, tras la conmoción inicial, el atentado fue progresivamente olvidado hasta casi desaparecer de la memoria colectiva. Sin embargo, en agosto de 2006, una iniciativa del Senado logró que, a partir de ese año, cada 30 de mayo se conmemore en el país el Día de Recuerdo de la Masacre de Lod.

Múnich, 1972
Los Juegos Olímpicos de tiñen de sangre

*E*l 4 de septiembre de 1972, el mundo tenía sus ojos fijos en la ciudad alemana de Múnich. Desde el 26 de agosto, se estaba celebrando en la capital bávara la XX edición de los Juegos Olímpicos.

Tras la turbulenta época nazi y la guerra mundial provocada por el expansionismo germano liderado por Adolf Hitler, Alemania estaba aprovechando esa excepcional oportunidad para demostrar a la opinión internacional que su país no tenía ya nada que ver con aquella potencia belicista que condujo al mundo a la mayor catástrofe de la historia, sino que estaba firmemente decidida a transitar por el camino de la paz junto a las otras naciones.

Aunque en aquella época Alemania estaba partida en dos por el Muro de Berlín, la República Federal Alemana tomó la responsabilidad de mostrar esa nueva cara del país, alejada de su turbio y sonrojante pasado. Los Juegos Olímpicos eran el símbolo y el escaparate de esa resurrección germana, que había tenido su primera fase durante el llamado *milagro alemán*, en los años cincuenta, por el que el país se levantó de las ruinas en las que se había visto sumido al acabar la guerra, para convertirse en la locomotora de la economía europea.

Los Juegos Olímpicos estaban siendo un ejemplo de cómo debía organizarse un evento de esas dimensiones. Las principales instalaciones deportivas se levantaron en el llamado Parque Olímpico (*Olympiapark*), de 270 hectáreas. El estadio olímpico, un auténtico prodigio de la arquitectura, sorprendió a todos; su techo transparente y casi ingrávido causó sensación. Su capacidad era de 70.000 espectadores. También se construyó la Torre Olímpica (*Olympiaturm*), de 290 metros de altura.

El complejo deportivo estaba dominado por la denominada Montaña Olímpica (*Olympiaberg*), de 567 metros de altura, formada con miles de toneladas de escombros producto de los bombardeos sufridos durante la guerra. Esa montaña verde sobre la que crecían los árboles y bajo la que estaba enterrado el pasado más ominoso, era el mejor símbolo de esa nueva y esperanzadora época que se abría ante los alemanes.

Probablemente, ese intento de ofrecer una cara distendida y amable de Alemania sería uno de los factores que precipitarían la tragedia. Primaba el mensaje de que había que competir divirtiéndose, con el objetivo de convertir los Juegos en una gran fiesta, por lo que el establecimiento de medidas de seguridad en torno al evento no fue una prioridad.

Aunque hoy sería impensable, entonces nadie se esmeraba en controlar las credenciales de acceso a la Villa Olímpica, un lugar donde convivían en perfecta armonía cerca de 12.000 atletas de 115 países distintos. Por ejemplo, las puertas de la Villa se cerraban a medianoche, pero los atletas trasnochadores no tenían ningún problema para acceder a sus residencias, ya fuera convenciendo a los guardias de que se habían retrasado por algún motivo, o directamente saltando la verja de dos metros de alto que rodeaba el recinto.

Asalto a la Villa Olímpica

La noche del 4 de septiembre, los atletas israelíes habían estado disfrutando de una salida nocturna por la ciudad, antes de regresar a la Villa Olímpica, en donde compartían edificio con la delegación de Uruguay. Antes de medianoche llegaron al recinto y se dirigieron tranquilamente a sus habitaciones.

Hacia las cinco menos veinte de la madrugada del día 5, mientras los deportistas dormían, ocho miembros del grupo terrorista palestino Septiembre Negro, vestidos con chándal y llevando pistolas y granadas en bolsas de deporte, escalaron la verja que protegía el complejo. En el salto fueron incluso ayu-

Uno de los secuestradores del equipo olímpico israelí, asomado a un balcón del edificio en el que mantenían retenidos a los atletas. Ésta sería la imagen más reconocida de ese trágico episodio.

dados por deportistas del equipo estadounidense que obviamente desconocían su verdadera identidad, creyendo que, al igual que ellos, querían acceder furtivamente a sus apartamentos tras una noche de diversión.

El entrenador del equipo de lucha, Moshé Weinberg, oyó un ruido tras la puerta, observando que alguien la abría ligeramente. Weinberg se abalanzó sobre la puerta dando un grito de alerta, mientras intentaba cerrarla forcejeando con los terroristas. El levantador de pesas Joseph Romano, un veterano de la Guerra de los Seis Días, logró arrebatar el arma a uno de los terroristas, pero resultó muerto por un disparo. Igualmente, Weinberg fue asesinado cuando se enfrentó valientemente a uno de los asaltantes armado únicamente con un cuchillo de fruta. Tras su muerte, los terroristas tomaron como rehenes a nueve integrantes del equipo. Nueve atletas israelíes habían podido escapar en la confusión.

Posteriormente se supo que los ocho secuestradores eran combatientes palestinos de los campos de refugiados del Líbano, Siria y Jordania. Los secuestradores exigían la liberación de 234 palestinos presos en cárceles israelíes y dos más encarcelados en Alemania, así como su traslado seguro a Egipto. Si en tres horas no eran atendidas sus exigencias, darían muerte a los rehenes.

La respuesta de Israel fue inmediata y contundente, rechazando cualquier negociación. La primera ministra Golda Meir dijo textualmente: «El gobierno israelí no negocia con terroristas». Las autoridades alemanas, bajo la dirección del canciller Willy Brandt, tenían ante sí una difícil y complicada papeleta.

El intento de rescate

Tras las conversaciones entre los negociadores germanos y los secuestradores, el plazo para la ejecución de los deportistas pasó de tres a cinco horas. El jefe de la policía tomó entonces las riendas de la negociación, ofreciendo a los terroristas una ilimitada cantidad de dinero por la liberación de los atletas, pero fue inútil.

Al comprobar que el gobierno israelí no estaba dispuesto ni siquiera a contemplar la posibilidad de canjear a los presos palestinos por la vida de los deportistas, las exigencias de los terroristas se redujeron finalmente a que se les facilitase un avión para dirigirse a El Cairo. Las autoridades fingieron haber llegado a un acuerdo y se dispusieron, aparentemente, a cumplir con su parte del trato.

A las 22.10 de ese 5 de septiembre, un autobús condujo a secuestradores y rehenes hasta el lugar en el que les esperaban dos helicópteros militares. Una vez allí, subieron a los aparatos y éstos levantaron el vuelo con destino al aeródromo en el que supuestamente un Boeing 727 de Lufthansa les esperaba para llevarles a Egipto.

Durante las negociaciones, los secuestradores habían expresado su intención de despegar desde el Aeropuerto Internacional de Riem, cercano a Múnich, pero se les logró convencer de que era más práctico hacerlo desde la base militar de la OTAN en Fürstenfeldbruck, situada a veinte kilómetros de la Villa Olímpica. Los terroristas dieron su conformidad a ese cambio, pero el motivo de las autoridades alemanas para elegir ese aeródromo no era su mayor operatividad, sino las facilidades para llevar a cabo un rescate. En efecto, las autoridades alemanas habían decidido liberar a los rehenes.

En el aeródromo de la base militar, todo estaba dispuesto para el asalto. La iluminación se había reducido para dificultar los movimientos de los secuestradores. Cinco francotiradores alemanes estaban apostados para disparar a los terroristas; tres en el tejado de la torre de control, uno oculto tras un camión de servicio del aeropuerto y el último detrás de un gran panel indicativo. Los encargados de dirigir y coordinar la acción observarían la escena desde la torre de control. En la torre se encontraban también dos agentes del Mossad, el servicio de inteligencia israelí, pero como simples observadores.

En el Boeing 727 se hallaban seis policías alemanes armados que iban a hacerse pasar por la tripulación. El plan era que estos policías capturasen o matasen a los terroristas que iban a inspeccionar el aparato antes de trasladarse con el resto de compañeros y los rehenes. En ese momento, los francotiradores abatirían a los terroristas que estarían aguardando en los helicópteros.

Pero este plan ya había comenzado con mal pie. Aunque resulte sorprendente, las autoridades alemanas estaban convencidas de que los terroristas no eran más de tres personas, o incluso sólo una pareja. Únicamente cuando los secuestradores salieron del edificio de la Villa Olímpica para subir al autobús, los alemanes supieron que en realidad eran ocho. Pero eso no alteró los planes; inexplicablemente, aunque cinco francotiradores era una fuerza escasa para eliminar ocho objetivos, no se incrementó el número de tiradores.

Cuando los dos helicópteros estaban a punto de aterrizar, los policías que había en el interior del Boeing 727 decidieron por su cuenta y riesgo abandonar la misión, sin consultar con sus superiores, y simplemente se bajaron del aparato. Los policías estaban dispuestos a enfrentarse a dos o tres terroristas pero, cuando se les informó de que eran ocho, consideraron que iban a correr demasiado peligro y optaron por retirarse, en una muestra más de improvisación.

Los helicópteros aterrizaron a las 22.30. Al cabo de unos largos minutos de tensa espera, los terroristas sacaron a la pista a los cuatro pilotos, apuntándoles, rompiendo así el compromiso adquirido en las negociaciones de no tomar más rehenes. Dos secuestradores caminaron hacia el Boeing 727 y entraron en él, y al cabo de unos segundos salieron. Con toda seguridad, debieron quedarse helados al comprobar que el aparato estaba totalmente vacío. No había ni rastro de la tripulación; comprendieron al momento que habían sido engañados.

Los dos terroristas regresaron precipitadamente hacia los helicópteros. En ese momento, el aeropuerto quedó súbitamente iluminado con bengalas y focos, y las autoridades alemanas dieron a los francotiradores la orden de abrir fuego contra los secuestradores.

Cruce de disparos

Los francotiradores acertaron contra dos de los secuestradores, que se hallaban vigilando a los pilotos retenidos. Pero otros tres terroristas se parapetaron detrás de los aparatos, fuera del alcance de los focos, y comenzaron a disparar. Uno de los policías que estaba en la torre de control murió al alcanzarle una de las balas.

En la confusión, los cuatro pilotos de los helicópteros lograron escapar. Sin embargo, los atletas israelíes permanecían atados, brazos en alto, al techo del interior de los aparatos; los secuestrados intentaron desesperadamente deshacerse de las ligaduras, como indicarían las marcas de mordeduras que quedarían en las cuerdas.

Los dos agentes israelíes de la torre de control, temerosos de que se desencadenase un baño de sangre que acabase con la vida de sus compatriotas, tomaron un megáfono e intentaron convencer a los secuestadores para que se rindieran. Sin embargo, los disparos de los terroristas hacia la torre de control evidenciaron que el tiempo de las negociaciones ya había pasado.

La tensión continuó creciendo hasta que a medianoche llegaron varias tanquetas de la policía, que rodearon completamente la pista. A las 00.04, uno de los terroristas, viendo que no había ya escapatoria, saltó del primer helicóptero, disparó contra los rehenes y finalmente lanzó una granada a su interior, explosionando con los cuatro atletas israelíes dentro.

Antes de que el fuego de la primera explosión alcanzase el depósito de gasolina del segundo helicóptero, dos secuestradores salieron del aparato y comenzaron a disparar a la policía. Éstos respondieron a los disparos, abatiendo a ambos. Los rehenes del segundo helicóptero fueron ametrallados a corta distancia por un tercer secuestrador, aunque se cree que algunos pudieron ser alcanzados también por los disparos de la policía.

Cuatro terroristas sobrevivieron al asalto. Tres de ellos estaban heridos en el suelo. El último pudo escapar corriendo hacia el aparcamiento; la policía tardó cuarenta minutos en encontrarlo con la ayuda de perros rastreadores. Se produjo entonces un intercambio de disparos en el que el terrorista fue abatido. A la una y media de la madrugada, todo había terminado.

Las primeras noticias, publicadas en todo el mundo, señalaban erróneamente que los rehenes estaban sanos y salvos, y que los terroristas habían muerto. Sin embargo, unas horas más tarde, un representante del COI sugirió que «las informaciones iniciales habían sido demasiado optimistas». La opinión pública mundial, y muy especialmente la israelí, quedó horrorizada cuando trascendió que los nueve atletas habían sido asesinados. Eran los halterofilistas Ze'ev Friedman y David Berger; los luchadores Eliezer Halfin y Mark Slavin; los entrenadores Kehat Shorr, Andre Spitzer y Amitzur Shapira, y los árbitros Yakov Springer y Yossef Gutfreund.

Un fracaso total

La operación de rescate de los rehenes había sido un completo fracaso. Las autoridades alemanas habían rechazado el ofrecimiento por parte de Israel de enviar un grupo de fuerzas especiales de su país, confiando plenamente en la policía alemana, pero el desenlace del secuestro demostró que esa decisión había sido un grave error.

El primer problema era que el Ejército alemán no había intervenido, ya que la Constitución de la República Federal de Alemania impedía su actuación en territorio alemán en tiempo de paz. Así pues, la responsabilidad del rescate recayó únicamente en la policía de Múnich.

Pero las fuerzas policiales que tomaron parte en la operación no contaban con entrenamiento específico para operaciones de rescate de rehenes. Los francotiradores seleccionados tampoco tenían una preparación especial para este tipo de acciones; fueron elegidos porque practicaban el tiro de forma competitiva los fines de semana y, posteriormente, uno de ellos llegaría a reconocer que no se consideraba un tirador de élite. Además, de forma increíble, los francotiradores no disponían del equipo más elemental; sus rifles no eran de precisión ni disponían de teleobjetivos, no tenían dispositivos de visión nocturna y carecían de radios para coordinar su fuego. Para colmo, las tanquetas de la policía llegaron con media hora de retraso porque los vehículos se habían visto atrapados en un embotellamiento de tráfico.

Los Juegos deben continuar

Para sorpresa de muchos, la competición olímpica sólo se suspendió por un día. El Comité Olímpico Internacional (COI) consideró que los terroristas no podían condicionar la celebración de los Juegos.

Al día siguiente se celebró en el estadio olímpico un acto en memoria de los muertos, al que asistieron 80.000 espectadores y 3.000 atletas. Como muestra de duelo, durante el acto, la bandera olímpica se izó a media asta junto con la mayoría de las banderas nacionales. En cambio, los países árabes exigieron que sus enseñas ondeasen en lo alto del mástil.

El equipo olímpico israelí abandonó Múnich, siendo especialmente protegidos por las fuerzas de seguridad. El equipo egipcio dejó los Juegos el 7 de septiembre, por temor a posibles represalias. La gran fiesta del deporte mundial se había teñido de luto.

Operación Cólera de Dios

Las autoridades alemanas encarcelaron a los tres terroristas supervivientes y crearon una unidad antiterrorista para dar una respuesta contundente en futuras acciones de rescates de rehenes.

La respuesta de Israel llegaría cuatro días después, cuando su fuerza aérea bombardeó las bases de la Organización para la Liberación de Palestina (OLP) en Siria y el Líbano, un ataque que sería reprobado por el Consejo de Seguridad de la ONU. Por el contrario, Estados Unidos intentó sacar adelante una resolución de la ONU que condenase los hechos de Múnich, pero esta propuesta sería rechazada.

No habían pasado dos meses desde la Masacre de Múnich cuando los tres secuestradores encarcelados en Alemania fueron liberados; unos compañeros de la organización Septiembre

Negro secuestraron el 29 de octubre un avión de Lufthansa, exigiendo su liberación, a lo que las autoridades germanas acababan accediendo.

Pero los supuestos responsables del acto terrorista no podrían dormir tranquilos; Israel decidió darles caza de forma implacable. La primera ministra Golda Meir y el Comité de Defensa Israelí dieron órdenes secretas al Mossad de matar, dondequiera que se encontrasen, a los hombres de Septiembre Negro y del Frente Popular para la Liberación de Palestina (FPLP) que supuestamente habían planificado y organizado la matanza de los atletas israelíes. Para ello, el servicio secreto israelí creó una unidad encubierta que sería ayudada por las células de información israelíes instaladas en Europa. Se había puesto en marcha la que se denominaría Operación Cólera de Dios.

Gracias a la información capturada a la OLP, y a la facilitada por los servicios de inteligencia europeos aliados, el Mossad elaboró una lista de objetivos a eliminar. En los años siguientes, los agentes israelíes dieron muerte a los sospechosos, miembros todos ellos de la OLP, en varias ciudades, como Roma, Bonn, Copenhage, Estocolmo o París.

Las acciones punitivas del Mossad en el marco de esa ambiciosa operación secreta se extendieron también a Chipre, Grecia o el Líbano. El último asesinato tendría lugar en 1979. Tan sólo uno de los hombres que figuraban en la lista de objetivos, Mohammed Daoud Oudeh, consiguió escapar a sus perseguidores, no sin antes resultar ileso de un intento de asesinato en una tienda de Varsovia.

El escenario

Actualmente, la Villa Olímpica es una zona residencial que ofrece una buena calidad de vida a sus aproximadamente 10.000 habitantes, a pesar de que padece problemas estructurales debido a la premura con la que en su día se ejecutaron las obras y a la modesta calidad de los materiales. De hecho, está previsto que los enormes bloques escalonados que sirven de lugar de residencia para cientos de estudiantes extranjeros sean demolidos en un futuro cercano.

El edificio en el que fueron secuestrados los atletas israelíes, de tres plantas, es el que está situado en el número 31 de la Connollystrasse. Hoy es una casa de acogida de la Sociedad Max Planck, una organización de apoyo escolar. Enfrente del edificio se encuentra una placa de mármol blanco que recuerda el luctuoso suceso.

La inscripción, en alemán y en hebreo, dice: «El equipo del Estado de Israel permaneció en este edificio durante los XX Juegos Olímpicos de Verano del 21 de agosto al 5 de septiembre de 1972. El 5 de septiembre, (a continuación figura la lista de las víctimas) fallecieron de muerte violenta. Honor a su memoria».

En el Parque Olímpico de Múnich, cerca del estadio olímpico, existe también un memorial dedicado a las víctimas.

Soweto, 1976
Balas blancas contra estudiantes negros

*S*oweto es una extensa área urbana situada a 24 kilómetros al suroeste de Johannesburgo, la capital económica de Sudáfrica. Su población aproximada se estima entre tres y cuatro millones de personas. El nombre de este barrio saltó a la actualidad mundial en 1976, al producirse allí unos disturbios que acabaron con la vida de cientos de personas, tras una brutal actuación policial. Desde entonces, Soweto ha sido el símbolo de la lucha de la población negra sudafricana por alcanzar sus derechos civiles.

Durante los tiempos del *apartheid*, Soweto fue construida con el fin de alojar a los africanos negros que hasta entonces vivían en áreas designadas por el gobierno para los blancos. La acelerada industrialización de Sudáfrica en la década de los treinta propició una migración masiva de la población rural hacia Johannesburgo, eje de la industria minera de la nación. Esto generó el temor entre la minoría blanca ante las posibles consecuencias de la creación de un autogobierno negro. De esta manera, en 1948 se estableció ese departamento para alojar y controlar los trabajadores; su nombre, Soweto, era una abreviatura silábica de *South Western Township* (Municipio del Suroeste).

Pésimas condiciones de vida

La vida en Soweto se desarrollaba en condiciones precarias, puesto que la mayoría de casas, de pequeñas dimensiones, no disponían de agua potable ni electricidad. Además, la continua llegada de población rural llevó al hacinamiento en esos reducidos hogares.

Pero aún más grave era el problema de la educación, y de consecuencias más indeseadas para el futuro; entre 1962 y 1971 no se construyó ni una sola escuela para no blancos en toda Sudáfrica. Aunque a partir de ese año se construyeron cuarenta escuelas en Soweto, con el fin de proporcionar trabajadores cualificados a la industria, en 1976 sólo uno de cada cinco niños de Soweto estaba escolarizado. En cualquier caso, esas escuelas estaban deficientemente construidas y no contaban con un profesorado formado. La situación fue denunciada, por ejemplo, por el arzobispo Desmond Tutu (1931), que residía en la ciudad en los años setenta, y que recibiría el Premio Nobel de la Paz en 1984 por su lucha contra el *apartheid*.

Pero la respuesta del gobierno no era la mejora de las condiciones de vida, sino el aumento de la represión. Se hicieron trágicamente habituales episodios de manifestantes acribillados en las calles, niños asfixiados por el gas lacrimógeno e inocentes molidos a palos o torturados en comisaría.

Imposición del afrikaans

El 16 de junio de 1976 tendría lugar el suceso más grave de la historia de Soweto, y probablemente de toda la historia de Sudáfrica. El desencandenante de la revuelta sería la oposición al *Afrikaans Medium Decree*, la ley de 1974 por la que la enseñanza debía impartirse en *afrikaans* y en inglés por igual, y que había entrado en vigor el 1 de enero de 1975. El *afrikaans* debía ser utilizado en matemáticas, aritmética y ciencias sociales, y el inglés en ciencias naturales y en las asignaturas consideradas técnicas. Las lenguas indígenas quedaban relegadas a la instrucción religiosa, la música y la educación física.

La decisión de implantar el *afrikaans* en la escuela era algo descabellado, teniendo en cuenta que la población negra urbana no hablaba esa lengua. Ante el descontento y la frustración que padecían los habitantes de Soweto, esta medida fue interpretada como una nueva y definitiva agresión. Según una en-

La célebre fotografía del niño Hector Pieterson mientras era evacuado para ser atendido de sus heridas, durante los disturbios de Soweto de 1976.

cuesta, el 98 por ciento de los estudiantes de Soweto no querían recibir enseñanza en *afrikaans,* puesto que ese idioma era identificado históricamente como el lenguaje del opresor, prefiriendo el inglés, más utilizado en el comercio y la industria.

El resentimiento ante la imposición del *afrikaans* en la enseñanza fue creciendo. En febrero de 1976, dos profesores de otra provincia fueron despedidos por negarse a enseñar en *afrikaans.* Los estudiantes y maestros de Soweto se hicieron eco de ese sentimiento de resistencia ante la imposición de ese idioma. Desde mediados de marzo, una docena de estudiantes se declararon en huelga y fueron muchos más los que se negaron a realizar sus exámenes trimestrales.

Rebelión en las aulas

La tensión en las aulas siguió creciendo hasta que el 30 de abril de 1976 los alumnos de la escuela Orlando West Junior, en Soweto, decidieron declararse en huelga, negándose a acudir a clase. Su rebelión no tardó en extenderse a otras escuelas de Soweto. Un estudiante propuso celebrar una reunión el 13 de junio para decidir la estrategia a seguir; allí se acordó formar un Comité de Acción (*Action Committee*). Este órgano representativo de la población escolar de Soweto convocaría una manifestación para el 16 de junio, con el fin de dar a conocer sus reivindicaciones.

Los preparativos de esta acción serían llevados en tal secreto que ni los padres ni los profesores de los alumnos implicados tendrían conocimiento de ellos. La policía tampoco tendría ningún indicio de lo que se estaba preparando, por lo que la revuelta cogería a todos totalmente por sorpresa.

Estalla la revuelta

En la mañana del 16 de junio, cientos de estudiantes negros se dirigieron directamente hacia el estadio Orlando, el lugar elegido para la protesta. Muchos alumnos acudieron con normalidad a sus escuelas al desconocer la convocatoria; allí se les informó de la acción que se iba a llevar a cabo y todos ellos se sumaron con entusiasmo, emprendiendo también el camino hacia el estadio.

Desde un primer momento, el Comité de Acción dejó claro que la protesta debía ser pacífica, lo que hizo que la mayoría de profesores se uniesen también a la manifestación. Los alumnos de todas las escuelas de Soweto fueron convergiendo hacia el estadio, en un ambiente reivindicativo a la vez que festivo.

Una vez que todos los alumnos estuvieron concentrados frente al estadio, en un número aproximado de 10.000, comenzó la marcha, que debía dirigirse hacia la Orlando High School. Los manifestantes portaban pancartas en las que mostraban su rechazo a recibir la educación en *afrikaans*. Por su parte, los miembros del Comité de Acción impartieron consignas claras a los asistentes de no provocar a la policía.

Pero entonces sucedió la tragedia. Según confirmarían testigos de ambos bandos, algunos de los muchachos que participaban en la marcha comenzaron a lanzar piedras a los agentes antidisturbios que se habían apostado en el camino que debía seguir la marcha. La policía intentó calmar los ánimos, emitiendo los correspondientes mensajes por megáfono, pero la tensión comenzó a crecer más y más, hasta que los agentes decidieron emplear perros y lanzar gas lacrimógeno para disolver a los estudiantes.

Lejos de lograr dispersar a los manifestantes, éstos lograron atrapar a uno de los perros, golpeándolo hasta matarlo. Cuando los policías vieron que podían quedar rodeados, uno de ellos, el coronel Kleingeld, disparó contra la multitud, desatando inmediatamente el pánico y el caos.

Hector Pieterson

Los estudiantes comenzaron a gritar y a correr, y se oyeron más disparos. El primer muchacho en caer víctima de las balas fue Hastings Ndlovu. Pero sería el segundo, un chico de doce años llamado Hector Pieterson, quien se haría tristemente célebre. La fotografía de su cuerpo, en brazos de un compañero que corría en busca de ayuda, Mbuyisa Makhubo, y acompañado por su hermana Antoinette, daría la vuelta al mundo.

La imagen del agonizante Hector, tomada por el reportero gráfico Sam Nzima, se convertiría en un símbolo de la resistencia a la brutalidad del gobierno del *apartheid* y el icono del levantamiento de Soweto. Tanto el joven que llevaba en brazos a Hector como su hermana serían acosados por la policía después del incidente, lo que obligó a ellos y a sus familias a pasar a la clandestinidad.

Horas de violencia

Los disturbios continuaron a lo largo del día. Entre las víctimas de la jornada tuvieron que contarse dos blancos. Uno de ellos fue Melville Edelstein, un sociólogo que acababa de publicar un libro titulado «Lo que piensan los jóvenes africanos». Paradójicamente, Edelstein profesaba una gran simpatía hacia las reivindicaciones de la población negra y había advertido en sus escritos que los estudiantes negros estaban furiosos y a punto de explotar.

Edelstein previó lúcidamente el estallido social, pero no la forma en que el volcán terminaría consumiéndole. En aquella mañana del 16 de junio de 1976 estaba efectuando un trabajo de investigación en una clínica de Soweto; cuando estalló la revuelta, la policía advirtió a todos los blancos que debían marcharse, pero Edelstein se quedó al sentirse seguro. Cuando los manifestantes aparecieron ante la clínica, Edelstein se asomó a la puerta principal a darles la bienvenida, pero la multitud no lo reconoció y de nada valieron sus explicaciones; lo mataron a patadas.

Durante esas horas de violencia, los bares y las tiendas de licores fueron también objetivo de los estudiantes. Muchos de estos locales, pese a estar regentados por negros, fueron destrozados, ya que existía el convencimiento de que el gobierno promovía el consumo de alcohol para mantener el control sobre la población negra.

A la caída de la noche, los disturbios cesaron. La policía patrulló las calles de Soweto en vehículos blindados y tanquetas. Mientras tanto, los hospitales se encontraban colapsados ante la gran cantidad de jóvenes heridos que llegaban a sus puertas. Sin embargo, se desconocen las cifras de heridos de bala ya que los médicos prefirieron no reflejar ese dato en los partes oficiales por las complicaciones que podía acarrear a las familias.

Al día siguiente, 1.500 agentes de policía armados con fusiles automáticos se apostaron en las calles. Los helicópteros sobrevolaban Soweto, mientras varias unidades del Ejército permanecían fuera del barrio, dispuestas a intervenir en caso necesario. Sin embargo, esta exhibición de fuerza no logró disuadir a los estudiantes, quienes protagonizaron algunos incidentes. La policía reaccionó con gran violencia, disparando contra los grupos de manifestantes y provocando más muertos.

Rabia e indignación

El número total de víctimas en los disturbios de Soweto se desconoce. Las estimaciones varían entre 200 y 600, aunque probablemente se esté más cerca de esa segunda cantidad, tal como atestiguaron las cifras aportadas por las agencias de noticias. Lo que está claro es que el balance oficial, reducido a sólo 23 muertos, estaba muy alejado de la realidad. Pero incluso esta cifra debió parecer excesiva a las autoridades sudafricanas, ya que en un primer momento tan sólo admitieron tres muertos entre los estudiantes. En cuanto al número de heridos, se cree que sobrepasó ampliamente el millar.

Cuando comenzó a conocerse en todo el país lo que había sucedido en Soweto, la rabia y la indignación de la población negra estalló. En las semanas y meses siguientes, los disturbios se extenderían a otras ciudades, finalizando en algunas ocasiones del mismo modo trágico; en Kagiso murieron cinco personas por disparos de la policía en ese mismo mes de junio, en Port Elizabeth fallecieron 33 en agosto y en Ciudad del Cabo cerca de un centenar morirían entre agosto y septiembre. Además, los trabajadores negros protagonizaron huelgas en todo el país.

La brutal represión de la revuelta de Soweto supondría un punto de inflexión en la lucha de la población negra por sus derechos civiles. El Congreso Nacional Africano, entonces en la clandestinidad, recibió un aporte muy importante de jóvenes concienciados tras haber sufrido esa sangrienta demostración represiva. Algunos de los líderes de la revuelta, tras recibir entrenamiento militar fuera de Sudáfrica, regresarían a Soweto para proseguir la lucha. Una de las reivindicaciones que galvanizarían ese movimiento sería la exigencia de la liberación de Nelson Mandela.

Pero la matanza de estudiantes en Soweto tendría también otras consecuencias indeseadas para el gobierno del *apartheid*. El boicot internacional se endureció, golpeando la pujante economía sudafricana. La moneda oficial, el rand, sufriría una rápida devaluación. Además, la propia población blanca comenzó a tomar conciencia de la injusticia que se estaba cometiendo; por ejemplo, un grupo de trescientos estudiantes de la Universidad de Witwatersrand organizó una marcha sobre Johannesburgo en protesta por el asesinato de estudiantes negros en Soweto.

Soweto fue la máxima expresión de la oposición al *apartheid*. Pero hubo que esperar hasta dieciocho años después, con la elección de Nelson Mandela en 1994 como presidente de Sudáfrica, para que aquel régimen de terror desapareciese definitivamente. Los estudiantes que aquel caluroso día de junio de 1976 se habían levantado contra la opresión, obtenían al final la recompensa a su valeroso sacrificio.

El escenario

En Soweto hay un Memorial en el que figuran los nombres de los estudiantes que murieron en los disturbios, dedicado a «los que dieron su vida en la lucha por la libertad». Unas livianas esculturas de color negro representan a las víctimas en su carrera por huir de las balas de la policía.

En el monumento destaca una gran fotografía del niño Hector Pieterson, por lo que este conjunto es conocido también como «Memorial Hector Pieterson». Además, la plaza en la que está situado el Memorial tiene también el nombre de aquel niño mártir.

Son populares entre los turistas los *tours* organizados que recorren Soweto, en los que dinamizadores sociales del barrio muestran a los visitantes los lugares más emblemáticos de su turbulenta historia, como el lugar en el que tuvo lugar la matanza de 1976.

Bolonia, 1980
Muerte en la estación

A las diez y veinticinco minutos del sábado 2 de agosto de 1980, en la sala de espera de la estación de trenes de la ciudad italiana de Bolonia estalló un artefacto colocado en una maleta abandonada. La detonación se oyó en un radio de varios kilómetros y pulverizó todo el ala izquierda de la estación. La onda expansiva alcanzó también al tren que cubría el trayecto Ancona-Chiasso, que estaba estacionado en el primer andén.

Aquel día la estación estaba llena de turistas y de personas que iniciaban sus vacaciones o volvían de ellas. Bolonia es el nudo ferroviario que une el norte con los centros turísticos del sur y del Adriático. También era vía de paso obligada para el turismo centroeuropeo que visitaba el país transalpino; prueba de ello es que muchas de las víctimas procedían de Alemania o Austria. La explosión afectó a las salas de espera de primera y segunda clase, así como al restaurante de la estación, lo que explicaría el elevado número de víctimas.

El médico que se encontraba de guardia en la enfermería de la estación relataría así lo sucedido:

«Después del estallido apareció una nube negra casi impenetrable. Salí de la enfermería y me hallé ante un pobre hombre, de unos 50 ó 60 años, muerto, con el tórax hundido y un pulmón que le salía al exterior. Todavía no me había recuperado de esta dramática visión cuando comenzaron a llegar, o más exactamente a arrastrarse tras de mí, una multitud de heridos. ¡Dios mío, fue una cosa horrible! Recuerdo que entró un muchacho que tenía un ojo fuera de la órbita y el cuerpo cubierto de sangre. Tendría unos veinte años y murmuraba continuamente "Elena, Elena, ¿dónde estás?" y también "mamá, ayúdame, ayúdame". Supe después que Elena era su novia».

La ciudad reaccionó con rapidez, pese a no estar preparada para este tipo de sucesos. Al no ser suficientes las ambulancias para transportar a los heridos a los hospitales de la ciudad, se emplearon también autobuses, y los conductores de taxis ofrecieron sus vehículos. Se estuvieron rescatando supervivientes hasta las siete de la tarde, aunque las labores de desescombro para recuperar los cadáveres se alargarían durante toda la noche.

Indignación en toda Italia

Inmediatamente después del atentado, el Gobierno presidido entonces por Francesco Cossiga y las fuerzas de policía atribuyeron la explosión a causas fortuitas. En un primer momento se pensó que la tragedia había sido causada por el estallido de una de las calderas situadas en el subterráneo de la estación. También se formuló la hipótesis de un escape en las conducciones de gas.

No obstante, tras una primera inspección se descartó que la explosión hubiera tenido lugar en el subterráneo, ya que éste no había sido afectado por el estallido. Por tanto, todo indicaba que se trataba de la explosión de una bomba, aunque aún se debía dilucidar si se trataba realmente de un atentado o del estallido accidental de un artefacto en poder de un terrorista que se disponía desplazarse en tren al lugar previsto para el atentado.

A Bolonia acudió ese mismo día el entonces presidente de la República, Sandro Pertini, y varios ministros del gobierno. Un primer recuento de la que se denominaría Matanza de Bolonia (en italiano, *Strage di Bologna*) arrojaba la cifra de 76 muertos, aunque en los días siguientes se elevaría a 80, además de más de 200 heridos, en lo que era el atentado más grave en la historia de Italia.

En la madrugada del domingo se logró localizar el epicentro de la explosión, en uno de los ángulos de la sala de espera de segunda clase. En aquel lugar apareció un pequeño cráter de treinta centímetros de profundidad, señal inequívoca de que allí se había producido el estallido. Los peritos recogieron muestras del pavimento y de los cascotes para establecer la naturaleza química del explosivo; luego se dictaminó que era una mezcla de TNT y T4. Se calculó que la maleta dejada por los terroristas tuvo que contener unos cuarenta kilos de ese explosivo.

Tras la confirmación de que la explosión había sido provocada por un atentado terrorista, una ola de indignación recorrió toda Italia. Aunque las autoridades insistían en la necesidad de identificar y de detener a los autores, la reacción mayoritaria era la de exigir un castigo ejemplar para los responsables, llegando a reclamar el restablecimiento de la pena de muerte.

El lunes 4 de agosto se convocaron manifestaciones en Roma y Bolonia, y se registró un paro nacional de dos horas. En señal de luto, la radio y la televisión suspendieron parte de su programación. El funeral por las víctimas se celebró el miércoles 6 de agosto en la Piazza Magiore, con la presencia del arzobispo de Bolonia y el alcalde comunista de la ciudad, así como el presidente de la República. Al acto acudió una multitud de más de doscientas mil personas, que coreó continuamente la consigna «¡Justicia, justicia!».

La nota amarga del funeral la pusieron los familiares que se negaron a participar en el funeral, afirmando: «No queremos políticos detrás de nuestros difuntos». Ente los que rechazaron acudir al acto y los que ya habían hecho trasladar los restos mortales a los lugares de origen, tan sólo ocho féretros estuvieron presentes en la ceremonia religiosa.

Como un recordatorio de que la violencia en Italia no estaba dispuesta a tomarse un respiro, a pesar de estar tan reciente la tragedia de Bolonia, el mismo día del funeral un magistrado sería asesinado a balazos por la mafia en Palermo.

En busca del culpable

El mismo día de la explosión se recibieron cuatro llamadas en redacciones de periódicos, dos de ellas reclamando la autoría del atentado para la organización de extrema derecha Núcleos Armados Revolucionarios (NAR). Una tercera se la atribuía la organización de extrema izquierda Brigadas Rojas y una cuarta, también en nombre de esta última, desmentía cualquier tipo de participación en el atentado.

Pese al desmarque de la organización izquierdista, el gobierno de Cossiga atribuyó igualmente el atentado a las Brigadas Rojas, pero tres días después el primer ministro declaró ante el Senado que las sospechas se centraban en los grupos de extrema derecha.

Según la delirante lógica de los neofascistas, el objetivo era crear ente los ciudadanos un clima de inseguridad y desconfianza hacia las instituciones democráticas que posibilitase la transformación de éstas en sentido autoritario. Para crear esta inseguridad y desconfianza en el ciudadano común, el arma a utilizar era el atentado indiscriminado que provoca un gran número de muertes, tal como había sucedido en la abarrotada estación de Bolonia. Además, se daba la circunstancia de que Bolonia era la ciudad «roja» por excelencia, ya que más de la mitad de su población era votante del Partido Comunista Italiano (PCI).

Posteriormente, la organización terrorista de extrema derecha Ordine Nuovo sería acusada del atentado, y dos agentes del servicio secreto italiano (SISMI) y el presidente de la logia masónica P2, Licio Gelli, serían imputados por dificultar la investigación.

En años sucesivos, las investigaciones para conocer los verdaderos autores del atentado tropezaron con muchas dificultades, lo que causó numerosas polémicas y favoreció la aparición de teorías conspiratorias.

Lentamente, y gracias al impulso de las asociaciones de familiares de las víctimas, se llegó a una sentencia definitiva de casación en una fecha tan tardía como el 23 de noviembre de 1995. Fueron condenados a cadena perpetua, como ejecutores del atentado, los terroristas neofascistas Valerio Fioravanti y Francesca Mambro, quienes siempre se declararon inocentes. Otras muchas personas fueron condenadas a diversos años de cárcel debido a las pistas falsas que proporcionaron.

La organización Gladio

Los autores intelectuales de la masacre nunca se han descubierto. Testificando más tarde en los juicios, el neofascista Vincenzo Vinciguerra, quien cumplía cadena perpetua por otro atentado, declaró que una «estructura oculta, dentro del Estado mismo, y vinculada con la OTAN», había proporcionado una «dirección estratégica» al atentado de Bolonia y otras acciones terroristas, como el ataque con bomba contra el Banco de la Agricultura de Milán en diciembre de 1969, que produjo 16 muertos, o el tren Florencia-Bolonia de agosto de 1976, que se saldó con 11 muertos.

Vinciguerra se refería a Gladio, la organización terrorista secreta anticomunista ideada tras la Segunda Guerra Mundial por los servicios secretos norteamericanos y británicos con el objetivo de prepararse para una eventual invasión soviética de Europa Occidental. Para ello, la red contaba con fuerzas armadas paramilitares secretas de élite dispuestas en estos países, reclutadas incluso entre antiguos nazis. Estos contingentes secretos escapaban al control de los gobiernos correspondientes, aunque es de suponer que contaban con su consentimiento

Pero, además de prepararse ante una posible invasión, estas *fuerzas de retaguardia* fueron utilizadas por la CIA para influir en la política de algunos de estos países. Italia era un frente al que se le prestaba una especial atención, ya que se temía la llegada al poder del partido comunista, muy potente entonces en el país transalpino. Si el atentado de Bolonia fue obra de Gladio con el fin de que las tensiones provocadas por la masacre incidiesen negativamente en las aspiraciones comunistas de alcanzar el poder es algo que difícilmente se podrá saber algún día.[16]

16. La organización Gladio fue descubierta el 24 de octubre 1990 por el primer ministro italiano Giulio Andreotti; tanto Italia como Suiza o Bélgica desarrollaron investigaciones parlamentarias. La trama fue condenada por el Parlamento Europeo en resolución del 22 de noviembre de 1990, pero nadie resultaría condenado por los hechos y las investigaciones se vieron truncadas. Todo lo que rodea a Gladio sigue siendo hoy día un misterio.

El escenario

Para que las huellas de la masacre no quedasen borradas, la reconstrucción de la estación respetó el boquete en el muro causado por la explosión en la sala de espera; la abertura sigue hoy día presente, así como parte del suelo original. Además, se preservó intacto uno de los relojes que dan a la plaza situada frente a la estación, que se paró a las 10.25, hora del atentado.

El 2 de agosto está considerado en Italia como la jornada en memoria de todas las matanzas. Ese día, la ciudad de Bolonia organiza cada año un concurso internacional de composición musical y un concierto en la Piazza Maggiore en recuerdo de las víctimas.

Sabra y Chatila, 1982
Matanza de palestinos en el Líbano

*E*n 1982, la guerra del Líbano estaba en su última fase. Israel había invadido casi todo el país y sus tanques tenían rodeada la capital, Beirut. Yasir Arafat y su OLP estaban acorralados en Beirut Oeste, en donde luchaban desesperadamente para sobrevivir, bajo la presión amenazante de las tropas israelíes y grupos libaneses cristianos de extrema derecha.

Gracias a la mediación norteamericana, los israelíes permitieron la salida de Yasir Arafat (1929-2004) y los combatientes palestinos con destino a Túnez, lo que sería presentado por Arafat como una victoria. En el Líbano quedarían miles de refugiados indefensos, que contaban con la palabra de Estados Unidos como única garantía de supervivencia. Además, los norteamericanos habían arrancado el compromiso israelí de no ocupar Beirut Oeste, en donde se concentraba una parte importante de los refugiados palestinos.

Asesinato de Gemayel

Pero el 14 de septiembre de ese año sucedería un hecho que quebraría ese frágil compromiso. El mandatario electo libanés, Bashir Gemayel, fue asesinado, junto a cerca de cuarenta personas más, al ser volada con explosivos la sede central en Beirut de las Fuerzas Libanesas, una milicia cristiano-falangista aliada de Israel.

Las sospechas sobre la autoría del atentado recaen hoy sobre agentes sirios, pero en ese momento todas las miradas acusadoras se dirigieron hacia los palestinos. Pese a que Arafat se había marchado a Túnez con sus guerrilleros, la acción terrorista hizo pensar que una parte de ellos se había quedado en el Líbano para seguir actuando contra los intereses de Israel.

Rompiendo el acuerdo alcanzado por mediación de Washington, dos divisiones del Ejército israelí entraron al día siguiente en Beirut Oeste. Esa mañana, con el cadáver de Gemayel todavía insepulto, las milicias falangistas clamaban venganza. Los campos de refugiados de Sabra y Chatila, en donde hasta ese momento los combatientes palestinos se habían movido con cierta facilidad y contaban con fuerte apoyo, se convirtieron en el objetivo de los furiosos milicianos libaneses.

Los campos, rodeados

Hacia el mediodía de ese 14 de septiembre de 1982, las tropas israelíes habían rodeado completamente los campamentos de refugiados paletinos situados a las afueras de Beirut, controlando todas las entradas y salidas. Las fuerzas israelíes ocuparon también algunos edificios altos próximos, para emplearlos como puestos de observación. Ya por la tarde, los tanques israelíes comenzaron a efectuar algunos disparos dirigidos contra los campamentos.

Al día siguiente, 16 de septiembre, el ministro de Defensa, Ariel Sharon (1928), y el jefe de Estado Mayor, Rafael Eitan (1929-2004) se reunieron con los milicianos falangistas para invitarles a entrar en los campos de refugiados de Sabra y Shatila. El plan de Sharon y Eitan señalaba que los israelíes controlarían el perímetro de los campamentos de refugiados y prestarían apoyo logístico, mientras los milicianos falangistas entraban en los campamentos para encontrar combatientes de la OLP y entregarlos a las fuerzas israelíes.

Sobre las cuatro de la tarde, un total de 1.500 milicianos falangistas se reunieron en el aeropuerto de Beirut, bajo control del Ejército israelí, para desplazarse desde allí hacia los campos de Sabra y Chatila. El jefe de ese grupo sediento de venganza era Elie Hobeika, el sucesor de Gemayel.

Matanza de palestinos

A las seis de la tarde de ese 16 de septiembre, los soldados israelíes que rodeaban Sabra y Chatila permitieron el paso a los campos de refugiados de una primera unidad de 150 falangistas, armados con pistolas, cuchillos y hachas. Inmediatamente después de entrar esta unidad en los campos, sus integrantes empezaron a cortar gargantas, disparar y violar, en una inusitada orgía de violencia, desmedida incluso para los cánones imperantes en aquella turbulenta área de Oriente Medio.

A lo largo de la tarde, nuevas unidades falangistas fueron entrando en los campamentos, sumándose a la matanza. Los milicianos llegaron a pintar en las paredes los nombres de Jesucristo y la Virgen María con la sangre de los asesinados.

Al caer la noche, las fuerzas israelíes dispararon bengalas para que los campamentos quedasen iluminados y facilitar así la mortífera labor de sus aliados libaneses. Según el testimonio de una enfermera holandesa, el campamento estuvo tan brillante como «un estadio deportivo durante un partido de fútbol».

A las once de esa misma noche, llegó un informe a la sede de las Fuerzas de Defensa Israelíes en el este de Beirut informando del asesinato de más de trescientas personas en los campos de refugiados. El informe se remitió a la sede en Tel Aviv y Jerusalén, donde fue leído por una veintena de altos oficiales israelíes. A lo largo de la noche fueron enviados nuevos informes de la *razzia* que en esos momentos se estaba desatando en Sabra y Chatila contra sus desarmados habitantes. Algunos de los informes llegarían a una serie de altos funcionarios del gobierno de Israel.

Pese a ese conocimiento generalizado de lo que estaba ocurriendo, la matanza prosiguió durante toda la noche, mientras el Ejército israelí vigilaba las salidas y continuaba iluminando los campamentos desde el aire con bengalas.

Las informaciones sobre la masacre comenzaron a filtrarse al exterior de madrugada, después de la huida de varios niños y mujeres hacia el Hospital Acre en Chatila, donde informaron a los médicos de lo ocurrido. Las noticias llegarían a los periodistas extranjeros a primera hora de la mañana del viernes 17 de septiembre.

Con la llegada de ese nuevo día, la masacre no se detuvo. El exterminio pasó a ser más metódico. Un testigo directo que logró penetrar en el campamento, el periodista estadounidense Thomas Fredman, del *The New York Times*, dijo: «Vi grupos de jóvenes de entre veinte y treinta años que eran alineados junto a las paredes, atados de manos y pies, y ejecutados con ráfagas de ametralladora, al estilo de las bandas de gánsteres».

Cayó la noche y se repitió el apoyo de las tropas israelíes a los asesinos, con el lanzamiento de más bengalas. La carnicería no se detendría hasta las ocho de la mañana del día siguiente, el sábado 18 de septiembre.

El domingo 19 de septiembre, los libaneses descubrieron horrorizados la matanza de esos civiles, algunos aún identificables y otros hinchados por el sol, apuñalados o destripados. Los televidentes de todo el mundo comenzaron a ver imágenes de esa masacre sin precedentes.

El número total de asesinados sigue siendo una incógnita. Mientras que fuentes palestinas estimaron la muerte de varios miles de refugiados, entre ellos niños, mujeres, incluso embarazadas, y ancianos, los aparatos israelíes de inteligencia militar rebajaron esta cifra a unos 800 y las fuentes cristiano-libanesas a unos 450.

Escándalo internacional

Las noticias que revelaban lo sucedido en Sabra y Chatila conmocionaron a la opinión pública israelí, provocando una profunda crisis política. Ante las recriminaciones iniciales procedentes del propio país, el primer ministro Menahem Beguin respondió cínicamente a sus críticos que «los árabes matan árabes y los judíos se echan la culpa entre sí».

Pero una semana después de la tragedia, cerca de medio millón de personas se manifestó por las calles de Tel Aviv, convocadas por los movimientos pacifistas y partidos de izquierda, en la que se convertiría en la manifestación más multitudinaria de la historia del país. Los asistentes exigían responsabilidades, dimisiones y una investigación independiente que aclarase lo sucedido.

Menahem Beguin, desbordado por la presión, cedió a la presión popular, encargando una comisión de investigación al presidente del Tribunal Supremo, Yitzhak Kahan. El informe final de la denominada Comisión Kahan se haría público en febrero de 1983. En él se señalaba a los cristianos falangistas como autores materiales de las muertes, pero se imputaba a Israel una responsabilidad indirecta. El informe criticaba duramente la indiferencia e imprudencia de algunos ministros y mandos militares. Al jefe del Estado Mayor, el general Rafael Eitan, se le acusaba de «negligencia grave», pero el más malparado era Ariel Sharon; el informe consideraba que había «faltado a sus obligaciones», por lo que recomendaba su cese como ministro de Defensa.

Sharon había intentado excusarse ante la comisión asegurando que «nadie podía imaginar que las milicias falangistas iban a cometer una carnicería en los dos campamentos», pero las conclusiones del informe demostraban que su versión de los hechos no se sostenía. Según el informe, Sharon había «cometido un grave error al no tomar en cuenta el peligro de actos de revancha y derramamiento de sangre a manos de las milicias falangistas contra la población de estos dos campamentos». De todos modos, la Comisión fue benevolente con Sharon, puesto que siempre achacó su actitud a un error y no contempló la posibilidad de que permitiese la entrada de los milicianos falangistas para que fueran ellos los que se encargasen del *trabajo sucio* con los palestinos.

Si la masacre había producido conmoción en Israel, en el resto de mundo provocó un monumental escándalo. En Europa se produjeron numerosas reacciones contra Israel, especialmente en Italia y en Francia, como boicots a las líneas aéreas israelíes y protestas estudiantiles.

Ariel Sharon, acusado

Para muchos, las resoluciones de la Comisión Kahan no fueron suficientes para depurar todas las responsabilidades derivadas de la masacre. Los sectores pro-palestinos continuaron insistiendo durante años en acusar a Ariel Sharon de ser el autor o el instigador de la matanza. Cuando Sharon regresó a la política, al ser elegido primer ministro de Israel en 2001, las presiones para que fuera juzgado arreciaron.

Así, en ese mismo año, la justicia belga admitió a trámite una demanda contra Sharon, en aplicación de la ley de jurisdicción universal para casos de violaciones de los derechos humanos. Israel no lo tomó en consideración y adujo que se trataba de un proceso basado en motivaciones políticas.

El Tribunal Supremo belga dictaminó el 12 de febrero de 2003 que Sharon, además de algunos altos oficiales del Ejército israelí involucrados en los hechos, podrían ser enjuiciados en virtud de esta acusación. No obstante, ante el cuestionamiento de la jurisdicción belga para este tipo de procesos sobre derechos humanos y crímenes de guerra, que causó a Bélgica problemas diplomáticos, esta nación enmendó su ley para que se circunscribiera a casos donde las víctimas fuesen ciudadanos belgas. El 24 de septiembre de 2003, debido a cambios legales en Bélgica sobre la jurisdicción universal, el más alto tribunal belga archivó la causa contra el entonces primer ministro israelí argumentando que había dejado de existir base legal para el proceso.

Sorprendentemente, el falangista libanés Elie Hobeika, considerado el responsable material de la matanza, nunca fue acusado en un tribunal, ni en su país ni en Europa, ni se le siguió asociando a Sabra y Chatila, lo cual le permitió ocupar el puesto de ministro en el gobierno libanés en la década de los noventa, hasta que un atentado con coche bomba en Beirut, del que se desconocen sus autores y motivaciones, le costó la vida en enero de 2002. Para algunos, su asesinato se decidió cuando supuestamente se preparaba para testificar ante el tribunal belga que pretendía juzgar a Sharon, y en donde su testimonio hubiera sido determinante para la suerte del entonces primer ministro israelí.

En resumidas cuentas, nadie pagó por aquellos asesinatos masivos, una masacre que mereció de la Asamblea General de Naciones Unidas, en su resolución 37/123, la calificación de acto de genocidio.

El escenario

Los campamentos de Sabra y Chatila siguen acogiendo refugiados palestinos entre sus muros. En el Líbano hay aproximadamente unos 400.000 refugiados palestinos, un diez por ciento de la población del país. Más de la mitad de ellos han de vivir en la docena de campos de refugiados que allí existen. Estos recintos, anclados en una provisionalidad que dura varias décadas, carecen de los más elementales servicios, como recogida de basuras, escuelas u hospitales.

En Sabra y Chatila malviven en estas condiciones unos 12.000 palestinos. En el campo son todavía visibles los efectos de la matanza que tuvo lugar en 1982, y su recuerdo no se ha borrado. En uno de los muros pueden leerse, en árabe, estos versos:

Nos han robado la tierra y la seguridad.
Nos han puesto en campos de angustia y de prohibición.
Nos han ametrallado en todos los sitios.
Nos han prohibido los derechos humanos.
Nos han querido torturar y rendirnos.
Y han ignorado que somos siempre como un volcán.
Y resurgirán de nosotros hombres, donde no los haya.

Lockerbie, 1988
Atentado contra el Vuelo 103

*L*ockerbie es una pequeña localidad escocesa, situada muy cerca del límite con Inglaterra, a quince kilómetros al este de Dumfries y a unos cien kilómetros al sur de Edimburgo. Su modesta economía depende de la carretera que la atraviesa, que es la principal vía occidental de comunicación anglo-escocesa. Pero Lockerbie es mundialmente conocida por lo ocurrido allí el 21 de diciembre de 1988, un día que sus escasos tres mil habitantes no olvidarán mientras vivan.

Aquella jornada, los lugareños tenían su mente puesta en las fiestas navideñas que estaban a punto de celebrarse. A las siete de la tarde, hora local, la mayoría de ellos se encontraban en sus casas, preparando la cena o viendo la televisión, sin poder imaginar que, en sólo unos minutos, el infierno se abatiría sobre el tranquilo pueblo.

Cuando pasaban nueve minutos de las siete, se oyó un horrísono rugido, acompañado de una gran bola de fuego. «Sentimos un ruido y pensamos que se iba a hundir el techo», dijo un testigo que se encontraba en un hotel situado a medio kilómetro del centro del pueblo. «Después, sentimos un temblor y supusimos que era un terremoto. Luego vimos una bola de fuego que subió a unos cien metros hacia el cielo.»

Otro testigo hizo hincapié en la omnipresencia del fuego: «Fue una terrible explosión, algo indescriptible. Siete casas se quedaron sin techo y lo que quedaba de ellas estaba ardiendo. Era una lluvia de fuego». «La carretera era una cinta de fuego —dijo otro habitante—, las casas estaban ardiendo.»

Tras los primeros instantes de confusión, se extendió el convencimiento de que había ocurrido un accidente aéreo. Se iniciaron de inmediato las labores de rescate, en las que participaron ambulancias, bomberos y policía llegados del sur de Escocia y del norte de Inglaterra, junto con equipos de socorro militares, que contaban con el apoyo de cinco helicópteros. Los curiosos llegados de las zonas vecinas dificultaron las tareas de rescate y el cierre de la carretera provocó problemas adicionales.

Los primeros esfuerzos estuvieron enfocados a rescatar a los habitantes sobre los que había caído la lluvia de fuego. Una docena de ellos fueron trasladados con quemaduras graves al hospital de la vecina Dumfries. Los trabajos se realizaban a la luz de una docena de casas que ardían como teas y bajo el temor a nuevas explosiones. La atmósfera estaba impregnada del penetrante olor a queroseno y existía el temor de que la gasolinera pudiera estallar en cualquier momento.

Todo Lockerbie fue evacuado. La zona sur del pueblo había desaparecido prácticamente del mapa. Más de una treintena de casas habían resultado dañadas por el impacto de restos del aparato, que aparecían desparramados por una amplia superficie de terreno.

Según los testigos, el avión se había estrellado contra una colina próxima al pueblo y sus restos se habían precipitado hacia el centro de la localidad, arrasando una gasolinera y diversas viviendas. La masa en desintegración se detuvo al impactar contra unas casas situadas junto a la carretera, no sin antes alcanzar a varios vehículos. La peor parte fue para los habitantes de las casas; en el lugar sólo se podía ver un enorme cráter de unos siete metros de profundidad por unos veinticinco de longitud. Las casas, junto a las personas que moraban en ellas, se habían volatilizado.

La luz del amanecer permitió apreciar las enormes proporciones de los destrozos sufridos por Lockerbie después de que la lluvia de fuego cayera sobre el pueblo. En ese momento aún no se sabía con certeza el número de muertos habidos en tierra y tan sólo se habían confirmado siete heridos de diversa gravedad.

Los trabajos de rescate estaban centrados en localizar cadáveres, que se encontraban esparcidos por un radio de unos quince kilómetros, aunque los fuertes vientos que soplaban ese día en la región hicieron que llegaran a encontrarse fragmentos del avión a 130 kilómetros de distancia de la zona de impacto. Parte de la cabina apareció a unos cinco kilómetros de Lockerbie, encontrándose junto a ella los cuerpos de los pilotos. Los responsables de estas tareas pidieron a los lugareños que rastreasen sus propiedades en busca de restos humanos.

Las dependencias del ayuntamiento fueron utilizadas como depósito de cadáveres y los asistentes sociales trabajaron con denuedo para encontrar acomodo material y prestar apoyo psicológico a los trescientos vecinos que habían sido evacuados y a los que habían perdido familiares.

La reina Isabel II envió al lugar al tercero de sus hijos, el príncipe Andrés, quien quedó impresionado por el apocalíptico panorama que halló. La entonces primera ministra, Margaret Thatcher, y el duque de York recorrieron el área siniestrada, en la que era fácil tropezarse con trozos del aparato. Finalmente, el número de habitantes de Lockerbie que perderían la vida sería solamente de once, un balance que puede considerarse como afortunado, teniendo en cuenta la hecatombe que podía haber provocado.

Vuelo 103 de Pan Am

El avión era un Boeing 747 de la compañía norteamericana Pan American World Airways, que cubría el Vuelo 103, un trayecto Frankfurt-Nueva York con escala en Londres. Tras efectuar sin novedad el primer trayecto Frankfurt-Londres, a las 18.25 había despegado del aeropuerto de Heathrow rumbo al JFK de Nueva York.

El Boeing volaba con 259 personas a bordo, poco más de la mitad de la capacidad total. Entre los viajeros había un grupo de estudiantes de la universidad neoyorquina de Siracusa y soldados estadounidenses destacados en Alemania, y que habían embarcado en Frankfurt para pasar las fiestas de Navidad en su país.

El piloto del avión no informó de que hubiera ningún problema durante el vuelo; simplemente se cortó la comunicación. En un primer momento no se descartó ninguna posible causa del accidente, desde un fallo mecánico a un atentado, pero el hecho de que el piloto no hubiera detectado ningún fallo hizo aumentar las sospechas de que se tratase de una explosión provocada. En apoyo de esta hipótesis, los expertos hicieron notar ya la misma noche lo extraño del corto lapso de tiempo transcurrido entre la última comunicación del aparato y la explosión en tierra, y destacaron que no era fácil una pérdida de control del avión tan rápida como la que se había producido.

Las sospechas de que se tratase de un atentado estaban alimentadas también por la presencia de los soldados estadounidenses a bordo y por el hecho de que los cuerpos calcinados y los restos del aparato hubieran aparecido en un área muy amplia, lo que hacía pensar que se había producido una explosión en pleno vuelo, algo que parecía confirmarse por las primeras informaciones, que hablaban de que el avión ya estaba en llamas antes de caer a tierra.

Las investigaciones posteriores resolverían la incógnita. La explosión fue debida a un explosivo plástico de alrededor de 400 gramos, colocado en un aparato radiocassette dentro del equipaje del compartimento de carga anterior, situado debajo de la cabina. El estallido del artefacto hizo que toda la parte delantera de la aeronave se desprendiera completamente del resto, causando que ésta cayera en vuelo libre durante dos minutos antes de impactar contra el suelo. El resto del fuselaje despidió pasajeros en sus asientos al realizar una espiral y luego se estrelló sobre Lockerbie.

Supuestamente, el explosivo se alojó en la bodega después de que hubiera sido transportado a Frankfurt en un vuelo procedente de Malta. La bomba fue conectada a un dispositivo que medía la presión barométrica, conectada a un temporizador; éste se puso en marcha cuando la presión barométrica en el interior del equipaje cayó debajo de cierto nivel durante el primer tramo del vuelo. Lo que nunca llegaría a determinarse es la forma en que el equipaje llegó al avión.

El atentado fue considerado como un ataque a un símbolo de Estados Unidos, ya que 189 de las víctimas eran norteamericanas; de este modo, el de Lockerbie se convirtió en el más mortífero ataque contra civiles norteamericanos hasta los atentados del 11 de septiembre de 2001.

Acusación contra Libia

Después de tres años de investigación conjunta entre Scotland Yard, la policía local de Dumfries y Galloway y la CIA y el FBI, durante la cual se tomó declaración a más de 15.000 testigos, las acusaciones de asesinato fueron interpuestas el 13 de noviembre de 1991 contra Abdelbaset Ali Mohamed Al Megrahi, un agente de la inteligencia libia y jefe de seguridad de las Aerolíneas Árabes Libias y Al Amin Khalifa Fhimah, el director de la delegación de esas líneas aéreas en el aeropuerto de Malta. Ambos estaban acusados de asesinato, conspiración para asesinar y violación de la Ley de Seguridad de la aviación británica.

Esos dos ciudadanos libios fueron acusados por el atentado pero, al no tener buenas relaciones con el Reino Unido desde que en 1986 aviones estadounidenses bombardearan Trípoli, Libia se negó a entregar a los sospechosos, por lo que la ONU estableció sanciones contra el país norteafricano a partir de 1992.

Las sanciones de las Naciones Unidas contra Libia y unas prolongadas negociaciones con el líder libio Muammar Gaddafi dieron lugar a la entrega de los acusados el 5 de abril de 1999 a la policía escocesa en Holanda, escogida como territorio neutral.

El 31 de enero de 2001, Megrahi fue condenado por asesinato por un tribunal formado por tres jueces escoceses y sentenciado a 27 años de prisión. La apelación a su condena fue rechazada en 2002 y su recurso ante el Tribunal Europeo de Derechos Humanos no fue admitido. Megrahi, desde la prisión de Greenock, cerca de Glasgow, sostendría su inocencia, hasta su liberación en agosto de 2009 por motivos humanitarios. En cuanto al otro acusado, Fhimah, el tribunal consideró que las pruebas que lo señalaban como autor del atentado no resultaban concluyentes y fue absuelto.

En octubre de 2002, el gobierno de Libia ofreció una compensación de unos 10 millones de dólares por víctima y en agosto de 2003 aceptó formalmente la responsabilidad por el atentado. Un mes después, la ONU levantó las sanciones contra Libia, que habían durado quince años.

Sin embargo, pese a que parecía que la autoría de la matanza quedaba resuelta, en realidad seguirían existiendo muchos puntos oscuros. La absolución de Fhimah hacía que todo el peso de la organización y ejecución del atentado recayese únicamente sobre Megrahi, algo sumamente improbable. Las pruebas que apuntaban a Megrahi eran endebles; se basaban en su reconocimiento por parte de un ciudadano maltés. Además, los abogados defensores habían presentado durante el juicio las pruebas de que el día del atentado se produjo una brecha de seguridad en la zona de carga de equipajes en el aeropuerto de Heathrow, lo que pudo permitir a cualquiera acceder a la bodega del avión. Esto sugería la posibilidad de que el artefacto no hubiera sido expedido desde Malta, sino introducido en Londres.

Los que, pese a estas dudas sobre la autoría de la acción, señalan en último término a los servicios secretos libios como los organizadores del atentado de Lockerbie, encuadran esta acción dentro de la espiral de agresiones entre Estados Unidos y Libia durante los años ochenta, que incluyó por ejemplo el atentado en un club nocturno de Berlín que mató a militares americanos o el hundimiento de dos barcos libios, y que culminaría con el bombardeo de Trípoli y el puerto de Bengasi por la aviación norteamericana en 1986.

La pista iraní

Los puntos oscuros sobre el papel de los agentes libios en la ejecución del atentado han dado lugar a especulaciones que echan por tierra la versión comúnmente aceptada de los hechos.

Uno de los elementos más inquietantes es el hecho de que, unas semanas antes, un Airbus civil iraní fue derribado sobre el golfo Pérsico por el portaaviones estadounidense USS *Vincennes*. El buque lanzó sus misiles al Airbus porque lo tomó por un avión de la fuerza aérea iraní. En el ataque murieron las 290 personas que viajaban en el avión. En esos momentos se estaba librando la guerra Irán-Irak, en la que Estados Unidos apoyaba a Saddam Hussein.

El entonces presidente norteamericano, Ronald Reagan, después de emitir unas cuantas disculpas de trámite por el trágico error, responsabilizó a Irán de la matanza por haber rechazado un cese del fuego solicitado por la ONU. Además, la Armada estadounidense condecoró al capitán y a los artilleros del *Vincennes* por su buena puntería. El ataque al Airbus enfureció al gobierno iraní, que quizás se aprestó a tomarse cumplida venganza planeando el derribo de otro avión civil, pero en este caso norteamericano.

Se ha postulado que Irán pagó al Frente Popular para la Liberación de Palestina para que llevase a cabo el ataque al vuelo Frankfurt-Nueva York, aunque esta organización negó desde un primer momento cualquier relación con el atentado de Lockerbie. De todos modos, durante los primeros meses después de la tragedia aérea, todas las sospechas señalaban inequívocamente a Irán o a grupos terroristas afines como los responsables del atentado.

Sin embargo, todo cambiaría el 2 de agosto de 1990, con la invasión de Kuwait por parte de Irak. Para liberar Kuwait de las tropas de Saddam Hussein, Estados Unidos organizó una coalición militar internacional, que incluía a varios países árabes. Para el éxito de esta iniciativa necesitaba del apoyo de Siria, aliada de Irán, así como de la aquiescencia iraní. A partir de ese momento, Irán dejó de relacionarse con el atentado de Lockerbie y curiosamente Libia, que se encontraba entonces políticamente aislada, pasó a ser la principal sospechosa.

Pese a que algunos familiares de las víctimas del atentado de Lockerbie, insatisfechos con la explicación oficial por las numerosas fisuras que presenta, reclaman que se reabra el caso para descubrir quién colocó realmente la bomba en la bodega del avión, es muy poco probable que las autoridades británicas y norteamericanas accedan a sus peticiones. Mientras tanto, la incógnita sobre los verdaderos autores de la matanza continúa sin resolverse.

El escenario

En Lockerbie existe un monumento dedicado a las víctimas, el *Lockerbie Disaster Memorial*; consiste en una estatua clásica de un ángel sosteniendo con su mano derecha una espada encarada hacia el suelo.

El Museo de Historia de la ciudad ofrece una exposición sobre aquella dramática jornada.

En el Cementerio Militar de Arlington, en Washington, se levanta otro Memorial dedicado a las 259 víctimas que viajaban en el avión. Las autoridades municipales de Lockerbie enviaron 259 piedras extraídas en la región, simbolizando a cada uno de los fallecidos. Esas piedras fueron utilizadas para construir un monumento con forma de torre circular, que fue emplazado en el recinto del cementerio, e inaugurado por el presidente Bill Clinton.

Beijing, 1989
La *primavera* china, ahogada en sangre

*E*n 1989, el descontento social se había apoderado de China. La inflación era galopante y la corrupción campaba a sus anchas por todo el país, tolerada, cuando no directamente impulsada, por la administración.

Aunque el Partido Comunista de China (PCCh) había llegado al poder prometiendo crear una sociedad igualitaria, en realidad la sociedad china era una de las más desiguales del mundo. Como resultado, el apoyo del pueblo a sus dirigentes se estaba resquebrajando.

La muerte del líder reformista Hu Yaobang, el 15 de abril de ese año, sería el detonante. Las muestras de pesar pasarían a ser de protestas, y éstas a convertirse en un movimiento revolucionario que comenzaría a extenderse a las principales ciudades chinas.

Los estudiantes ocuparon la plaza de Tiananmen, en Beijing. Estaban convencidos de que el régimen no enviaría a los tanques para aplastarlos, ya que consideraban que el Ejército de Liberación Popular era precisamente eso, parte del pueblo. Pero los trágicos acontecimientos que tendrían lugar allí el 4 de junio demostrarían que estaban equivocados.

El Ejército interviene

Los jóvenes se habían instalado en la plaza. El insólito espectáculo atrajo la atención de mucha gente; algunos de ellos, principalmente obreros, se decidirían a unirse a la protesta. Las llamadas a la democracia de los estudiantes despertaron la conciencia de muchos chinos, que pensaron que estaba a punto de abrirse una nueva y esperanzadora etapa, una *primavera* como las que estaban teniendo lugar en los regímenes socialistas del bloque soviético.

Los representantes sindicales comenzaron a unir camaradas al movimiento. El régimen se vio amenazado, por lo que recurrió al Ejército. Las tropas se fueron concentrando a las afueras de Beijing, listas para intervenir en el momento señalado por el Gobierno. Pero no todos los mandos del Ejército estaban dispuestos a intervenir contra esa concentración pacífica; una minoría de ellos se negó a prepararse para aplastar la protesta, pero la gran mayoría obedeció las órdenes.

A última hora del sábado 3 de junio, los soldados y tanques de las divisiones 27 y 28 recibieron orden de avanzar hacia el centro de la capital desde varios puntos. Aunque el Gobierno ordenó a todos los civiles de Beijing que permanecieran en sus casas mediante emisiones de televisión y megafonía, desde el primer momento en el que las tropas se pusieron en marcha hubo personas que se enfrentaron a su avance. Cerca del complejo de apartamentos Muxidi, donde tenía su residencia una parte de la élite intelectual de Beijing, algunos jóvenes fueron acribillados cuando trataban de manifestarse contra la intervención militar. En otras calles de la ciudad se vivirían escenas similares.

Los soldados disparaban a todos los que intentaban expresar su rechazo. En la avenida Fuxingmen, los tanques llegaron a pasar sobre los cuerpos de los que caían heridos ante ellos. Al parecer, la resistencia popular llegó a causar algunas bajas entre los militares.

Poco a poco, los tanques fueron llegando a las proximidades de Tiananmen. Mientras los presagios más ominosos planeaban sobre los estudiantes concentrados en la plaza, éstos aún confiaban inocentemente en la pervivencia de su movimiento, fundando allí mismo la «Universidad de la Democracia de la plaza de Tiananmen».

Pero cuando comenzaron a llegar a la plaza estudiantes ensangrentados, supervivientes de las primeras cargas del Ejército contra los manifestantes, la tensión y el nerviosismo entre los concentrados se acrecentó. Las informaciones de que los soldados empleaban bayonetas y gases lacrimógenos para aplastar la protesta hicieron que los ánimos de resistencia su-friesen las primeras fisuras. Todos eran ya dramáticamente conscientes de que esas mismas escenas se vivirían en la plaza esa misma noche.

A las cuatro de la mañana, los focos que iluminaban la pla-za se apagaron. Cuando se restableció la luz eléctrica, los con-centrados advirtieron horrorizados que filas interminables de tanques habían maniobrado hasta situarse justo delante de ellos. Los estudiantes eran conscientes de que, si los tanques habían llegado hasta ahí, era porque estaban decididos a actuar.

Los concentrados intentaron darse ánimos cantando *La In-ternacional* o coreando consignas como «¿Por qué nos queréis matar? ¡No llevamos armas!», aunque algunos de ellos, más realistas, preferían aprovechar ese precioso tiempo para escri-bir unas apresuradas líneas en folios en blanco que comenza-ron a correr de mano en mano. En ellas expresaban su última voluntad y se despedían de sus seres queridos.

Representantes de los estudiantes acudieron a negociar con los mandos del Ejército pidiendo que les permitiera retirarse pacíficamente. Pero, de repente, las tropas abrieron fuego sobre los concentrados. En unos segundos, el infierno se desató so-bre la plaza y las calles adyacentes.

Masacre en la plaza

Los soldados rompieron a disparar contra los estudiantes, que comenzaron a retirarse al ver el terrible cariz que habían tomado los acontecimientos. Los tanques se pusieron en mar-cha y aplastaron en su camino a los estudiantes que se habían refugiado en las tiendas de campaña. Seguidamente, los solda-dos rociaron con gasolina los cuerpos de los heridos, convir-tiéndolos en antorchas humanas. Muchos estudiantes heridos fueron puestos a salvo por conductores de *rickshaws* que se aventuraron en tierra de nadie, entre los soldados y la multi-tud, y trasladaron a los heridos a los hospitales.

Pasados los primeros minutos de confusión, algunos estu-diantes de los que habían escapado con vida de la plaza quisieron regresar a ella para protestar por la brutalidad con que estaban siendo reprimidos, pero los ciudadanos les persuadieron de que no lo hicieran, ya que tan sólo encontrarían la muerte. Mientras, la radio oficial transmitía las consignas que justificaban la matanza: «Esto es un motín, debemos mantener el orden en la capital».

Balance de víctimas

Nadie sabe cuántas personas murieron esa noche bajo las balas del Ejército chino, ya que esos datos siguen siendo un secreto de Estado. Por tanto, tan sólo se pueden hacer suposiciones.

Un funcionario no identificado de la Cruz Roja china aseguró que hubo 2.600 muertos y 2.000 ciudadanos heridos. Desde las universidades, a donde pertenecían muchos de los estudiantes movilizados, se habló de 4.000 muertos y 30.000 heridos. El entonces alcalde de Beijing informó un mes después de la matanza de que habían muerto 200 estudiantes, pero que 6.000 soldados habían resultado heridos (!). Los periodistas que cubrieron la noticia sitúan la cifra de víctimas en torno a 3.000, aunque algunas listas de bajas confeccionadas a partir de fuentes clandestinas la elevaban hasta 5.000.

La represión continuó durante meses; cientos de sospechosos fueron encarcelados y algunos de ellos fueron ejecutados, acusados de liderar la revuelta. Los familiares de las víctimas fueron silenciados con amenazas; incluso eran seguidos cuando iban a visitar a sus hijos a los cementerios.

La conclusión oficial afirmaba que los que participaron en la protesta eran «criminales» que querían provocar el caos y destruir el país. Veinte años después de la protesta, un centenar de manifestantes continuaban en prisión.

El Hombre del Tanque

La represión lanzada por el gobierno chino aplastó completamente ese incipiente movimiento democrático. Pero el espíritu de la revuelta logró sobrevivir, encarnado en unas imágenes que darían la vuelta al mundo. Se trataba de lo que se ha venido en llamar el Hombre del Tanque.

El incidente tuvo lugar el 5 de junio, es decir, al día siguiente de la masacre, en la Gran Avenida de la Paz Eterna, muy próxima a la plaza de Tiananmen. Mientras una columna de tanques avanzaba por la avenida, ésta fue interceptada por un hombre, que se mantuvo solo y en pie mientras los tanques se le aproximaban, sosteniendo dos bolsas de plástico blancas, una en cada mano.

Mientras los tanques iban disminuyendo la marcha para no atropellarle, él hacía decididos gestos para que no siguieran avanzando. En respuesta, el tanque situado en cabeza de la columna intentó sortearlo, pero el hombre no dudó en interponerse repetidamente en su camino, demostrando una tenacidad y resistencia enormes. Tras la detención completa de la columna, el individuo subió encima del primer tanque, llamó al portón y le dijo algo al conductor.

Es imposible saber lo que dijo el manifestante solitario. Quizás espetó al tanquista: «Retrocedan, den la vuelta y dejen de matar a mi gente», o quizás un sencillo «¡váyanse!». Es posible que le preguntase: «¿Por qué disparáis contra vuestro pueblo?». Tras esas palabras, el héroe anónimo se plantó una vez más delante de la columna de tanques y exhibió un gesto inequívoco con el brazo: «¡Dad media vuelta!».

Luego, la grabación muestra cómo varios civiles se llevan al hombre, mientras los tanques retoman su camino. Se sospecha que esos desconocidos eran, en realidad, policías de paisano; si fue así, lo más probable es que el detenido fuera arrestado, interrogado y ejecutado. Pero algunos testigos están convencidos de que no lo eran, sino que eran ciudadanos de a pie, lo que haría pensar que el Hombre del Tanque pudo ponerse a salvo.

La conocida imagen fue tomada a una distancia de 800 metros por Jeff Widener, un reportero de Associated Press, desde el sexto piso del Hotel Beijing. La fotografía y filmación del hombre en pie, solo delante de la línea de tanques, se transmitió esa misma noche. Fue el principal titular en muchos noticiarios alrededor del mundo.

La identidad del Hombre del Tanque está sujeta a numerosas especulaciones, así como lo que sucedió después con él. Un tabloide británico, el *Sunday Express*, dijo haber descubierto que se trataba de un joven de 19 años llamado Wang Weilin. Otro medios apuntaron a que era un campesino recién llegado de un pueblo del norte. No obstante, su vestimenta —pantalón negro y camisa blanca— era la indumentaria de alguien modesto y ordinario. El que llevase dos bolsas de plástico le daba más el aspecto de alguien que regresaba de realizar la compra que de un activista revolucionario.

Sobre su destino final, unas fuentes aseguran que fue detenido y ejecutado dos semanas después, aunque este plazo es alargado por otros a varios meses. Otras afirman que el hombre pudo escapar y vive oculto en China, o que huyó rumbo a Taiwán. La única información ofrecida por el gobierno chino, en una entrevista de un medio occidental al entonces Secretario General del Partido Comunista, Jiang Zemin, fue la que el dirigente proporcionó a la entrevistadora: «Creo que no murió», se limitó a decir el dirigente chino.

En abril de 1998, la prestigiosa revista norteamericana *Time* incluyó al «Rebelde Desconocido»en su lista de las cien personas más influyentes del siglo XX. En cambio, dentro de China, el Hombre del Tanque fue presentado como un delincuente social y un posible agente provocador de los gobiernos occidentales. La histórica imagen se convirtió en un tabú en China, en donde es objeto de una feroz censura. Pero este miedo del régimen chino ante cualquier representación de aquella escena es la prueba de que el arrojo y la valentía demostrados por aquel hombre anónimo en defensa de la libertad sigue manteniendo toda su vigencia.

El escenario

La plaza Tiananmen es la plaza pública más grande del mundo, con 880 metros de norte a sur y 500 metros de este a oeste, con una extensión que supera las cuarenta hectáreas. En el centro de la plaza se erige el Monumento a los Héroes del Pueblo, y a los lados se pueden ver dos grandes edificios, la Asamblea Nacional y el Museo Nacional de Historia y de la Revolución. Hoy día, la plaza ofrece un aspecto impoluto, ya que se castiga con una multa a aquél que escupa o ensucie el suelo.

El objetivo del gobierno chino de borrar cualquier huella de aquel levantamiento hace que, obviamente, no exista nada en la plaza de Tiananmen que recuerde la matanza de 1989.

Srebrenica, 1995
Limpieza étnica en el corazón de Europa

*E*l 12 de julio de 1995, las televisiones de todo el mundo emitieron unas imágenes en las que aparecía el jefe de Estado Mayor del Ejército de los serbios de Bosnia, el general Ratko Mladic, tranquilizando a un grupo de bosnios musulmanes en un campamento de refugiados de Srebrenica. Los serbios acababan de conquistar esta ciudad —situada al este de Bosnia y a sólo 15 kilómetros de la frontera con Serbia— después de un largo asedio, y los bosnios temían que las fuerzas ocupantes se tomasen cumplida venganza, causando una carnicería. En apariencia, nada de eso iba a pasar.

El general Mladic conversaba amigablemente con los refugiados e incluso repartía caramelos entre los niños. La presencia de 450 cascos azules holandeses —el área había sido declarada «zona segura» por la ONU— contribuía a ofrecer esa imagen de seguridad. Los bosnios musulmanes iban a ser trasladados en autobuses a las zonas controladas por las autoridades bosnias.

Pero esas tranquilizadoras imágenes no se correspondían con la terrorífica realidad que iba a producirse a espaldas de las cámaras. Mientras el general Mladic repartía golosinas, por su cabeza estaba rondando el plan para exterminar en las horas siguientes a parte de aquellos refugiados que estaban dejando de lado su escepticismo para creer que podían escapar del infierno de la guerra, una guerra fratricida que había comenzado cuatro años antes.

La guerra de Bosnia

El 15 de octubre de 1991, el parlamento bosnio inició su turbulento camino a la independencia con una declaración de soberanía. La República de Bosnia-Herzegovina fue reconocida por la Unión Europea el 6 de abril de 1992, y por Estados Unidos al día siguiente. Esta flamante nación independendiente nacía con unos inmejorables avales, al mismo tiempo que se desataba una feroz lucha por el control del territorio entre los tres grupos mayoritarios de población del país; los bosnios musulmanes, los serbobosnios (ortodoxos) y los bosniocroatas (católicos).

La comunidad internacional llevó a cabo varios intentos de establecer la paz en la zona, pero con éxitos muy limitados. En el este de Bosnia, en la zona fronteriza con Serbia, la lucha entre los bosnios musulmanes y los serbobosnios, apoyados obviamente por Serbia, sería encarnizada.

El conflicto daría carta de naturaleza al término «limpieza étnica». En el territorio bosnio se desató una campaña de traslados forzosos de la que fueron víctimas tanto los serbobosnios como los musulmanes. Los serbobosnios intentaron agruparse todos en la misma zona con el objetivo de formar su propio estado, la República Serbia de Bosnia (*Republika Sprska*). El área elegida fue la Podrinje central, también conocida como Región de Srebrenica.

Aunque los serbobosnios eran mayoría en la Podrinje, no lo eran en el área de influencia de la capital, Srebrenica. Pero los serbobosnios no podían renunciar a esa zona, ya que esa renuncia implicaría la creación de un enclave musulmán en su nuevo estado, que quedaría así dividido en dos, haciéndolo, por tanto, inviable. Para evitarlo, los serbobosnios recurrieron a la referida limpieza étnica.

Lucha por Srebrenica

Los ataques a población civil en la región de Podrinje comenzaron en 1992. En los alrededores de Srebrenica, la población bosnia musulmana fue atacada y obligada a huir hacia la capital, que finalmente caería en manos serbias. Pero en mayo de 1992, las fuerzas bosnias, lideradas por el comandante Naser Oric, retomaron Srebrenica.

A partir de ahí, las fuerzas bosnias iniciaron desde Srebrenica una progresiva expansión, alcanzado un dominio de unos 900 kilómetros cuadrados. Durante esas operaciones militares, los bosnios perpetraron algunas matanzas entre la población civil serbia en venganza por acciones serbias similares, contribuyendo así a acelerar la espiral de violencia.

Meses después de ese período de expansión bosnio, un reorganizado ejército serbobosnio al mando de Ratko Mladic contraatacó con una nueva ofensiva a gran escala capturando las zonas próximas a Srebrenica, hasta que la capital quedó nuevamente convertida en un enclave aislado. La población bosnia de los pueblos de alrededor huyó en masa hacia Srebrenica, presa del pánico, incrementando la población de la ciudad hasta alcanzar los 50.000 ó 60.000 habitantes.

En marzo de 1993, el general francés Philippe Morillon, comandante de las Fuerzas de Protección de las Naciones Unidas (UNPROFOR) visitó Srebrenica. Para entonces, la superpoblada ciudad se encontraba en estado de sitio. Escaseaban la comida y las medicinas. Además, los serbobosnios se encargaron de destruir los depósitos que la abastecían de agua corriente, contribuyendo a empeorar aún más las condiciones de vida de los sitiados. A pesar de ese panorama tan poco halagüeño, el general Morillon dijo públicamente a los aterrorizados habitantes de Srebrenica que la ciudad estaba bajo protección de la ONU y que nunca los abandonarían.

Zona protegida por la ONU

La garantía de la comunidad internacional se sustanció el 16 de abril de 1993, cuando el Consejo de Seguridad de las Naciones Unidas aprobó una resolución por la que se declaraba Srebrenica «área segura, libre de ataques y otras acciones hostiles». Dos días después, el primer contingente de tropas del UNPROFOR llegaba al enclave de Srebrenica.

Aunque se estimaba que eran necesarios unos 34.000 soldados para proteger a los civiles, la comunidad internacional rehusó aportar tantas tropas y acordó, en su lugar, desplegar solamente 7.500 efectivos. Además, UNPROFOR sólo estaba autorizada a usar la fuerza en defensa propia, y no en defensa de los civiles a los que debían proteger. De este modo, la comunidad internacional calmaba su conciencia, pero se allanaba el camino para que los serbobosnios actuasen contra los civiles bosnios con total impunidad.

Como era de prever, la protección de la ONU no sirvió para que los serbobosnios renunciasen a su objetivo declarado de tomar Srebrenica y vaciarla de población bosnia. Permanecieron bien armados y dispuestos para iniciar el asalto a la capital. En cambio, las fuerzas bosnias, confiando en el paraguas que le había ofrecido la comunidad internacional, iniciaron su desmilitarización. La única unidad que quedaría en Srebrenica sería la 28ª División de Montaña, equipada deficientemente —muy pocos hombres diponían de uniforme— y con una estructura de mando débil. El aspecto de sus integrantes tenía más similitudes con una partida de bandoleros que con un Ejército moderno, puesto que algunos de ellos portaban únicamente armas blancas o, a lo sumo, viejos rifles de caza.

Mientras, los serbios ponían todo tipo de obstáculos a los convoys de ayuda internacional que se dirigían a Srebrenica. Los productos de primera necesidad como las medicinas, la comida y el combustible, se hicieron aún más escasos en la ciudad. Con la excusa de que las tropas bosnias estaban utilizando el área segura como base para lanzar un hipotético contraataque, los serbobosnios efectuaban fuego de artillería indiscriminado destinado a socavar la moral de los sitiados.

A principios de 1995, las dificultades de los convoyes de suministros para superar el cerco de los serbobosnios eran extremas. Aunque resulte sorprendente, hasta las fuerzas de la ONU se veían imposibilitadas de conseguir algo tan fundamental como era el combustible y la munición. Los cascos azules se veían obligados a patrullar a pie. Además, algunos de los soldados de la ONU que se alejaron de la «zona segura» durante las patrullas fueron retenidos por las tropas serbias. Pero la UNPROFOR, en lugar de dar más cobertura a sus tropas destinadas en Srebrenica, decidió reducir el contingente, que cayó de 600 a menos de 400.

La situación de la población civil en Srebrenica iba cada día de mal en peor. El frágil corredor humanitario, prácticamente inoperante, no lograba abastecer a los refugiados y comenzaron a contabilizarse los primeros fallecimientos por hambre. Anticipando la inminencia del desastre, los principales oficiales bosnios iban abandonando el enclave en helicóptero. En cuanto al frente diplomático, la poco convincente presión de la comunidad internacional para instaurar un acuerdo de paz encadenaba un fracaso tras otro.

Asalto final a Srebrenica

En marzo de 1995, el presidente de la República Serbia de Bosnia, Radovan Karadzic, envió una directriz a su ejército acerca de la estrategia a seguir en el enclave de Srebrenica. Dicha directriz indicaba que las fuerzas serbobosnias debían «crear, mediante operaciones de combate bien planificadas, una situación de inseguridad tal, que no haya esperanza de supervivencia de vida alguna para los habitantes de Srebrenica». La estudiada ambigüedad de su redactado no lograba enmascarar el carácter criminal de la nota, al alentar claramente el asesinato masivo de la población civil.

El 2 de julio de 1995, el general Mladic puso en marcha la primera fase del asalto a Srebrenica. Cuatro días después, dos columnas serbobosnias penetraron en el área controlada por la ONU, sin que los cascos azules salieran a su encuentro, para detenerse por decisión propia a un kilómetro escaso de la entrada a la ciudad. La desesperación entre los bosnios era creciente, al comprobar cómo la comunidad internacional miraba hacia otro lado. La frustración al contemplar la inacción de la UNPROFOR culminó en un ataque de bosnios armados a un blindado holandés que se había apartado de una carretera ante el avance serbio, en el que moriría un soldado.

Ante la ausencia de una reacción internacional, el presidente Karadzic autorizó la toma de la ciudad. El ataque se lanzó al amanecer del 10 de julio. La UNPROFOR hizo peticiones urgentes de apoyo aéreo a la OTAN, que por diferentes motivos fueron denegadas. Sólo intervinieron dos cazas holandeses, que no fueron suficientes para amedrentar a las fuerzas serbo-bosnias.

Srebrenica fue tomada sobre las dos de la tarde del 11 de julio, prácticamente sin oposición. Unos 25.000 civiles, en su mayoría mujeres y niños, se dirigieron al cuartel general de los cascos azules, emplazado en la fábrica de baterías de Potocari, para ponerse bajo la protección de los soldados de la ONU. Mientras, unos 15.000 civiles, en su mayoría hombres y combatientes, trataban de escapar de los serbobosnios emprendiendo la huida a través de los bosques.

Masacre en Potocari

En el campamento de Potocari el calor era sofocante, y había escasez de víveres y de agua. Pero lo peor era el miedo de los refugiados bosnios a caer en manos de sus enemigos. Aterrados, imploraban protección a los soldados de la ONU, que intentaban calmarlos. Mientras, el general Mladic, en las calles de la recién conquistada Srebrenica, no tenía reparo en afirmar ante una cámara de la televisión serbia: «Ha llegado el momento de vengarse de los musulmanes».

En la mañana del 12 de julio, las fuerzas serbobosnias rodearon con tanques y artillería el recinto de Potocari y obligaron a los cascos azules a que se les permitiese la entrada en el recinto, a lo que éstos accedieron. Como se apuntaba al principio, Mladic entró el campamento, donde tranquilizó a los refugiados y les dijo que iban a ser trasladados en autobuses hacia zona bajo contol bosnio, mientras la televisión serbia grababa el momento. Los serbobosnios, dueños por completo de la situación, separaron de los 25.000 civiles refugiados en Potocari a los hombres —cerca de 2.000—, para ser enviados en autobús a otros campamentos.

Una vez que los serbobosnios tuvieron en su poder a todos los hombres adultos —en esta categoría se incluían los varones entre 16 y 60 años—, iniciaron un nuevo proceso de separación, esta vez sin los cascos azules como incómodos testigos. Fue entonces cuando dio comienzo la matanza. Con el pretexto de buscar criminales de guerra entre los varones en edad militar, los soldados serbios apartaron a decenas de los hombres que iban a subir a los autobuses y los condujeron a un edificio en Potocari conocido como la «casa blanca», en donde fueron ejecutados. Después, sus cuerpos eran cargados sobre un carro. Durante la noche y el día siguiente, continuaron las ejecuciones, así como las violaciones.

Según manifestarían posteriormente los cascos azules holandeses, no sería hasta el día siguiente cuando se dieron cuenta de que los serbios asesinaban a algunos de los hombres que habían sido separados. Unos soldados relataron años después que se dirigieron a la parte de atrás de la «casa blanca» siguiendo a dos soldados serbios que llevaban a un prisionero bosnio. Oyeron un disparo y vieron a los dos soldados volver solos. Según el testimonio de un oficial holandés, se oyeron descargas de fusil entre 20 y 40 veces a la hora durante toda la tarde.

Muchos de los detenidos fueron obligados a subir en camiones y conducidos a otros lugares de ejecución. Los fusilamientos se realizaban durante la noche, bajo luces eléctricas. Unas excavadoras se encargaron de nivelar las fosas comunes. Según pruebas posteriores, algunos fueron enterrados vivos. Pero estos asesinatos masivos no pasaban desapercibidos a ojos de la OTAN y la UNPROFOR; las fotografías captadas por los aviones permitieron observar en detalle cómo se removía la tierra para cavar y tapar las fosas comunes.

Según la lista que posteriormente elaboraría la Comisión Federal de Personas Desaparecidas, el número de desaparecidos en el área de Srebrenica se elevó a 8.373 personas. De ellas, como mínimo unas 3.000 fueron asesinadas, ya que ésa es la cantidad de cadáveres que se han hallado.

La reacción de la comunidad internacional ante esta matanza fue, en un primer momento, muy tibia. Los principales líderes europeos condenaron la masacre, pero nadie propuso incrementar el número de efectivos en la zona. No obstante, el impacto de las informaciones publicadas en la prensa obligó a una mayor implicación de la comunidad internacional en la detención de la guerra.

La matanza de Srebrenica se giró en contra de los serbobosnios. Además de generar una fuerte ola de simpatía internacional hacia los bosnios, y la criminalización de la causa serbia, la masacre tuvo una enorme repercusión en el mundo islámico, contribuyendo a la llegada a Bosnia de gran cantidad de guerrilleros dispuestos a luchar junto a los bosnios musulmanes. La acentuación del ingrediente religioso contribuiría a una radicalización aún mayor del conflicto.

Castigo a los culpables

En 1996, Ratko Mladic, junto con otros líderes serbios, fue acusado de crímenes de guerra y genocidio en ausencia por el Tribunal Penal Internacional para la antigua Yugoslavia en La Haya, tanto por la masacre de Srebrenica como por el asedio a Sarajevo, en el que murieron 10.000 personas. Aunque el gobierno norteamericano ofreció cinco millones de dólares por su arresto, Mladic no pudo ser localizado.

En cambio, el presidente serbobosnio Radovan Karadzic, también acusado de crímenes de guerra y genocidio, sí pudo ser detenido en julio de 2008 en Belgrado, donde ejercía como especialista en medicina alternativa en una clínica privada bajo identidad falsa. Karadzic estaba considerado el autor intelectual de la masacre. El líder serbobosnio fue entregado al tribunal de La Haya, en donde se inició la fase premilinar del juicio.

Varios oficiales serbobosnios de alto rango fueron juzgados por crímenes de guerra ante el Tribunal Penal para la antigua Yugoslavia por los crímenes de Srebrenica. No obstante, la Comisión para Srebrenica de ese Tribunal llegó a relacionar a un total de 892 personas con la matanza; el hecho de que haya en la lista numerosos oficiales en activo, así como funcionarios de los servicios secretos y de la policía, hace difícil que la mayor parte de ellos puedan responder ante la justicia.

El escenario

Srebrenica es un pintoresco pueblo minero encajonado entre montañas pobladas de árboles. La ciudad posee una larga historia; sus yacimientos de plata (*srebro* es plata en serbocroata) ya fueron explotados por los romanos. Destaca la presencia de una capilla franciscana católica, una iglesia ortodoxa y una mezquita, pero especialmente ésta última, cuyo minarete de un blanco intenso se eleva por encima de todos los demás edificios. En una colina al sur de la ciudad se encuentran las ruinas de un castillo medieval, y al este se halla un manantial natural que produce aguas medicinales, en donde se pueden observar los restos de un antiguo balneario que quedó abandonado tras la desintegración de la antigua Yugoslavia.

Pero, pese a estos atractivos, el nombre de Srebrenica está ligado para siempre con la matanza de 1995. En el lugar que ocupaba el campamento de refugiados de Potocari se levanta hoy un gran Memorial que recuerda lo que allí ocurrió. La ciudad tiene un cementerio en memoria de las víctimas de la masacre, monumento que fue inaugurado en 2003 por el que fuera presidente norteamericano Bill Clinton.

En Belgrado existe una curiosa ruta turística que recorre el lugar en el que se ocultó Radovan Karadzic, la clínica en la que luego ejerció como médico alternativo con el nombre de David Dabic, el restaurante en el que solía comer e incluso la tienda en la que el líder serbobosnio compraba el pan a diario. El *tour* acaba en el edificio del juzgado desde el que fue entregado al Tribunal de la Haya.

Oklahoma City, 1995
El enemigo estaba en casa

*L*a mañana del miércoles 19 de abril de 1995, Oklahoma City se despertó como otro día cualquiera. A las nueve de la mañana, sus habitantes se estaban incorporando al trabajo y los niños estaban entrando en las escuelas.

Pero, cuando pasaban dos minutos de esa hora, una enorme explosión se oyó en un radio de cincuenta kilómetros. La detonación hizo saltar parcialmente por los aires un edificio oficial que albergaba unas oficinas del FBI, el Alfred P. Murrah, de nueve pisos de altura; en ese momento, la mayoría de los 550 funcionarios se encontraban ya en sus oficinas.

De repente, el centro de la ciudad se había convertido en una zona de guerra. Los servicios de socorro acudieron rápidamente al lugar de la explosión, que presentaba un gran cráter convertido en un infierno de chatarra y humo. Uno de los médicos describió así la escena que se encontró: «Era horrible, lo más parecido a Beirut. Había fuego y humo por todos los lados. No dábamos abasto con los heridos». Una de las funcionarias que se encontraba en el interior del edificio aseguró que «era horrible, como un terremoto. Todo se vino encima, parecía que el edificio iba ceder de un momento a otro».

Pero las escenas más espantosas se vivieron en la guardería del edificio. Era la hora del desayuno cuando se produjo la detonación. Una de las educadoras relató lo sucedido: «Sólo vi cristales y cascotes que caían por todos los lados, no pudimos hacer nada por salvar a los pequeños. Lo primero que vi al abrir los ojos fue el cuerpo decapitado de un niño; fue horrible, no se me podrá olvidar nunca». En el exterior de la guardería, los padres gritaban desesperados e intentaban buscar a los niños por su cuenta y riesgo. Ante las cámaras de televisión, un hombre con el rostro ensangrentado preguntaba: «¿Dónde está mi mujer? ¿Dónde está mi hijo?».

En primer momento, parecía que la cifra de muertos podía estar entre 70 y 120, pero el gran número de desaparecidos entre los escombros hacía temer que esa cifra fuera más elevada. En la guardería se contaban decenas de víctimas mortales.

Estado de emergencia

En las primeras horas, la autoría del atentado era una incógnita. Las únicas pistas hablaban de tres sospechosos de apariencia árabe a bordo de un camión Chevrolet y que la bomba utilizada en el atentado contra el edificio era de fabricación casera, similar a la utilizada en el atentado contra las Torres Gemelas del 26 de febrero de 1993, que causó seis muertos y cientos de heridos.

El entonces presidente norteamericano, Bill Clinton, en una intervención televisada de urgencia, evitó referirse al incidente como un atentado terrorista: «La bomba de Oklahoma ha sido un ataque contra niños inocentes y personas indefensas. No toleraré que nuestro país sea intimidado por unos malvados cobardes. Los mejores investigadores del mundo se han puesto manos a la obra para encontrar a los culpables. Cuando los encontremos, la justicia será severa. Estamos ante unos asesinos y serán tratados como asesinos».

Clinton declaró el estado de emergencia en Oklahoma City y mandó a la ciudad una fuerza de choque de 2.500 efectivos, entre militares, policías y expertos en explosivos. Un grupo de élite de unas 50 personas se puso a rastrear las escasas huellas dejadas por los autores.

Al conocerse el atentado, estalló una psicosis de alarma de costa a costa. En el Capitolio y en todos los edificios gubernamentales saltó la alerta roja. Una amenaza de bomba en el centro John F. Kennedy de Boston obligó a evacuar precipitadamente a más de mil funcionarios. En Nueva York, los 8.000 funcionarios de un edificio federal fueron también desalojados como medida preventiva.

Poco a poco se fueron conociendo algunos detalles del atentado. El potente explosivo estaba camuflado en un camión alquilado de la firma Ryder, que se encontraba estacionado en el aparcamiento del edificio.

El autor del atentado

Pero no sería hasta dos días después del atentado, el viernes 21 de abril, cuando el FBI descubrió al autor del atentado. En realidad, el asesino había sido detenido tan sólo hora y media después de la explosión, pero en ese momento nadie lo había relacionado con él; el motivo de la detención había sido únicamente por conducir un coche sin matrícula. Los agentes pudieron identificarle como uno de los sospechosos del atentado tras analizar las imágenes de vídeo grabadas por una cámara de vigilancia de un edificio cercano.

El, hasta ese momento, enemigo invisible ya tenía rostro: el del joven Timothy James McVeigh, miembro de un grupo paramilitar ultraderechista autodenominado Milicia de Michigan. Al conocerse su identidad, el pueblo estadounidense sufrió un *shock*. El autor del atentado no era extranjero, sino un joven norteamericano de 27 años que había crecido en el oeste del Estado de Nueva York, hijo de un obrero de la General Motors, y al que le gustaba la televisión, los cómics, el fútbol americano y el béisbol.

Pronto comenzaron a revelarse detalles de la vida del monstruo que había provocado la masacre. Con once años, sufrió la separación de sus padres, quienes dejaron a sus hijos que decidieran con quién vivir. Mientras que sus hermanas Jennifer y Patty se quedaron con su madre, Tim prefirió a su padre. De todos modos, el único familiar por el que McVeigh sintió afecto fue por su abuelo paterno, con quien practicaba tiro con armas de fuego.

Tim inició estudios universitarios, pero los abandonó para trabajar, entre otras cosas, como empleado de una hamburguesería y guardia de seguridad. En sus ratos libres leía libros que exaltaban la violencia, como la novela de William Pierce *Los diarios de Turner*, escrita en 1978, que narraba la historia de

Earl Turner, un aficionado a las armas de fuego que, ante el endurecimiento de las leyes sobre posesión de armas, construía un camión-bomba y lo hacía estallar en las oficinas centrales del FBI en Washington. A la luz de los acontecimientos posteriores, está claro que la lectura de esa novela le influyó poderosamente.

En mayo de 1988, ante la posibilidad de que las autoridades federales prohibieran la posesión de armas de fuego a la población civil, McVeigh ingresó en el Ejército. Allí encontró compañeros que compartían con él el odio al Gobierno. Tim era un soldado ejemplar; además de obtener la mejor puntuación de su batallón en entrenamiento con tanques, llegó a hacerse con un uniforme y botas extras para presentarse impecable a la inspección. Decidió solicitar el ingreso en las Fuerzas Especiales o Boinas Verdes, pero en ese momento estalló la primera Guerra de Golfo. McVeigh fue enviado al Golfo Pérsico para participar en la operación Tormenta del Desierto. Los horrores de la guerra le afectarían emocionalmente, sufriendo posteriormente estrés postraumático.

En marzo de 1991, McVeigh regresó a Estados Unidos; fue condecorado por el Gobierno por sus servicios en el Golfo Pérsico con la Insignia de Combate de la Infantería y la Estrella de Bronce. Se inscribió de nuevo en el curso de selección de los Boinas Verdes, pero renunció a los dos días de haber empezado, al considerarlo demasiado duro, reincorporándose a la vida civil.

Tim iniciaría entonces su camino de locura que le llevaría a la decisión de provocar aquella hecatombe. En febrero de 1993 viajó a Waco, Texas, para presenciar el asedio al que el FBI estaba sometiendo a la sede de la secta davidiana, pero se le impidió el paso en un puesto de control. Cuando el 19 de abril se enteró desde Michigan de que el cuartel de los davidianos había sido incendiado por la policía, muriendo su líder, David Koresh, y 75 miembros más, Tim se reafirmó fanáticamente en su pensamiento antigubernamental.

En mayo de ese año se trasladó a Arizona, para visitar a un amigo, Michael Fortier, con el que compartía las mismas delirantes ideas. A él le confesó que planeaba colocar una bomba en un edificio federal del gobierno norteamericano. La fecha elegida por McVeigh para el atentado era el 19 de abril de 1995, el segundo aniversario de la tragedia de Waco. Fortier rechazó la propuesta, pero otro amigo suyo, Terry Nichols, sí que se mostró dispuesto a colaborar.

Tim y Terry robaron los explosivos de una cantera de Kansas. Con ellos fabricaron el vehículo bomba en la orilla del lago Geary, en Oklahoma, un trabajo que les llevó tres horas. El camión había sido alquilado con documentación falsa, a nombre de Robert Kling. Según los empleados de la agencia de alquiler «los dos jóvenes parecían típicos americanos con aspecto de soldados».

McVeigh, detenido

La mañana del día 19, McVeigh estacionó el camión en el aparcamiento del edificio federal Alfred P. Murrah. Encima llevaba una pistola semiautomática Glock de 9 mm para el caso de que fuera capturado. Tras dejar el vehículo-bomba, se subió a un automóvil Mercury de color amarillo que previamente había dejado aparcado en las inmediaciones. Pero, tal como se ha apuntado, McVeigh fue detenido mientras huía; su vehículo carecía de matrícula, un error tan infantil como inexplicable, que le costaría muy caro. Al ser registrado, la policía descubrió que llevaba un arma de fuego. McVeigh se convertía así en sospechoso de haber cometido algún delito, pero los agentes que procedieron a su detención no podían imaginar entonces, ni por asomo, que él era el autor del atentado.

Tras dos días de investigación, en los que todas las pruebas apuntaban hacia él, McVeigh fue formalmente acusado de ser el autor material de la matanza. Tras prestar declaración ante el juez, fue increpado por una multitud enardecida que le gritaba «¡Asesino de niños!». Durante los interrogatorios, Tim explicó que su intención no era la de matar niños ni civiles ajenos al Gobierno, ya que —según él— este hecho empañaba su mensaje político; sin embargo no sintió ninguna lástima por ellos, y declaró que no habían sido más que *daños colaterales* del atentado. En cuanto a los funcionarios del FBI que resultaron muertos en la acción, McVeigh aseguró que no le importaban, ya que trabajaban para un «Imperio del mal».

El 13 de junio de 1997, McVeigh fue declarado culpable y condenado a muerte. Su cómplice, Terry Nichols, fue sentenciado a cadena perpetua por 160 cargos de homicidio. Michael Fortier, pese a no participar en el atentado, sería condenado a 12 años de cárcel por no advertir al Gobierno sobre las intenciones de McVeigh.

La pena máxima no se cumpliría hasta cuatro años después de la sentencia. El 11 de junio de 2001, en Terre Haute, Indiana, Timothy McVeigh recibió la inyección letal, expirando en pocos segundos.

El escenario

El antiguo emplazamiento del edificio Murrah lo ocupa actualmente un enorme monumento conmemorativo denominado «Oklahoma City National Memorial». El conjunto incluye un estanque flanqueado por dos grandes puertas; en una de ellas aparece la inscripción «9.01» y en la opuesta figura «9.03» El estanque entre ambas puertas representa ese trágico minuto «9.02», el momento de la explosión.

Sidi Rais, 1997
Víctimas del terror integrista

*E*n los años noventa, los relatos de las atrocidades que ocurrían a diario en Argelia horrorizaron a la opinión pública internacional. Desde 1992, los ataques del integrismo fundamentalista contra civiles alcanzarían un nivel de salvajismo difícil de igualar.

El conflicto arrancó ese año cuando el gobierno, apoyado por el Ejército, anuló la primera ronda de las elecciones legislativas, en la que había ganado el Frente Islámico de Salvación (FIS). La decisión no fue bien vista por los amplios sectores de la población que le habían dado su voto. Para miles de activistas del FIS, aquella decisión fue una declaración de guerra. Finalmente, el FIS fue declarado ilegal.

Desde entonces, los sectores más radicales del FIS optaron por la vía violenta; el resultado fue el inicio de una ola de asesinatos contra los considerados enemigos del Islam: políticos, periodistas o extranjeros.

Pero las matanzas alcanzarían también a los civiles argelinos que mostraban resistencia, real o supuesta, a los dictados islamistas. Todos ellos serían asesinados sin cuartel, sin clemencia con las mujeres y los niños. Las organizaciones extremistas a las que se responsabilizaría de la mayoría de los asesinatos fueron los Grupos Islámicos Armados (GIA) y el Ejército Islámico de Salvación (EIS).

El fondo del problema radicaba en la pobreza de la mayor parte de la población y en los miles de jóvenes desocupados que no encontraban su sitio en la economía del país, en franco retroceso. La época del esplendor económico de los años setenta, gracias al pujante mercado del petróleo, había sucumbido bruscamente en 1986 con la caída de los precios del oro negro. Argelia cayó así en una profunda recesión. La occidentalización impulsada por el gobierno laico de Liamine Zeroual no lograría abrir horizontes de esperanza para millones de empobrecidos argelinos por la crisis.

El islamismo radical supo aprovechar esa desorientación para sumar cada vez más seguidores; la prohibición de su acceso al poder, y el consiguiente sentimiento de frustración e impotencia, abrió esa etapa sangrienta marcada por una violencia brutal e indiscriminada, que causaría horror en occidente. Una de estas masacres fue la que se produjo en la aldea de Sidi Rais, situada a sólo veinte kilómetros al sur de la capital, Argel, la noche del 28 de agosto de 1997.

Brutalidad sin límite

Sobre las diez y media de la noche de aquel jueves, amparados en la oscuridad de la noche, alrededor de cuatrocientos hombres armados con armas automáticas, hachas y cuchillos, llegaron en camiones descubiertos a la entrada del pueblo. Sus habitantes creyeron en un primer momento que eran miembros del Ejército, pero de inmediato alguien reconoció a un emir, el nombre con el que eran conocidos los jefes de los grupos armados islámicos.

Una vez desplegados, rodeando totalmente la aldea, los radicales irrumpieron en calles y viviendas, dispuestos a dar muerte a todos los que encontrasen. Los islamistas radicales degollaron, decapitaron y quemaron vivos a casi trescientos habitantes de Rais, incluidos varios niños y mujeres, que fueron decapitados. Quienes se rindieron fueron pasados a cuchillo o degollados con todo tipo de armas blancas. Los que intentaron huir fueron tiroteados por la espalda. Las viviendas fueron saqueadas e incendiadas. También se llevaron secuestradas a medio centenar de muchachas para ser violadas. La pesadilla se prolongaría a lo largo de cinco interminables horas.

Por la mañana, sólo podían verse casas en ruinas, todavía humeantes, y los desconsolados sobrevivientes intentado salvar muebles o algo de ropa. En los hospitales yacían 122 heridos graves. Los escasos supervivientes relataron haber visto a familias enteras degolladas o quemadas vivas, en medio de gritos e inútiles súplicas. En total, habían muerto 256 civiles.

Un espectáculo espantoso

Tras la matanza, las fuerzas de seguridad iniciaron un operativo para dar con la «banda de criminales» —según el comunicado oficial— que había cometido ese asesinato masivo, pese a que, durante varias horas, ni la radio ni la televisión estatal informaron sobre esos hechos. El balance oficial de las autoridades, hecho público en una lacónica nota emitida al mediodía del viernes, reconocería únicamente 98 muertos.

Al día siguiente, cuando acudió la prensa a la aldea, el espectáculo era espantoso. Decenas de cuerpos permanecían amontonados al inclemente sol de agosto, a la espera del permiso para su inhumación, casas calcinadas todavía humeantes y el suelo cubierto de vainas de balas. Los cadáveres estaban cubiertos a duras penas por mantas, de las que asomaban brazos y piernas, mientras varias ambulancias esperaban para efectuar el traslado. Esas 256 víctimas había que sumarlas a los más de 60.000 muertos que había provocado hasta entonces esa guerra no declarada.

En junio de ese año, un cabecilla del GIA, Abú El Mundir, había justificado las matanzas de civiles en una entrevista a un boletín integrista clandestino. El líder islamista afirmó que los habitantes hostiles a los islamistas, o incluso los neutros en el conflicto, debían morir: «Son enemigos de los muyahidines,[17] desde el niño más joven al anciano de más edad».

Pero, según los especialistas, la explicación a la brutalidad sin freno exhibida por los islamistas radicales en Sidi Rais no

17. Muyahidín es una palabra que designa, en un contexto islámico, a la persona que hace la yihad o guerra santa, por lo que tiene un sentido de «combatiente musulmán» o «combatiente por el Islam». Curiosamente, ese término, cuyo plural es muyahidines, está tomado erróneamente del plural árabe *muŷāhid*.

había que buscarla en el supuesto apoyo que los habitantes de la aldea hubieran proporcionado al Ejército, sino a la existencia de otras facciones radicales. Hay que tener presente que dentro de los insurgentes existía otra guerra civil, aún más encarnizada si cabe, por hacerse con el control del movimiento islámico que, en último término, debía sustituir en el poder al gobierno laico de Zeroual en caso de lograr su caída.

Impunidad para los asesinos

En 1999, tras la elección del nuevo presidente, Abdelaziz Bouteflika, se promulgó una ley que declaraba la amnistía a la mayoría de las guerrillas. Muchos combatientes mostraron su arrepentimiento y pudieron retornar a su antigua vida sin tener que responder por los crímenes pasados. De este modo, los asesinatos masivos cometidos durante los años anteriores quedaron impunes, y la masacre de Sidi Rais no fue una excepción.

Con ese perdón general concedido por el gobierno, la violencia en el país disminuyó de forma significativa, aunque hubo grupos de guerrilleros que rechazaron ese generoso ofrecimiento y optaron por seguir luchando. El conflicto no terminaría hasta 2002, con la victoria militar del gobierno sobre los combatientes islámicos.

Se estima que el número total de muertos provocados por la guerra civil argelina, de una década de duración, pudo ser de entre 150.000 y 200.000. Unos setenta periodistas dejaron su vida, ya fuera por las fuerzas del Estado o por los rebeldes islamistas. Sin embargo, la violencia no fue extirpada definitivamente de algunas zonas remotas, como las áreas montañosas del este, por lo que la amenaza de que pueda reeditarse aquella época de terror no ha sido totalmente erradicada.

El escenario

En el pueblo de Sidi Rais, que hoy cuenta con unos 3.000 habitantes, no hay nada que recuerde la matanza de 1997, salvo el testimonio de los supervivientes.

Beslán, 2004
Trágico secuestro de escolares

$\mathcal{A}$ primera hora de la mañana del 1 de septiembre de 2004, los niños del Colegio de Enseñanza Media Número Uno de la localidad de Beslán, en la región autónoma rusa de Osetia del Norte, iniciaban las clases después de las vacaciones de verano.

Al ser el primer día de escuela, se había organizado una fiesta de bienvenida, a la que asistieron algunos de los padres. Pero a las nueve y media de esa misma mañana daría comienzo la tragedia en la que la mayor parte de ellos, alumnos de entre 7 y 18 años, se verían dramáticamente involucrados. A esa hora, un grupo de 33 personas armadas llegó en camiones militares e irrumpió en el colegio. La mayoría de los atacantes se cubrían el rostro con pasamontañas negros y unos cuantos llevaban cinturones explosivos.

Tras un tiroteo con la policía que acudió al lugar, en el que murieron cinco agentes, los atacantes se hicieron con el control del edificio, tomando como rehenes a un total de 1.181 personas, la mayoría alumnos. Unos cincuenta rehenes consiguieron huir en la confusión del ataque inicial.

Los secuestradores eran separatistas chechenos. En los primeros momentos se oyeron varios disparos provenientes del edificio, que algunos pensaron que eran para intimidar a las fuerzas del orden. Más tarde se reveló que los atacantes habían matado a veinte hombres adultos tomados como rehenes y habían tirado sus cuerpos fuera del edificio ese mismo día. Uno de los atacantes detonó su cinturón explosivo, al parecer por error. Nadie más resultó herido.

Se montó un cordón de seguridad alrededor del colegio, formado por policías rusos y fuerzas del Ejército, además de unidades especiales, como el equipo antiterrorista Alfa.

Los secuestradores minaron los alrededores del edificio, se encerraron con la mayor parte de los rehenes en el gimnasio y ordenaron a los niños que se quedasen cerca de las ventanas, convirtiéndolos en escudos humanos. Para impedir los intentos de rescate, amenazaron con matar a cincuenta rehenes por cada uno de sus miembros muerto por la policía, matar a veinte por cada herido y volar la escuela en caso de ataque de las fuerzas rusas.

El Gobierno ruso dijo al principio que no haría uso de la fuerza para rescatar a los rehenes, y tuvieron lugar negociaciones para una resolución pacífica los dos primeros días, dirigidas por Leonid Roshal, un pediatra cuya presencia habían reclamado los secuestradores. Roshal había contribuido a negociar la salida de niños en el ataque al Teatro de Moscú de 2002.

Las exigencias de los secuestradores

Los terroristas declararon, a través de Roshal, sus exigencias: Rusia debía retirar su Ejército de Chechenia y proceder a la liberación de varios terroristas detenidos. Por petición de Rusia, tuvo lugar una reunión especial en el Consejo de Seguridad de Naciones Unidas en la tarde de ese primer día de secuestro, en la que los miembros del consejo pidieron la «liberación inmediata e incondicional de todos los rehenes del ataque terrorista».

Por la noche se intensificaron las negociaciones, pero sin éxito; los secuestradores rechazaron las propuestas de cambiar los alumnos por voluntarios adultos o de retirarse libremente a Chechenia.

A lo largo de ese primer día de secuestro, quince personas —doce de los cuales eran alumnos— consiguieron escaparse del edificio, gracias a que se habían escondido en el cuarto de calderas durante el ataque. Los terroristas liberaron durante esa primera jornada a otras quince personas. Se preparó agua y comida para los secuestrados, pero ni durante la tarde, ni a lo largo de la noche, se logró entregarlos. De todas formas, llegó información al exterior de que a los menores les estaban tratando «bastante bien».

Segundo día

Al día siguiente, 2 de septiembre, los secuestradores permitieron ponerse al teléfono a la directora de la escuela y a algunos de los alumnos, asegurando éstos que su situación era «soportable». Las negociaciones entre Roshal y los secuestradores continuarían, pero sin resultados; éstos se siguieron negando a permitir la entrada de comida, agua y medicamentos para los rehenes, o a retirar los cadáveres del colegio.

No obstante, al mediodía hubo buenas noticias; tras unas negociaciones con el ex presidente ingusetio Ruslán Aushev, los secuestradores dejaron salir a veintiséis rehenes, la mayoría niños, incluyendo un bebé de pocos meses. Para algunas de las madres con varios hijos, la decisión de los secuestradores comportaría un terrible dilema, ya que les obligó a elegir a uno de ellos, dejando a los otros. Por la tarde, otro grupo de rehenes, compuesto por 26 mujeres y niños pequeños, fue liberado por los secuestradores.

Aproximadamente a las 15.30, se produjeron en un lapso de unos diez minutos dos explosiones que resultaron provenir de granadas disparadas por los secuestradores, aparentemente con la intención de mantener a las fuerzas de seguridad lejos del edificio.

Las condiciones de vida dentro del colegio empeoraban con rapidez. Muchos rehenes, especialmente los niños, se quitaron la camisa y otras prendas de vestir para aliviar el insoportable calor que hacía dentro del edificio.

Tercer día

Al tercer día de secuestro, 3 de septiembre, las posiciones negociadoras de los secuestradores continuaban inamovibles, insistiendo en exigir a las autoridades rusas la independencia de Chechenia. A media mañana, las explosiones y los disparos procedentes de la escuela, que habían ido siendo esporádicos en las horas anteriores, se intensificaron.

El desenlace, que degeneraría en una matanza, tendría lugar poco después del mediodía. Sobre las doce, los secuestradores aceptaron la entrada de un equipo médico para que retirase los cadáveres del exterior del colegio. Pero cuando el equipo empezó a aproximarse a la escuela, los secuestradores abrieron fuego y se oyeron dos fuertes explosiones. Pasaban cuatro minutos de la una. Dos trabajadores del equipo médico murieron y los demás se pusieron a cubierto.

A partir de aquí, el relato de los hechos es extraordinariamente confuso, y probablemente nunca trascenderá con exactitud lo que sucedió. De repente, parte del gimnasio se hundió a consecuencia de una explosión, lo que permitió huir a un grupo de unos treinta rehenes, pero los secuestradores les dispararon; algunos de los fugitivos murieron.

Sobre la naturaleza de la repentina explosión, uno de los rehenes informó que una de las bombas de los terroristas estaba sujetada precariamente mediante cinta aislante y que se había caído, provocando el estallido del artefacto.

Al mismo tiempo se inició un intenso tiroteo; no se esclareció si fue iniciado por los padres armados de los rehenes o por los secuestradores y si éste fue anterior o posterior a la explosión. Al parecer, un secuestrador provocó accidentalmente la primera explosión al tropezar con un cable; como consecuencia, los civiles armados empezaron a disparar; el tiroteo hizo creer a los secuestradores que el colegio iba a ser asaltado, a pesar de las garantías dadas por los negociadores. Entonces, los terroristas supuestamente anunciaron: «De acuerdo, se acabó, llegó la hora de hacer estallar las bombas», lo que tuvo como consecuencia que se diera la orden de asaltar el edificio. Sin embargo, la velocidad a la que sucedieron los hechos hace desconfiar de que los terroristas tuvieran tiempo de hacer este anuncio que, en último término, justificaría la intervención.

Sea como fuere, en ese momento las fuerzas especiales rusas activaron su plan de asalto al colegio. De inmediato, las carreteras quedaron bloqueadas para impedir la huida de los secuestradores. Estalló entonces una batalla caótica, en la que los asaltantes intentaban entrar en la escuela al mismo tiempo que protegían la huida de los rehenes.

La contundencia de la intervención fue enorme; además de las fuerzas especiales, también participó el Ejército regular y tropas del Ministerio de Interior, así como helicópteros de combate y, por lo menos, un tanque. Muchos civiles también se unieron a la batalla portando sus propias armas. Vista la concentración de este potencial de ataque, parece muy probable que algunos de los muertos lo fueran a causa del *fuego amigo*.

Los secuestradores provocaron más explosiones, destruyendo totalmente el gimnasio e incendiando buena parte del edificio, mientras los comandos de las fuerzas especiales perforaban las paredes para permitir la huida a los rehenes. Entre los liberados se ocultaba, al menos, uno de los terroristas, que fue linchado por los familiares de los rehenes cuando fue identificado.

Aproximadamente a las tres de la tarde, dos horas después de que se iniciara el asalto, las tropas rusas declararon que tenían bajo control casi todo el colegio. Sin embargo, la lucha seguía y tres terroristas fueron localizados en el sótano con varios rehenes. En el intento de liberarlos, tanto los secuestradores como los rehenes resultaron muertos.

La operación se dio por concluida cerca de las nueve de la noche. Todos los secuestradores habían muerto en el asalto, excepto tres, que habían sido detenidos.

El escalofriante balance final de muertos en el asalto sería de 339 personas, entre ellas 171 niños, además de cientos de heridos. El entonces presidente de Rusia, Vladímir Putin, ordenó un luto nacional de dos días. El 7 de septiembre, 135.000 personas se manifestaron contra el terrorismo en la Plaza Roja de Moscú.

El escenario

En el colegio de Beslán en el que tuvo lugar la masacre hay un muro en el que están colgadas las fotografías de cada uno de los niños muertos, con sus respectivos nombres.

Haditha, 2005
Infamia en el infierno de Irak

*E*l marine norteamericano de origen hispano Miguel Terrazas murió el 19 de noviembre de 2005, cuando acababa de cumplir veinte años. Estaba combatiendo en la guerra de Irak, iniciada por el presidente George W. Bush el 20 de marzo de 2003. El cabo Terrazas, natural de Texas, perdió la vida en la ciudad de Haditha, una población de 90.000 habitantes situada a 200 kilómetros al noroeste de Bagdad.

Al día siguiente, la versión oficial de la muerte de Terrazas, emitida desde el cuartel de los marines en la vecina ciudad de Ramadi, decía que «un marine de Estados Unidos y 15 civiles murieron ayer por la explosión de una bomba junto a una carretera en Haditha».

Inicialmente, el Pentágono suscribió la versión del cuartel de los marines e informó de que el incidente había sido causado por un ataque con bomba contra una patrulla, en la que murió Terrazas, a lo que habría seguido un tiroteo con insurgentes.

Ataque contra civiles

Las acusaciones de que algo muy diferente había pasado salieron a la luz en marzo de 2006, cuando la revista estadounidense *Time* y algunas emisoras de televisión en Oriente Medio divulgaron un vídeo grabado por un estudiante de periodismo iraquí, en el que se demostraba, a decir de los expertos, que algunas de las víctimas habían muerto por tiros a quemarropa y no por los efectos de una explosión.

Al recibir estos indicios de que la versión oficial de los hechos no se correspondía con lo que presuntamente había sucedido, el Departamento de Defensa abrió una investigación en la que se comprobó que los civiles muertos habían sido 24, no 15, y no habían muerto por ninguna explosión, sino a tiros. La explicación inicial no había sido más que un intento de los soldados de ocultar su crimen.

Las investigaciones preliminares del Departamento de Defensa determinaron que los marines, un grupo de doce hombres, integrantes del 3.er Batallón del 1.er Regimiento de la Primera División de la Marina, asesinaron a los civiles sin provocación previa y de forma indiscriminada después de la muerte de Terrazas.

Al parecer, el incidente se inició tras el estallido de una bomba en las proximidades del pelotón al que pertenecía el cabo Terrazas, y que estaba realizando en esos momentos labores de patrulla en Haditha. Inmediatamente después de la explosión, la patrulla habría sido atacada por los insurgentes con fuego de armas cortas. La muerte de Terrazas y las heridas sufridas por otro marine en la emboscada despertaron un irrefrenable deseo de venganza entre sus compañeros, que la emprendieron a tiros contra los civiles que encontraron.

De entre los 24 civiles que perecieron, había tres niños y siete mujeres. Cinco de los asesinados eran simples pasajeros de un taxi en el que no se encontró ningún arma, y entre los que había un hombre de 76 años. Otros fueron asesinados mientras aún se encontraban en sus camas, pues la masacre comenzó poco después de las siete de la mañana.

Asesinatos a sangre fría

Dos niñas que sobrevivieron al ataque cometido por los marines relatarían más tarde lo que ocurrió. Safa Younis, que se salvó al hacerse la muerta, contó que un grupo de soldados norteamericanos entraron en su casa y dispararon contra su padre, que estaba desarmado, y después asesinaron a otros siete miembros de su familia. «Cuando fuimos a la cocina vimos a mi padre que ya estaba muerto; entonces nos sentamos y empezaron a disparar contra nosotros.»

Lo mismo sucedió en la casa de la otra niña, Iman Hassan, quien afirmó que los soldados norteamericanos mataron a sus abuelos, sus padres, a dos tíos y a un primo de cuatro años. «Todos los que estaban en la casa fueron asesinados, excepto mi hermano Abdul y yo», aseguró la niña, que se acurrucó en un rincón del salón mientras los militares abrían fuego contra el resto de su familia. «La metralla me causó heridas en la pierna. Durante dos horas, no nos atrevimos a movernos. Mi familia no murió inmediatamente, les oímos agonizar», relató Iman al semanario *Time*.

Los análisis forenses mostraron que los marines habían disparado a las víctimas en la nuca y en el pecho, lo que demostraría que las muertes fueron cometidas a sangre fría.

Según el relato de quienes presenciaron los hechos, los soldados se llevaron los cadáveres en bolsas. Meses más tarde, los marines decidieron que al menos 15 muertos habían sido víctimas civiles en el tiroteo, lo que hizo que sus familias recibieran 2.500 dólares por cada fallecido. Otros nueve muertos, al parecer, estaban realizando actos hostiles, por lo que no hubo compensación. Sin embargo, la sombra de la corrupción recayó sobre esas compensaciones económicas, puesto que los 15 muertos oficialmente reconocidos eran todos familiares del alcalde de Haditha.

No sería hasta un año después, debido a la presión ejercida por los medios de comunicación, cuando las autoridades militares norteamericanas se decidieron a actuar contra los presuntos ejecutores de aquellos inocentes. El asesinato de civiles y de gente desarmada está prohibido por las leyes de guerra modernas derivadas de la Carta de las Naciones Unidas, las convenciones de La Haya y de Ginebra, y constituyen un crimen de guerra. Sin embargo, Estados Unidos nunca ratificó el tratado que lo vincularía al Tribunal Penal Internacional, por lo que se impedía la posibilidad de que los marines fueran juzgados por este tribunal. Así pues, los soldados pudieron comparecer ante un tribunal militar norteamericano bajo el Código Uniforme de Justicia Militar, una ley militar estadounidense.

El fantasma de My Lai —la aldea masacrada en 1968 durante la guerra de Vietnam, relatada en el correspondiente capítulo— planeó sobre el conflicto de Irak. Si tras aquella matanza de civiles perpetrada en Vietnam todas las miradas se centraron en el teniente William Calley, en este caso el protagonista sería el jefe del pelotón, Frank D. Wutterich, casado y con tres hijos, y que había sido un alumno modelo en el instituto. Se trataba de su cuarta misión en Irak. La primera vez que había sido destinado a este país lo había hecho por voluntad propia porque, como dijo en alguna ocasión, «quería conocer la guerra».

Wutterich estaba considerado el principal responsable de la masacre; se le imputaron en un principio doce cargos de asesinato no premeditado, que luego pasaron a ser de homicidio negligente. Además de Wutterich, otros siete soldados tuvieron que hacer frente a cargos de asesinato, por lo que podían ser condenados a cadena perpetua. Uno de los imputados declaró en contra de Wutterich, recordando que su antiguo compañero de armas había comentado, tras otro incidente similar, que debían «enseñar una lección a los iraquíes».

Tres años después de la matanza, sólo tres seguían a la espera de ser juzgados; a los otros cinco les habían sido retirados los cargos.

Baja discipina

La compañía Kilo, a la que pertenecía el destacamento de marines que cometió los crímenes de Haditha, poseía un pésimo historial. Según desvelaría la prensa, la compañía estaba regida por una indisciplina total.

La esposa de uno de los sargentos de la unidad creía que era bastante probable «que esos chavales estuvieran bien cargados de *speed* o de alguna otra cosa cuando dispararon a los civiles en Haditha». Mientras en Vietnam eran el alcohol y la marihuana los que ayudaban a los soldados a resistir la presión psicológica del combate, en Irak lo hacían las modernas drogas de fabricación sintética.

La compañía Kilo —que dejó escrito un historial impresionante en la Segunda Guerra Mundial, Corea y Vietnam— hacía la guerra por su cuenta en Irak. Uno de los mandos de la unidad dijo a sus hombres antes de que éstos entraran en noviembre de 2004, a sangre y fuego, en la ciudad de Faluya: «Metedle una bala en la puta cabeza a todo el que lleve un teléfono móvil». En esa batalla, un soldado de la compañía Kilo fue grabado por una cámara de televisión disparando en la cabeza a un iraquí herido y desarmado.

La compañía perdió 17 hombres en 10 días en Faluya, y su moral se desplomó. En realidad, todo indica que la disciplina ya era baja antes de entrar en la ciudad; en vísperas del asalto, los marines de la unidad organizaron una carrera de caballos, vestidos con togas al estilo romano, y con *heavy metal* de banda sonora.

En cuanto a los altos mandos de los que dependía la compañía Kilo, no se podía esperar un respeto escrupuloso a las leyes de la guerra. El general James Mattis, máximo responsable de la Primera División de la Infantería de Marina, dentro de la que estaba encuadrada la compañía Kilo, ya había provocado una considerable polémica en 2005 cuando dijo, refiriéndose a los afganos: «Es muy divertido dispararles».

El escenario

No hay nada en la aldea de Haditha que recuerde la masacre de 2005.

Islamabad, 2007
Asalto a la Mezquita Roja

$\mathcal{U}$no de los edificios más emblemáticos de la capital de Pakistán, Islamabad, es la Mezquita Roja. Este edificio sagrado, ubicado en una céntrica zona comercial próxima a los barrios diplomático y gubernamental, fue construido en 1965, y lleva este nombre debido al color de sus paredes interiores.

Desde sus inicios, la mezquita gozó de la protección de personas influyentes de la sociedad pakistaní, incluyendo miembros del gobierno, militares e incluso presidentes. Pero el elemento que hace de esta mezquita un lugar especialmente significativo es la existencia de varios edificios anexos en la que siempre se han impartido enseñanzas de carácter islámico. Esas instalaciones dan cobijo a dos escuelas coránicas, una para hombres y otra para mujeres, y a varios seminarios.

Foco de islamismo radical

Durante la invasión soviética de Afganistán, la Mezquita Roja se convirtió en un centro de reclutamiento de muyahidines. En 1990 falleció el que era hasta entonces líder religioso de la mezquita, el mualana Abdullah. Su autoridad pasó a dos de sus hijos, Abdul Aziz y Abdul Rashid, partidarios de una línea mucho más dura del Islam. A partir de entonces, en sus escuelas y seminarios se comenzó a predicar el islamismo radical, que llamaba, por ejemplo, a la implantación de la sharia o ley islámica.

Teniendo en cuenta que las autoridades debían mantener a Pakistán alejado de veleidades islámicas para no presentarse como un peligro para occidente y, en especial, Estados Unidos, la mezquita se convirtió en un foco de desestabilización para el país. Los islamistas de la Mezquita Roja se sabían amenazados, por lo que en el verano de 2007 decidieron lanzar un pulso al Gobierno, encabezado por el presidente Pervez Musharraf, quien accedió al poder en 1999 tras un golpe de Estado.

Un arsenal en la mezquita

El 3 de julio, los integrantes de un grupo militante islámico, acompañados de estudiantes, se hicieron fuertes en el interior de la mezquita. En total, más de medio millar de personas, entre las que se encontraban mujeres y niños, ocuparon ese lugar de culto situado a tan sólo unos kilómetros del palacio presidencial y del edificio del Parlamento. Los militantes estaban armados fuertemente con granadas y lanzamisiles; la existencia de este armamento confirmaba las sospechas de connivencia con algunos sectores de los servicios de seguridad e inteligencia, lo que explicaba la acumulación en una mezquita de un arsenal suficiente para hacer frente a un Ejército.

Los hermanos Abdul Aziz y Abdul Rashid estaban al frente de los militantes. No estaba claro cuántos no combatientes habían sido tomados como rehenes o utilizados como escudos humanos. En las jornadas siguientes, varios de ellos abandonaron la mezquita y afirmaron que sus compañeros permanecían dentro por voluntad propia, preparados para morir.

Con el objetivo de dar término a esa toma de la mezquita, el Gobierno acometió un plan para sitiar y rendir a sus ocupantes, que se denominó Operación Silencio (*Operation Silence*), aunque su nombre sería posteriormente cambiado a Operación Alba (*Operation Sunrise*).

El gobierno impuso el toque de queda en la zona sitiada y cortó el suministro de luz y agua al complejo sagrado. Durante los días siguientes se produjeron esporádicos intercambios de fuego, en los que murieron al menos veinticuatro personas. Las fuerzas militares y policiales que rodeaban el templo iban destruyendo los muros del recinto y ocupando posiciones estratégicas para su asalto. Mientras, los militantes islamistas respondían con disparos efectuados con fusiles de asalto e incluso con armas pesadas. En uno de los tiroteos resultaría herido de muerte uno de los comandantes de la operación.

Fracaso de las negociaciones

El 9 de julio, después de cinco días de escaramuzas entre sitiadores y asediados, el presidente pakistaní emitió un ultimátum a los grupos islamistas bajo la inequívoca consigna: «Ríndanse o morirán». La respuesta del clérigo Abdul Rashid no fue menos firme: «Prefiero morir a rendirme».

Las conversaciones se alargaron durante dos días hasta que, tras constatar el gobierno el fracaso de las negociaciones, el presidente Musharraf ordenó el asalto de la mezquita, después de mantener una reunión de urgencia con sus asesores. El gobierno era consciente de que podía producirse un baño de sangre, al haber en el interior mujeres y niños, pero, por otra parte, consideró que el pulso lanzado por los islamistas radicales había llegado ya demasiado lejos.

Al amanecer del 11 de julio, el santuario comenzó a ser atacado por fuego de artillería. De él surgía una humareda espesa que se divisaba desde cualquier punto de la ciudad. Explosiones y disparos atronaron la zona mientras se ultimaba el lanzamiento de la Operación Alba. Por momentos parecía que el complejo estaba siendo demolido. Tras esta salva artillera, cientos de miembros de las fuerzas especiales se lanzaron al asalto del recinto sagrado.

La feroz resistencia de los militantes a la entrada de las fuerzas de seguridad se prolongaría hasta la noche, cuando éstos lograron irrumpir finalmente en el recinto. Los soldados se enfrentaron a tiros a los militantes, a los que buscaron habitación por habitación. Uno de los militantes muertos en la refriega fue Abdul Rashid, quien había pasado a liderar a los rebeldes en solitario después de que su hermano mayor, Abdul Aziz, fuera atrapado unos días antes, cuando trataba de salir del lugar disfrazado de mujer, cubierto por un burka.

Al parecer, Abdul Rashid había sido herido de bala en una pierna cuando se parapetó en el sótano y las fuerzas de seguridad le conminaron a rendirse. El clérigo quiso entregarse, pero sus seguidores se lo impidieron, empezando a atacar a las fuerzas del orden y provocando el fuego cruzado en el que finalmente fallecería uno de los dos líderes de la revuelta.

Baño de sangre

Pese a que el Gobierno quería evitar un baño de sangre, éste finalmente se produjo. Un portavoz del Ejército pakistaní aseguró que en la batalla habían muerto tan sólo 10 soldados y 73 extremistas. El portavoz militar subrayó que entre las víctimas no se habían encontrado cuerpos de mujeres o niños. Para que la versión oficial no se viese comprometida, las autoridades prohibieron a los periodistas acercarse al hospital donde habían sido trasladados los muertos y heridos.

Pero el resultado del asalto había sido muy diferente al anunciado por las fuentes militares; en realidad, fueron 286 los cadáveres hallados en la mezquita una vez que las armas callaron, y entre ellos había un buen número de mujeres y niños. Los cuerpos sin vida fueron trasladados esa misma noche desde la mezquita a un almacén frigorífico privado a unos veinte kilómetros de distancia. Cientos de trabajadores cavaron grandes fosas, donde los cuerpos fueron enterrados a lo largo de los días siguientes.

La intervención contra la Mezquita Roja se ganó los aplausos de los moderados del país y de los gobiernos occidentales, que habían expresado su frustración por el fracaso de la Administración pakistaní para controlar las instituciones religiosas extremistas.

Sin embargo, los islamistas reaccionaron con ira, acusando al presidente de ser el responsable directo de la masacre en la mezquita. La sangrienta operación provocó protestas en numerosas ciudades paquistaníes; miles de manifestantes airados salieron a la calle pidiendo venganza, en un capítulo más del desafío islamista en esa estratégica región.

El escenario

La Mezquita Roja sigue siendo uno de los edificios emblemáticos de Islamabad. Nada recuerda la masacre que tuvo lugar en 2007, pero su simbolismo perdura; en 2008, en el primer aniversario de la matanza, un atentado suicida cometido junto al edificio provocó la muerte de 18 policías y un civil.

Epílogo

Con la lectura de estas páginas, el lector ha tenido la oportunidad de adentrarse en el relato de esos terribles episodios de asesinatos, matanzas y masacres que han tenido lugar a lo largo de la historia de la Humanidad, pero, eso sí, contemplando esas escenas desde la comodidad de su butaca. Afortunadamente, la paz y serenidad que nos proporciona nuestro rincón de lectura favorito, y la sensación general de seguridad que desprende nuestro ordenado y regulado mundo, nos aleja de las circunstancias en las que crecieron y estallaron esos odios exacerbados.

Sin embargo, los que cometieron esas brutalidades, en su mayoría, eran personas como nosotros, tan sólo que situadas en un entorno muy diferente. Uno de los libros más estremecedores sobre la Segunda Guerra Mundial es *Aquellos hombres grises* (Edhasa, 2002), de Christopher Browning. En esas páginas, Browning, uno de los más reconocidos historiadores del nazismo y el Holocausto, nos explica la historia del Batallón 101, una unidad de la Policía formada por profesionales alemanes de clase media, muchos de ellos casados y con hijos, que se convirtieron en cuestión de minutos en un grupo de fríos asesinos, capaces de ejecutar a 1.500 judíos, incluyendo mujeres y niños, el 12 de julio de 1942 en la localidad polaca de Jozefow. De los 500 hombres que componían esta unidad, tan sólo una docena se negaron a participar en la matanza. El resto, un aplastante 97,6 por ciento, cumplió eficazmente con las órdenes recibidas.

Tras la guerra, todos ellos se reintegraron a su vida familiar y a sus actividades, como si nada hubiera pasado, un proceso similar al que experimentaron otros miles de criminales nazis. No sería hasta los años sesenta cuando 210 de aquellos *hombres grises* tuvieron que enfrentarse a su tenebroso pasado, al ser interrogados judicialmente sobre los espantosos crímenes que cometieron.

De todos modos, a pesar de este caso extremo, ese tránsito de padre de familia a monstruo insensible no solía ser inmediato. En realidad, los soldados alemanes que participaron en acciones de este tipo tuvieron que vencer en un primer momento las lógicas reservas morales sobre el crimen que estaban cometiendo. Como es de suponer, la primera vez que un soldado asesinaba mujeres y niños indefensos se veía sometido a una experiencia traumática insoportable. Muchos vomitaban o sentían fuertes dolores físicos durante o después de las ejecuciones. Otros intentaban librarse de esa responsabilidad apuntando su arma al lado de la víctima o simplemente abandonando el lugar con alguna excusa y no apareciendo hasta que todo había finalizado. Como se ha indicado, había quien se negaba rotundamente a disparar a inocentes; el ser o no castigado por esa desobediencia dependía de la benevolencia del oficial al mando, aunque la consecuencia más temida de esta heroica actitud era verse relegado y despreciado por los compañeros, que consideraban al objetor poco menos que como un desertor. Uno de los que se negaron a disparar en la matanza de Jozefow admitiría años más tarde que pensó, apesadumbrado, «que era un cobarde». Pero, empujados por un falso espíritu de camaradería, la gran mayoría lograba quebrar esas barreras morales que hoy nos parecen infranqueables.

¿Cómo es posible esa antagónica dualidad en el ser humano? ¿Están dentro de su naturaleza tanto el amor y la abnegación como el odio y la crueldad? ¿Son las dos caras inextricables de una misma moneda?

Pero la pregunta más inquietante se formula sola: de haber formado parte, por ejemplo, de ese ignominioso Batallón 101, ¿cuál hubiera sido nuestra actitud? Es decir, y pasando de la anécdota a la categoría, de haber nacido en otro tiempo y en otro lugar, ¿habríamos podido ser partícipes activos de historias tan terribles como las que aquí se han relatado?

Quizás sea mejor que cerremos este volumen pensando que somos mejores que aquellos otros seres humanos. Sin duda, nuestra conciencia reposará más tranquila.

El autor agradecerá que se le haga llegar cualquier comentario, crítica o sugerencia a las siguientes direcciones de correo electrónico:

jhermar@hotmail.com
jesus.hernandez.martinez@gmail.com

Bibliografía

ADAMS, W.P., *Los Estados Unidos de América*. Historia Universal Siglo XXI, 1985.

ASIMOV, I., *Constantinopla. Historia Universal Asimov*. Alianza Editorial, 1985.

ASIMOV, I., *Los Estados Unidos desde 1816 hasta la Guerra Civil*. Alianza Editorial, 1983.

AUGUSTYN, M. *Vlad Dracula: The Dragon Prince*. Universe, 2004.

BAR-ZOHAR, M.B., *Massacre in Múnich: The Manhunt for the Killers Behind the 1972 Olympics Massacre*. The Lyons Press, 2005.

BERGREEN, L., *Capone: The Man and the Era*. Simon & Schuster, 1996.

BILTON, M., *Four Hours in My Lai*. Penguin, 1993.

BLAIR, J. E., *The Essential Civil War: A Handbook to the Battles, Armies, Navies And Commanders*. McFarland Co Inc, 2006.

BRIGHTON, T., *El Valle de la Muerte. Balaclava y la carga de la Brigada Ligera*. Edhasa, 2008.

BROWN, D., *Bury my heart at Wounded Knee: An Indian History of the American West*. Holt Paperbacks, 2007.

CASIO, D., *Historia Romana. Obra completa*. Editorial Gredos, 2004.

CHASEY, W.C., *Pan Am 103: The Lockerbie Cover-Up*. Global Insights Publications, 1995.

CLARKE, T., *The Attack on the King David Hotel*. Putnam Publishing, 1981.

COATES, K., *Haditha Ethics: From Iraq to Iran?* Spokesman, 2006.

COURVILLE, D. A., *The Exodus Problem and its Ramifications.* Challenge Books, 1971.

DESCHAMPS, P., *En tiempo de las cruzadas.* Colección Austral. Espasa Calpe. 1977.

DIEFENDORF, B., *The St. Bartholomew's Day Massacre: A brief history with documents.* Bedford, 2008.

DONOVAN, J., *A terrible glory: Custer and the Little Bighorn — the Last Great Battle of the American West.* Little, Brown and Company, 2008.

DOVAL, G., *Breve Historia de los indios norteamericanos.* Nowtilus, 2009.

DOVAL, G., *Breve Historia de la Conquista del Oeste.* Nowtilus, 2009.

ELIOT MORISON S., *Breve Historia de los Estados Unidos.* Fondo de Cultura Económica. México, 1987.

ESBER, R.M., *Under the Cover of War: the Zionist Expulsion of the Palestinians.* Arabicus Books & Media, 2008.

FARRELL, W., *Blood and Rage: The Story of the Japanese Red Army.* Lexington Books, 1990.

FERON, B., *Yugoslavia. Orígenes de un conflicto.* Salvat, 1995.

FLORESCU, R., McNALLY, R., *Dracula, Prince of Many Faces: His Life and His Times.* Back Bay Books, 1990.

FULLER J.F.C., *Batallas decisivas del Mundo Occidental.* Ediciones Ejército, 1979.

GALLAGHER, A., *The Japanese Red Army. Inside the world's most infamous terrorist organizations.* Rosen Publishing, 2003.

GALLO, M., *Los Romanos. Constantino el Grande. El Imperio de Cristo.* Alianza Editorial, 2009.

GANSER, D. *NATO's Secret Army: Operation Gladio and Terrorism in Western Europe.* Routledge, 2005.

GIBBON, E., *Historia de la decadencia y ruina del Imperio romano. El imperio de Oriente y las Cruzadas (733-1261).* Turner, 1984.

GOLDSWORTHY, A., *Grandes generales del ejército romano.* Ariel, 2007.

GRANT, R.G., *Batalla.* Pearson Educación, 2007.

GROSS, J.T., *Neighbors: The Destruction of the Jewish Community in Jedwabne, Poland*. Penguin, 2002 (*Vecinos*, Crónica, 2002).

HAYES, P., *Bloody Sunday: Trauma, Pain and Politics*. Pluto Press, 2005.

HELMER, W. J. *St. Valentine's Day Massacre: The untold story of the gangland bloodbath that brought down Al Capone*. Cumberland House Publishing, 2006.

HOENIG, J.W., *Srebrenica: Record of a War Crime*. Penguin, 1997.

HOLSAPPLE, L. B. *Constantino el Grande*. Espasa-Calpe, 1947.

JONES M. A., *Historia de los Estados Unidos*. Cátedra, 1995.

JONES, S., *Others Unknown: Timothy McVeigh and the Oklahoma City Bombing Conspiracy*. PublicAffairs, 2001.

KLEIN, A.J., *Striking Back: The 1972 Múnich Olympics Massacre and Israel's deadly response*. Random House Trade Paperbacks, 2007.

KOBLER, John. *Capone: The Life and World of Al Capone*. Da Capo Press, 2003.

KOVALIOV, S.I., *Historia de Roma*. Akal Ediciones, 1998.

LAFFIN, J., *Grandes batallas de la historia*. Editorial El Ateneo, 2004

LENNIGER, B., *Las Cruzadas*. Editorial Bruguera, 1966.

LINDENBLATT, B., BÄCKER, O., *Der Bromberger Blutsonntag*. Arndt-Verlag, 2001.

LONG, E.B. *The Civil War Day by Day: An Almanac, 1861-1865*. Da Capo Press, 1985.

MAIER, P. L., *Herod and the Infants of Bethlehem*, en *Chronos, Kairos, Christos II*, Mercer University Press, 1998.

MALCOTTI, I., *Félsina. Strage alla stazione di Bologna*. Pensa Editore, 2005.

McDONNELL, R., *When Cromwell Came To Drogheda: A Memory Of 1649*. Kessinger Publishing, 2008.

McGOWAN, D., *Remembering Deir Yassin: The Future of Israel and Palestine*. Interlink Publishing, 1998.

MOMMSEN, T., *Historia de Roma. Vol V: Fundación de la Monarquía Militar*. Ediciones Turner, 2003.

MORRIS, B. *Righteous Victims: A History of the Zionist-Arab Conflict, 1881-2001*. Vintage, 2001.

NDOLOVU, S., *The Soweto Uprisings: Counter-Memories of June 1976*. Raven Press, 2008.

PAPPE, I., *The Ethnic Cleansing of Palestine*. Oneworld Publications, 2007.

PONIATOWSKA, Elena. *La noche de Tlatelolco. Testimonios de historia oral*. Era, 2008.

PRINGLE, P., *Those are real bullets: Bloody Sunday, Derry, 1972*. Grove Press, 2002.

REEVE, S., *One Day in September: The full story of the 1972 Múnich Olympics Massacre and the israeli revenge operation «Wrath of God»*. Arcade Publishing, 2002.

REILLY, T., *Cromwell: An Honourable Enemy: The Untold Story of the Cromwellian Invasion of Ireland*. Phoenix, 2001.

RESCH, John P. *Americans at War: Society, Culture and the Homefront vol 2: 1816-1900*. Macmillan, 2005.

RICHARDSON, P., *Herod King of the Jews and Friend of the Romans*. Augsburg Fortress Publishers, 1999.

RINALDI, A., *The Fifth of March: A Story of the Boston Massacre*. Gulliver Books, 2004.

ROHDE, D., *Endgame: The Betrayal And Fall Of Srebrenica, Europe's Worst Massacre Since World War II*. Basic Books, 1998.

SABLINSKY, W., *The Road to Bloody Sunday: The Role of Father Gapon and the Petersburg Massacre of 1905*. Princeton University Press, 2006.

SANDERS, E.P., *The Historical Figure of Jesus*. Penguin, 1993.

SCALLY, J., *Bloody Sunday: Massacre in Northern Ireland: The Eyewitness Accounts*. Roberts Rinehart Publishers, 1997.

SEMPRINI, G. *La strage di Bologna e il terrorista sconosciuto*. Bietti, 2003.

SIFAKIS, C., *The Mafia Encyclopedia*. Checkmark Books, 2005.

SMITH, D., *Oliver Cromwell*. Akal, 1999.

SWEETMAN, J., *Balaclava 1854: The Charge of the Light Brigade*. Praeger Publishers, 2005.

VALDÉS, M.P., *Días negros para la humanidad*. Libsa, 2008.

VASILIEV, A.A., *Historia Del Imperio Bizantino Tomo Segundo: De Las Cruzadas a La Caída De Constantinopla (1081-1453)*. Joaquín Gil, 1958.

VERMES, G., *The Nativity: History and Legend*. Penguin, 2006.

VILA, S. y ESCUAIN, S., *Nuevo Diccionario Ilustrado de la Biblia*. Editorial CLIE, 1985.

VV. AA., *El III Reich. Historia total de una época decisiva*. Noguer, 1974.

VV. A.A., *NAM: Crónica de la Guerra de Vietnam 1965-1975*. Planeta, 1988.

WRIGHT, S., *Patriots, Politics, and the Oklahoma City Bombing*. Cambridge Press, 2007.

ZABOROV, M., *Historia de las Cruzadas*. Sarpe, 1985.

ZHANG, L., NATHAN, A., *The Tiananmen Papers*. PublicAffairs, 2002.

ZOBEL, H.B., *The Boston Massacre*. W.W. Norton & Co, 1996.

Este libro utiliza el tipo Aldus, que toma su nombre

del vanguardista impresor del Renacimiento

italiano Aldus Manutius. Hermann Zapf

diseñó el tipo Aldus para la imprenta

Stempel en 1954, como una réplica

más ligera y elegante del

popular tipo

Palatino

* * *

* *

*

Las 50 grandes masacres de la historia

se acabó de imprimir en un día de

otoño de 2009, en los talleres de Brosmac, S. L.

carretera Villaviciosa - Móstoles, km 1

Villaviciosa de Odón

(Madrid)

* * *

* *

*

Otros títulos de la colección

TEMPUS

HISTORIA MILITAR

PANZER COMMANDER

MEMORIAS DEL CORONEL
HANS VON LUCK

TEMPUS

PANZER COMMANDER

———

El coronel Hans von Luck participó en las principales campañas de la Segunda Guerra Mundial. Su unidad motorizada fue una de las primeras en cruzar la frontera polaca el 1 de septiembre de 1939. Desde ese día, y hasta su cautiverio en Rusia, estuvo presente en los principales escenarios en los que se libró la contienda. En la batalla de Moscú, las campañas del Afrika Korps o el desembarco de Normandía, Von Luck fue testigo de excepción del apogeo y el ocaso del Ejército alemán.

Los recuerdos personales de este militar germano, amigo personal del mariscal Rommel, quedan plasmados en estas páginas. Su vívido testimonio supone una crónica excepcional, por su agilidad y la emoción que logra transmitir al lector de la marcha de la guerra en los distintos frentes. No es de extrañar, por tanto, que estas memorias, aparecidas en 1989, se convirtieran de inmediato en un clásico ineludible de la bibliografía de la Segunda Guerra Mundial.

———

HEINZ
GUDERIAN
ACHTUNG-PANZER!

ACHTUNG-PANZER!

Son pocos los libros de los que se puede decir a ciencia cierta que cambiaron la Historia. Uno de ellos es éste, con el que el general alemán Heinz Guderian revolucionó el arte de la guerra.

Mientras la mayoría de teóricos militares del período de entreguerras permanecían anclados en los principios de la defensa estática, cuya plasmación más destacada sería la tan costosa como inútil Línea Maginot, Guderian planteaba una apuesta decidida por la movilidad. Según él, los blindados lanzados a toda velocidad, con el apoyo de la aviación, podían conseguir la rotura del frente y desarbolar al enemigo; había nacido la Blitzkrieg, la guerra relámpago.

Las teorías de Guderian, expuestas en esta mítica obra escrita en 1936 y ahora publicada por primera vez en castellano, serían puestas en práctica con devastadora eficacia por la Wehrmacht entre 1939 y 1941, alcanzando unos incontestables éxitos militares que sorprenderían al mundo.

100 HISTORIAS SECRETAS
DE LA SEGUNDA GUERRA MUNDIAL

La Segunda Guerra Mundial encierra todavía muchos secretos. Millones de documentos esperan todavía a ser desclasificados, pero poco a poco vamos conociendo historias impactantes y sorprendentes que se han mantenido ocultas durante décadas.

En esta obra, el lector podrá conocer los planes aliados para secuestrar a Hitler, asesinar científicos enemigos o atacar las ciudades alemanas con bombas bacteriológicas. También descubrirá los esfuerzos realizados para ocultar a la luz pública accidentes y tragedias que se saldaron con centenares de muertos, así como el turbio pasado de colaboración con el régimen nazi de marcas comerciales que hoy gozan de un gran prestigio.

Un velo de silencio cayó también sobre la vida personal de los grandes protagonistas de la contienda; la imagen virtuosa de Roosevelt, Eisenhower o Patton quedó salvaguardada durante años al encubrir sus relaciones extramatrimoniales. Pero en otros casos menos frívolos, como las muertes de Mussolini o Himmler, el misterio sobre las extrañas circunstancias en que se produjeron —y que siguen archivadas bajo el sello de «Alto Secreto»— continúan alimentando todo tipo de especulaciones...